Dezember/Januar 1. Woche

Steinbock 21.12. bis 18.1.

30	Montag
31	Silvester Dienstag
1	Neujahr Mittwoch
2	Donnerstag
3	Freitag
4	Samstag
5	Sonntag

Der Sonnenaufgang taucht den Himmel und die Landschaft in goldenes Licht und legt seinen Zauber über die Bucht von Brest. Der Ort Roscanvel auf der gleichnamigen Halbinsel bietet diesen Blick auf die Bucht, die über eine schmale Meerenge mit dem Atlantik verbunden ist.

Und plötzlich weißt du, es ist Zeit, etwas Neues zu beginnen und dem Zauber des Anfangs zu vertrauen.

Meister Eckhart

Wo	Mo	Di	Mi	Do	Fr	Sa	So
1			1	2	3	4	5
2	6	7	8	9	10	11	12
3	13	14	15	16	17	18	19
4	20	21	22	23	24	25	26
5	27	28	29	30	31		

VOR 50 JAHREN

In der Bundesrepublik Deutschland tritt die Volljährigkeit mit 18 in Kraft

Am 1. Januar 1975: »Mehr Demokratie wagen«, hatte sich die seit 1969 amtierende sozialliberale Bundesregierung unter SPD-Kanzler Willy Brandt auf die Fahnen geschrieben. Die zahlreichen Reformen zur Modernisierung des Landes umfassten auch eine für Jugendliche weitreichende Neuerung: Mit dem Jahresbeginn 1975 wurde das Erwachsenenalter von 21 auf 18 Jahre herabgesetzt, nachdem der Bundestag ein Dreivierteljahr zuvor mit deutlicher Mehrheit die Weichen gestellt hatte. Gut 2,5 Mio. Bundesbürgerinnen und Bundesbürger wurden so über Nacht volljährig.
Zwar hatte auch das Gros der CDU/CSU-Abgeordneten der Änderung zugestimmt, dennoch gab es in konservativen Kreisen auch Bedenken gegen die Herabsetzung des Volljährigkeitsalters. So wurden mangelnde Erfahrung und Reife im Hinblick auf den nun möglichen Abschluss weitreichender Verträge und die Tatsache, dass Eltern keine rechtliche Verantwortung mehr besaßen, als Gegenargumente angeführt. In den Augen der Befürworter hingegen spiegelte die als überfällig betrachtete Entscheidung die gesellschaftliche Realität wider und erschien auch unter dem Aspekt notwendig, dass die DDR die Volljährigkeit ab 18 schon 1950 eingeführt hatte. Zum aktiven Wahlrecht, das die 18-jährigen Bundesdeutschen bereits seit 1970 besaßen, erhielten sie nun auch das passive Wahlrecht. Die Volljährigkeit mit 21, die 1875 unter Reichskanzler Otto von Bismarck eingeführt worden war, gehörte damit endgültig der Vergangenheit an.

VOR 170 JAHREN

King Camp Gillette – Erfinder wechselbarer Rasierklingen

Geboren am 5. Januar 1855: Beim morgendlichen Rasieren mit einem traditionellen Rasiermesser hatte King Camp Gillette 1895 eine revolutionäre Idee: Der Handelsvertreter aus Wisconsin ersann austauschbare Klingen für die bereits seit gut zwei Jahrzehnten bekannten Rasierhobel, doch es sollte noch sechs Jahre dauern, bis er mit seinem Ingenieur William Nickerson die dünnen, doppelseitigen Stahlklingen auch tatsächlich herstellen konnte. Statt wie zuvor die festen Klingen aufwendig schleifen und schärfen zu müssen, wurden sie fortan nach einigen Rasuren einfach weggeworfen und durch weitere Wegwerfklingen ersetzt.
Gillettes 1904 patentierter Sicherheitsrasierer eroberte in den USA trotz wachsender Konkurrenz rasch den Markt und fehlte auch im Kampfgepäck der amerikanischen Soldaten des Ersten Weltkriegs nicht. Nach internen Querelen zog sich Gillette, langjähriges Mitglied der Freimaurerloge und überzeugter Anhänger frühsozialistischer Ansätze, in den 1920er-Jahren aus seiner Gillette Company zurück. Er starb 1932 mit 77 Jahren in Los Angeles.

VOR 85 JAHREN

Helmut Jahn – markante Bauwerke rund um die Erde

Geboren am 4. Januar 1940: Was haben der an einen Bleistift erinnernde Messeturm in Frankfurt am Main, der über 162 m hohe Bonner Post Tower und das futuristisch anmutende Sony Center am Potsdamer Platz in Berlin gemein? Sie alle wurden von dem deutsch-amerikanischen Architekten Helmut Jahn entworfen. Der gebürtige Franke aus Zirndorf bei Nürnberg studierte in München, stieg aber in Chicago, wo er 1977–80 das 152,4 m hohe Xerox Center realisierte, in die Eliteriege seiner Zunft auf.
Nach weiteren Arbeiten in den USA und in Deutschland – er zeichnete beispielsweise für die Zentrale des Chemiekonzerns Bayer in Leverkusen verantwortlich – wandte sich Jahn ab den späten 1980er-Jahren dem fernen Osten zu: In Singapur errichtete er den Hitachi Tower, in Schanghai das New International Expo Centre. Darüber hinaus machte sich Jahn auch durch Bauwerkensembles auf Flughäfen beispielsweise in München, Köln/Bonn und Bangkok einen Namen. Elf Jahre nachdem in München sein gut 84 m hoher Skyline Tower fertiggestellt worden war, starb der Träger des Bundesverdienstkreuzes Erster Klasse 2021 mit 81 Jahren in Campton Hills, Illinois.

Geburtstagskinder vom 30. Dezember 2024 bis 5. Januar 2025

Am 30. Dezember wurden geboren:
Eldrick »Tiger« Woods (*1975), amerikan. Golfspieler
Patti Smith, eigtl. Patricia Lee (*1946), amerikan. Schriftstellerin und Rockmusikerin
Carl Hanser (1901–1985), dt. Verleger
Rudyard Kipling (1865–1936), brit. Schriftsteller, Literaturnobelpreisträger 1907
Theodor Fontane (1819–1898), dt. Schriftsteller
Titus (39–81), röm. Kaiser 79–81

Am 31. Dezember wurden geboren:
Ben Kingsley (*1943), ind.-brit. Schauspieler
Anthony Hopkins (*1937), brit. Schauspieler
Mildred Scheel (1932–1985), dt. Ärztin, Initiatorin der Deutschen Krebshilfe
Max Pechstein (1881–1955), dt. Maler und Grafiker

George C. Marshall (1880–1959), amerikan. General und Politiker (Marshallplanhilfe), Friedensnobelpreisträger 1953
Henri Matisse (1869–1954), frz. Maler und Grafiker

Am 1. Januar wurden geboren:
Christine Lagarde (*1956), frz. Politikerin
Maurice Béjart (1927–2007), frz. Choreograf und Ballettdirektor
J(erome) D(avid) Salinger (1919–2010), amerikan. Schriftsteller
Gustav Schickedanz (1895–1977), dt. Unternehmer (Quelle)
Pierre de Coubertin (1863–1937), frz. Pädagoge und Historiker, Initiator der modernen Olympischen Spiele

Am 2. Januar wurden geboren:
Konstanze Vernon (1939–2013), dt. Tänzerin
Isaac Asimov (1920–1992), russ.-amerikan. Schriftsteller und Biochemiker

Renato Guttuso (1912–1987), italien. Maler
Michael Tippett (1905–1998), brit. Komponist
Ernst Barlach (1870–1938), dt. Bildhauer, Grafiker und Schriftsteller
Rudolf Clausius (1822–1888), dt. Physiker

Am 3. Januar wurden geboren:
Michael Schumacher (*1969), dt. Automobilrennfahrer
Mel Gibson (*1956), amerikan.-austral. Schauspieler und Regisseur
John Ronald Reuel Tolkien (1892–1973), brit. Schriftsteller
August Macke (1887–1914), dt. Maler
Konrad Duden (1829–1911), dt. Philologe
Marcus Tullius Cicero (106–43 v. Chr.), röm. Staatsmann und Philosoph

Am 4. Januar wurden geboren:
Judy Winter (*1944), dt. Schauspielerin

John McLaughlin (*1942), brit. Jazzgitarrist
Wilhelm Lehmbruck (1881–1919), dt. Bildhauer und Grafiker
Jacob Grimm (1785–1863), dt. Literatur- und Sprachwissenschaftler, Märchensammler
Isaac Newton (1643–1727), engl. Mathematiker, Physiker und Astronom

Am 5. Januar wurden geboren:
Frank-Walter Steinmeier (*1956), dt. SPD-Politiker, Außenminister 2005–09 und 2013–17, Bundespräsident seit 2017
Diane Keaton (*1946), amerikan. Schauspielerin
Juan Carlos (*1938), König von Spanien 1975–2014
Konrad Adenauer (1876–1967), dt. Zentrums- und CDU-Politiker, erster Bundeskanzler 1949–63

Januar 2. Woche

Steinbock 21.12. bis 18.1.

6	**Heilige Drei Könige** BW, BY, ST Montag
7	Dienstag
8	Mittwoch
9	Donnerstag
10	Freitag
11	Samstag
12	Sonntag

Als sei es einem Märchen entsprungen, präsentiert sich das von einem Wassergraben umgebene Château d'Ô in Mortrée im Departement Orne in der Normandie. Das aus dem 15./16. Jh. stammende Schloss blickt auf eine wechselhafte Geschichte zurück.

Das Leben ist das schönste Märchen.
Hans Christian Andersen

Wo	Mo	Di	Mi	Do	Fr	Sa	**So**
1			1	2	3	4	**5**
2	**6**	7	8	9	10	11	**12**
3	13	14	15	16	17	18	**19**
4	20	21	22	23	24	25	**26**
5	27	28	29	30	31		

VOR 40 JAHREN

Lewis Hamilton – britischer Rekordrennfahrer der Formel 1

Geboren am 7. Januar 1985: 2004 hatte der Deutsche Michael Schumacher seinen siebenten WM-Titel in der Formel 1 des Automobilrennsports eingefahren und damit neue Maßstäbe gesetzt. All jene Fachleute, die diese Leistung als fortan unerreichbar eingestuft hatten, wurden schon 16 Jahre später eines Besseren belehrt, als der britische Rennfahrer Lewis Hamilton die Rekordmarke einstellte. Seine erste Weltmeisterschaft hatte der Brite aus Hertfordshire schon 2008 als 23-Jähriger gefeiert, und seine WM-Triumphserie zwischen 2014 und 2020 wurde nur 2016 vom Deutschen Nico Rosberg unterbrochen, der ihn in der Endabrechnung auf Rang zwei verwies.

Die Erfolgsbilanz des 2021 zum Ritter geschlagenen Sportlers in langjährigen Diensten des deutschen Rennstalls Mercedes weist überdies eine Reihe weiterer Superlative auf. So darf sich Hamilton, übrigens ein überzeugter Veganer, nicht nur über die meisten Siege bei Rennen in der Königsklasse, sondern auch über die häufigsten Podiumsplatzierungen freuen. Darüber hinaus stand niemand öfter beim Start auf der Poleposition als der Brite, der bislang u. a. auch die meisten WM-Punkte, Führungskilometer und -runden gesammelt hat.

VOR 50 JAHREN

Feierliche Eröffnung des Neuen Hamburger Elbtunnels

Am 10. Januar 1975: Um der zunehmend prekären Verkehrssituation mit wachsenden Reise- und Güterströmen im Hamburger Hafen zu begegnen, warteten die Verkehrsplaner mit einer besonderen Idee der Elbquerung auf – einem zunächst dreiröhrigen Autobahntunnel, der den Fluss in Nord-Süd-Richtung kreuzt. Dieser Neue Elbtunnel, der den von Fußgängern und Radfahrern genutzten Alten Elbtunnel von 1911 ergänzt, wurde im Januar 1975 vom gebürtigen Hamburger, dem SPD-Bundeskanzler Helmut Schmidt, im Rahmen eines großen Volksfests eingeweiht.

Das ab 2002 um eine vierte Röhre erweiterte 3325 m lange Bauwerk aus vorgefertigten Tunnelelementen verläuft auf einer Strecke von 1056 m unter dem Bett der Elbe. Jede der Röhren weist zwei Fahrstreifen auf, die mit einer Höchstgeschwindigkeit von 80 km/h befahren werden dürfen. Zu den Arbeitern während der sechseinhalbjährigen Baumaßnahmen, die am Zweiten Weihnachtsfeiertag 1974 abgeschlossen wurden und eine halbe Milliarde D-Mark kosteten, gehörte auch ein Betonbauer, der sich später als Komiker einen Namen machte, der damalige Architekturstudent Mike Krüger.

VOR 70 JAHREN

Rowan Atkinson – als Mr. Bean auf den Komiker-Olymp

Geboren am 6. Januar 1955: In seiner britischen Heimat machte der Komiker aus dem nordostenglischen Consett schon ab Ende der 1970er-Jahre in TV-Comedyshows auf sich aufmerksam, doch sein internationaler Durchbruch gelang Rowan Atkinson erst in 1989–95 in seiner Paraderolle als Mr. Bean. In der aus 15 Episoden und zwei Specials bestehenden Fernsehserie gab er den tollpatschigen Sonderling, der immer wieder in skurrile Situationen gerät. Bei den Versuchen, sich aus der Bredouille zu befreien, treibt er seine Mitmenschen mit schöner Regelmäßigkeit zur Verzweiflung. Die dabei entfaltete Komik basiert neben reichlich Slapstick auch auf der Mimik und Gestik des Hauptdarstellers, der seine Darbietungen mit einem kräftigen Schuss Anarchie würzt. Der Erfolg des Mr. Bean ist auch der Tatsache geschuldet, dass er weitgehend ohne Sprachbeiträge auskommt, sodass sich die Synchronisation für den weltweiten Markt auf ein Minimum beschränkt.

Der auch in Spielfilmen und Comics begeisternde Antiheld tritt seit 2003 immer wieder als trotteliger Geheimagent Johnny English in abendfüllenden James-Bond-Parodien auf, wobei zu erwähnen ist, dass er 1983 in »Sag niemals nie« als schussliger Botschaftsattaché Nigel Small-Fawcett an der Seite von Sean Connery in einem richtigen »007«-Abenteuer mitgespielt hat. Bei der Eröffnung der Olympischen Spiele 2012 in London war Atkinson in einer gefeierten Einlage zu sehen.

Geburtstagskinder vom 6. bis 12. Januar 2025

Am 6. Januar wurden geboren:
Adriano Celentano (*1938), italien. Schlager- und Rocksänger, Schauspieler, Regisseur und Produzent
Victor Horta (1861–1947), belg. Architekt
Heinrich Schliemann (1822–1890), dt. Altertumsforscher, Entdecker Trojas
Étienne Jacques de Montgolfier (1745–1799), frz. Ballonpionier
Jeanne d'Arc, gen. Jungfrau von Orléans (1412–1431), frz. Nationalheldin

Am 7. Januar wurden geboren:
Christian Lindner (*1979), dt. FDP-Politiker
Nicolas Cage (*1964), amerikan. Schauspieler
Rosina Wachtmeister (*1939), österreich. Künstlerin
Sylvia Caduff (*1937), schweizer. Dirigentin
Bernadette Soubirous (1844–1879), frz. kath. Ordensschwester

Am 8. Januar wurden geboren:
David Bowie (1947–2016), brit. Rockmusiker
Stephen W. Hawking (1942–2018), brit. Mathematiker, Astrophysiker und Sachbuchautor
Shirley Bassey (*1937), brit. Popsängerin
Elvis Presley (1935–1977), amerikan. Rock-'n'-Roll-Sänger
Willy Millowitsch (1909–1999), dt. Volksschauspieler
Emily Greene Balch (1867–1961), amerikan. Sozialpolitikerin und Pazifistin, Friedensnobelpreisträgerin 1946

Am 9. Januar wurden geboren:
Rigoberta Menchú (*1959), guatemaltek. Menschenrechtlerin, Friedensnobelpreisträgerin 1992
Rio Reiser (1950–1996), dt. Rocksänger
Joan Baez (*1941), amerikan. Folkmusikerin
Heiner Müller (1929–1995), dt. Dramatiker
Simone de Beauvoir (1908–1986), frz. Schriftstellerin
Kurt Tucholsky (1890–1935), dt. Schriftsteller und Journalist

Am 10. Januar wurden geboren:
Rod Stewart (*1945), brit. Rocksänger
Eduardo Chillida (1924–2002), span. Bildhauer
Ingeborg Drewitz (1923–1986), dt. Schriftstellerin
Hilde Krahl (1917–1999), österreich.-dt. Schauspielerin
Heinrich Zille (1858–1929), dt. Zeichner und Fotograf
Annette von Droste-Hülshoff (1797–1848), dt. Dichterin

Am 11. Januar wurden geboren:
Anna Christine »Anni« Friesinger-Postma (*1977), dt. Eisschnellläuferin
Kailash Satyarthi (*1954), ind. Kinderrechtsaktivist, Friedensnobelpreisträger 2014
Eva Hesse (1936–1970), dt.-amerikan. Künstlerin
Ernst Nolte (1923–2016), dt. Historiker und Politologe
Laurens Hammond (1895–1973), amerikan. Ingenieur (Hammondorgel)

Am 12. Januar wurden geboren:
Haruki Murakami (*1949), japan. Schriftsteller
Ottmar Hitzfeld (*1949), dt. Fußballtrainer
Alice Miller (1923–2010), schweizer. Psychotherapeutin und Schriftstellerin
Jack London, eigtl. John Griffith Chaney (1876–1916), amerikan. Schriftsteller
Johann Heinrich Pestalozzi (1746–1827), schweizer. Pädagoge, Sozialreformer und Schriftsteller

Januar 3. Woche

Steinbock 21.12. bis 18.1.   Wassermann 19.1. bis 17.2.

13 Montag ○

14 Dienstag

15 Mittwoch

16 Donnerstag

17 Freitag

18 Samstag

19 Sonntag

Der 15 m hohe Phare de Ploumanac'h strahlt in demselben rosafarbenen Granit, der der Côte de Granit Rose ihren Namen gab. Er sichert anstelle des während des Zweiten Weltkriegs zerstörten früheren Leuchtturms die Einfahrt zum Hafen von Ploumanac'h seit dem Jahr 1948.

Eine neue Idee ist ein Licht, welches Dinge beleuchtet, die, ehe das Licht daraufﬁel, ohne Form für uns waren.

Susanne K. Langer

Wo	Mo	Di	Mi	Do	Fr	Sa	So
1			1	2	3	4	5
2	6	7	8	9	10	11	12
3	13	14	15	16	17	18	19
4	20	21	22	23	24	25	26
5	27	28	29	30	31		

VOR 70 JAHREN

Jan Fedder – Hamburger Original mit viel Herz und rauer Schale

Geboren am 14. Januar 1955: Wenn ein typisch norddeutscher Charakter für Film- und Fernsehrollen gefragt war, so führte seit den 1980er-Jahren kein Weg an Jan Fedder vorbei. Der gebürtige Hamburger, der 1981 in Wolfgang Petersens Welterfolg »Das Boot« mitgewirkt hat, verkörperte in der Regel schnoddrig-raubeinige Typen, die das Herz auf dem rechten Fleck tragen – so ab 1992 in seiner ersten Paraderolle als Polizist Dirk Matthies in der Serie »Großstadtrevier« über den Alltag in einem Polizeikommissariat am Hafen seiner Heimatstadt. Fünf Jahre später war Fedder, der sich auch als Synchronsprecher einen Namen machte, erstmals als Bauer Kurt Brakelmann in der nicht minder populären TV-Serie »Neues aus Büttenwarder« zu sehen. Nicht nur das Publikum, auch die Kritiker erkannten die Qualität des Schauspielers, der mehrfach in Romanverfilmungen von Siegfried Lenz mitspielte und dabei 2006 für seine Hauptrolle in »Der Mann im Strom« den Deutschen Fernsehpreis erhielt.

Nachdem er ab 2012 in der Serie »Der Hafenpastor« einen Geistlichen auf seinem Heimatkiez St. Pauli dargestellt hatte, musste Fedder nach einer Krebsdiagnose eine längere Pause einlegen. Infolge weiterer gesundheitlicher Probleme zog sich der begeisterte Musiker 2019 endgültig ins Privatleben zurück und starb Ende des Jahres, 64-jährig, in seiner Heimatstadt. Anfang 2022 wurde eine Promenade am Hamburger Hafen nach dem Mimen benannt, der zu Lebzeiten von der Polizei in Schleswig-Holstein, Hamburg und sogar in Bayern zum Ehrenkommissar ernannt worden war.

VOR 20 JAHREN

Die ESA-Sonde Huygens landet auf dem Saturnmond Titan

Am 14. Januar 2005: Das Ziel, das die Europäische Weltraumagentur (ESA) 1997 in Kooperation mit ihrem US-Pendant NASA und der italienischen Raumfahrtagentur ASI mit dem Start der Muttersonde Cassini und der angekoppelten Sonde Huygens in Angriff nahm, war durchaus ambitioniert: Zum ersten Mal sollte eine Raumsonde auf dem Saturnmond Titan in mehr als 1,2 Mrd. km Entfernung von der Erde und damit in entfernteren Regionen des Sonnensystems aufsetzen.

Das Unternehmen glückte: Weihnachten 2004 löste sich die nach dem niederländischen Astronomen Christiaan Huygens benannte Sonde von Cassini und legte die restliche 4 Mio. km lange Strecke zum größten Saturnmond allein zurück. Mitte Januar 2005 landete Huygens wohlbehalten auf der Titan-Oberfläche. Die mit zahlreichen wissenschaftlichen Instrumenten ausgerüstete Sonde lieferte wertvolle Daten über die chemische Zusammensetzung und das Aussehen der Mondoberfläche sowie über die Wettersituation. Darüber hinaus erhofften sich die Fachleute Informationen zu ihrer Annahme, dass die Mondatmosphäre mit der Atmosphäre der frühen Erde vergleichbar sei.

VOR 150 JAHREN

Albert Schweitzer – Elsässer Philanthrop als Urwaldarzt

Geboren am 14. Januar 1875: Der Arzt, evangelische Theologe, Philosoph, Organist und Musikwissenschaftler Albert Schweitzer verfasste Werke über das Leben Jesu und begeisterte sich für Johann Sebastian Bach, dessen Orgelwerke er neu interpretierte. In seinem philosophischen Schaffen setzte sich der gebürtige Elsässer aus Kaysersberg bei Colmar mit Fragen zur Ehrfurcht vor dem Leben sowie der menschlichen Solidarität und Ethik auseinander.

Seine größte Bekanntheit aber erzielte Schweitzer als Arzt, der ab 1913 in Lambaréné im heutigen Gabun unter einfachsten Bedingungen ein Tropenhospital aufbaute, um die katastrophale medizinische Lage der Einheimischen zu verbessern. Für seinen gut fünf Jahrzehnte währenden Einsatz als Missionsarzt wurde der Pazifist und vehemente Gegner atomarer Aufrüstung 1953 mit dem Friedensnobelpreis für 1952 ausgezeichnet. Schweitzer, der seine Erlebnisse und Erkenntnisse aus Lambaréné 1921 in seiner autobiografischen Schrift »Zwischen Wasser und Urwald« publiziert hatte, starb 1965 mit 90 Jahren an seiner langjährigen Wirkungsstätte.

Geburtstagskinder vom 13. bis 19. Januar 2025

Am 13. Januar wurden geboren:
Orlando Bloom (*1977), brit. Schauspieler
Daniel Kehlmann (*1975), dt.-österreich. Schriftsteller
Savyon Liebrecht (*1948), israel. Schriftstellerin
Friedrich Müller, gen. **Maler Müller** (1749–1825), dt. Maler und Schriftsteller
Jan van Goyen (1596–1656), niederländ. Maler

Am 14. Januar wurden geboren:
Steven Soderbergh (*1963), amerikan. Filmregisseur und Drehbuchautor
Faye Dunaway (*1941), amerikan. Schauspielerin
Caterina Valente (*1931), dt.-italien. Sängerin und Schauspielerin
Martin Niemöller (1892–1984), dt. ev. Theologe
Berthe Morisot (1841–1895), frz. Malerin

Am 15. Januar wurden geboren:
Meret Becker (*1969), dt. Schauspielerin und Chansonsängerin
Martin Luther King (1929–1968), amerikan. Bürgerrechtler und Baptistenpfarrer, Friedensnobelpreisträger 1964
Maria Schell (1926–2005), schweizer. Schauspielerin
Aristoteles Onassis (1906–1975), griech. Reeder
Franz Grillparzer (1791–1872), österreich. Schriftsteller

Am 16. Januar wurden geboren:
Kate Moss (*1974), brit. Fotomodell
Gregor Gysi (*1948), dt. Jurist und Politiker
Udo Lattek (1935–2015), dt. Fußballtrainer
Susan Sontag (1933–2004), amerikan. Schriftstellerin
Dian Fossey (1932–1985), amerikan. Zoologin

Johannes Rau (1931–2006), dt. SPD-Politiker, Ministerpräsident von Nordrhein-Westfalen 1978–98, Bundespräsident 1999–2004

Am 17. Januar wurden geboren:
Michael Sommer (*1952), dt. Gewerkschafter, DGB-Vorsitzender 2002–14
Muhammad Ali, eigtl. **Cassius Clay** (1942–2016), amerikan. Boxer
Eartha Kitt (1927–2008), amerikan. Sängerin und Schauspielerin
Duane Hanson (1925–1996), amerikan. Bildhauer
Anne Brontë (1820–1849), brit. Schriftstellerin
Benjamin Franklin (1706–1790), amerikan. Politiker, Schriftsteller und Naturwissenschaftler

Am 18. Januar wurden geboren:
Philippe Starck (*1949), frz. Designer

John Hume (1937–2020), nordir. Politiker, Friedensnobelpreisträger 1998
Cary Grant (1904–1986), brit.-amerikan. Schauspieler
Oliver Hardy (1892–1957), amerikan. Filmkomiker
Charles de Montesquieu (1689–1755), frz. Schriftsteller und Staatsphilosoph

Am 19. Januar wurden geboren:
Katharina Thalbach (*1954), dt. Schauspielerin und Regisseurin
Maria Jepsen (*1945), dt. Theologin, ev.-luth. Bischöfin 1992–2010
Janis Joplin (1943–1970), amerikan. Rock- und Bluessängerin
Patricia Highsmith (1921–1995), amerikan. Schriftstellerin
Sophie Taeuber-Arp (1889–1943), schweizer. Malerin
Paul Cézanne (1839–1906), frz. Maler

Januar 4. Woche

Wassermann 19.1. bis 17.2.

20	Montag
21	☾ Dienstag
22	Mittwoch
23	Donnerstag
24	Freitag
25	Samstag
26	Sonntag

Das stille Wasser im Hafen von Honfleur spiegelt Häuser und Himmel nahezu perfekt. Die idyllische Hafenstadt an der Mündung der Seine in den Ärmelkanal hat schon Maler wie Courbet und Monet in ihren Bann gezogen.

Nur in einem ruhigen Teich spiegelt sich das Licht der Sterne.
Chinesische Weisheit

Wo	Mo	Di	Mi	Do	Fr	Sa	So
1			1	2	3	4	5
2	6	7	8	9	10	11	12
3	13	14	15	16	17	18	19
4	20	21	22	23	24	25	26
5	27	28	29	30	31		

VOR 80 JAHREN

Renate Kern – Erfolge als Schlager- und Countrysängerin

Geboren am 23. Januar 1945: Mit Hits wie »Lieber mal weinen im Glück« und »Du musst mit den Wimpern klimpern« eroberte die Hessin aus Tann (Rhön) ab den späten 1960er-Jahren regelmäßig Plätze in den deutschen Schlagercharts. Nachdem sie 1970 mit »Alle Blumen brauchen Sonne« Rang zwei beim Deutschen Schlagerwettbewerb belegt hatte, etablierte sich Renate Kern als gefragte Interpretin auf der Bühne und im Fernsehen. Als die Erfolge ab Mitte der 1970er-Jahre ausblieben, wagte Kern unter dem Namen Nancy Wood ab 1981 in den USA einen Neuanfang als Countrysängerin. Dabei gelang ihr schon im selben Jahr mit »Imagine That« das für deutsche Sängerinnen seltene Kunststück, sich in den US-Charts zu platzieren. Auch in Europa, wo sie als eine der besten Country-Interpretinnen galt, nahm ihre Karriere wieder Fahrt auf. 1991 nahm sich Kern, die zunehmend unter Depressionen litt, mit 46 Jahren das Leben. Sieben Jahre danach ließen die Regisseurin Ulrike Franke und ihr Kollege Michael Loeken Kerns Leben und Identitätssuche in dem Dokumentarfilm »Und vor mir die Sterne…« Revue passieren.

VOR 110 JAHREN

C. W. Ceram – unterhaltsame Sachbücher zur Archäologie

Geboren am 20. Januar 1915: Unter seinem bürgerlichen Namen Kurt Wilhelm Marek verdiente der gebürtige Berliner seinen Lebensunterhalt als Journalist und Lektor, unter seinem Pseudonym C. W. Ceram war er ein international gefeierter Autor. Auslöser der allgemeinen Begeisterung war sein 1949 erschienener, in gut 30 Sprachen übersetzter populärwissenschaftlicher Bestseller »Götter, Gräber und Gelehrte«. Mit dem unterhaltsamen Buch brachte er die Ausgrabungen in Babylon, Troja und Ägypten einer breiten Leserschaft nahe und trug so maßgeblich zum Interesse an den Erkenntnissen archäologischer Forschung der letzten 200 Jahre bei.
Ab den späten 1960er-Jahren wandte sich Ceram den archäologischen Funden in Nordamerika zu. Seine Arbeiten mündeten 1972 in seine Publikation »Der erste Amerikaner«, die ebenfalls zu einem millionenfach verkauften Kassenschlager avancierte und 30 Wochen Platz eins der »Spiegel«-Bestsellerliste belegte. Zwei Jahre nach dem Tod des 57-Jährigen in Hamburg wurde 1974 erstmals der vom Rheinischen Landesmuseum Bonn ausgelobte Ceram-Preis für populäre Sachbücher zur Archäologie vergeben.

VOR 90 JAHREN

Das weltweit erste Dosenbier kommt in den USA auf den Markt

Am 24. Januar 1935: Seit 1920 hatte die Prohibition, das Verbot, Alkohol herzustellen, zu transportieren und zu verkaufen, die USA fest im Griff. Als der National Prohibition Act dann 1933 fiel, plante auch George Newman, der Technische Leiter der Krueger-Brauerei, die Wiederaufnahme von Produktion und landesweitem Handel des hauseigenen Bieres. Er fürchtete jedoch, dass der Transport großer Fässer und zerbrechlicher Flaschen ein Problem darstellen würde, und so kam er auf eine andere Idee: In Kooperation mit der American Can Company ließ er sein Krueger Cream Ale in die handlichen und stapelbaren Getränkedosen aus Weißblech abfüllen: Das Dosenbier war geboren und feierte im Januar 1935 seine Marktpremiere.
Den viele Jahre üblichen abziehbaren Ringverschluss suchte man seinerzeit allerdings noch vergeblich; die durstigen Konsumenten mussten der Dose vielmehr mit Werkzeug zu Leibe rücken. Überdies löste das zur besseren Haltbarkeit stark erhitzte Bier Metallpartikel aus dem Dosenblech, was den Geschmack beeinträchtigte. Der allgemeinen Begeisterung über die praktische Wegwerfinnovation taten diese anfänglichen Schwierigkeiten jedoch keinen Abbruch: Das Dosenbier trat rasch seinen Siegeszug über alle Kontinente an und erreichte zu Beginn der 1950er-Jahre auch Deutschland, wo die Henninger-Brauerei aus Frankfurt am Main zu den Trendsettern gehörte. Die Erkenntnis, dass Einwegblechdosen aus ökologischer Sicht bedenklich sind, sollte sich erst im 21. Jahrhundert langsam durchsetzen.

Geburtstagskinder vom 20. bis 26. Januar 2025

Am 20. Januar wurden geboren:
David Lynch (*1946), amerikan. Filmregisseur
Susan Rothenberg (1945–2020), amerikan. Malerin
Ernesto Cardenal (1925–2020), nicaraguan. Theologe, Schriftsteller und Politiker
DeForest Kelley (1920–1999), amerikan. Schauspieler
Federico Fellini (1920–1993), italien. Filmregisseur
Paula Wessely (1907–2000), österreich. Schauspielerin

Am 21. Januar wurden geboren:
Jeff Koons (*1955), amerikan. Künstler
Plácido Domingo (*1941), span.-mexikan. Sänger (Tenor)
Christian Dior (1905–1957), frz. Modeschöpfer
Ludwig Thoma (1867–1921), dt. Schriftsteller

Paul Vinzenz Busch (1850–1927), dt. Zirkusdirektor, Gründer des Zirkus Busch
Moritz von Schwind (1804–1871), österreich.-dt. Maler und Zeichner

Am 22. Januar wurden geboren:
Bruno Kreisky (1911–1990), österreich. SPÖ-Politiker, Bundeskanzler 1970–83
August Strindberg (1849–1912), schwed. Schriftsteller
George Lord Byron (1788–1824), brit. Dichter
André Marie Ampère (1775–1836), frz. Physiker und Mathematiker
Gotthold Ephraim Lessing (1729–1781), dt. Schriftsteller
Iwan III., gen. Iwan der Große (1440–1505), Großfürst von Moskau ab 1462

Am 23. Januar wurden geboren:
Georg Baselitz (*1938), dt. Maler und Bildhauer

Jeanne Moreau (1928–2017), frz. Schauspielerin
Gertrude Belle Elion (1918–1999), amerikan. Biochemikerin und Pharmakologin, Medizinnobelpreisträgerin 1988
Édouard Manet (1832–1883), frz. Maler
Stendhal, eigtl. Marie Henri Beyle (1783–1842), frz. Schriftsteller
Mary Ward (1585–1645), engl. Ordensgründerin und Bildungsreformerin

Am 24. Januar wurden geboren:
Nastassja Kinski (*1961), dt. Schauspielerin
Joachim Gauck (*1940), dt. Bundespräsident 2012–17
Edith Wharton (1862–1937), amerikan. Schriftstellerin
Franziska Tiburtius (1843–1927), dt. Medizinerin
E. T. A. Hoffmann (1776–1822), dt. Schriftsteller, Komponist, Zeichner und Maler

Am 25. Januar wurden geboren:
Nicole Uphoff (*1967), dt. Dressurreiterin
Corazon Aquino (1933–2009), philippin. Politikerin, Präsidentin 1986–92
Eva Zeller (1923–2022), dt. Schriftstellerin
Wilhelm Furtwängler (1886–1954), dt. Dirigent und Komponist
Virginia Woolf (1882–1941), brit. Schriftstellerin

Am 26. Januar wurden geboren:
Jacqueline du Pré (1945–1987), brit. Violoncellistin
Angela Davis (*1944), amerikan. Bürgerrechtlerin
Paul Newman (1925–2008), amerikan. Schauspieler
Rupprecht Geiger (1908–2009), dt. Maler und Grafiker
Bernhard Minetti (1905–1998), dt. Schauspieler
Achim von Arnim (1781–1831), dt. Dichter

Januar/Februar 5. Woche

Wassermann 19.1. bis 17.2.

27	Montag
28	Dienstag
29 •	Mittwoch
30	Donnerstag
31	Freitag
1	Samstag
2	Sonntag

Der Jardin Georges Delaselle mit seinen zahlreichen exotischen Pflanzen wurde Ende des 19. Jh. von dem Pariser Versicherungsagenten Georges Delaselle auf der Île de Batz angelegt. Die nur rund 3 km² große Insel vor der Küste von Roscoff ist für ihr mildes Klima bekannt.

Die Liebe zum Gärtnern ist eine Saat, die – einmal gesät – niemals stirbt.
Gertrude Jekyll

Wo	Mo	Di	Mi	Do	Fr	Sa	**So**
5						1	**2**
6	3	4	5	6	7	8	**9**
7	10	11	12	13	14	15	**16**
8	17	18	19	20	21	22	**23**
9	24	25	26	27	28		

VOR 250 JAHREN

Friedrich Wilhelm Schelling – Idealist und Naturphilosoph

Geboren am 27. Januar 1775: In Anlehnung an Immanuel Kant wagte sich der deutsche Philosoph und Anthropologe aus dem württembergischen Leonberg an eine schwierige Aufgabe, die frühere Vertreter seines Fachs nur unzureichend bewältigt hatten: die Frage nach dem Verhältnis von Wahrnehmung und Erfahrung einerseits, von Friedrich Wilhelm Joseph Schelling als »transzendentale Philosophie« bezeichnet, und der äußeren Welt andererseits, mit der er sich unter dem Begriff der »Naturphilosophie« auseinandersetzte. Damit strebte Schelling eine Verbindung zwischen Subjektivität (Bewusstsein des Ich) und Objektivität an, die er als nicht getrennt, sondern als einheitlich und absolut wahrnahm. Seine später vielfach kritisierten Erkenntnisse fasste der Pfarrerssohn in seinen bedeutenden Werken »Ideen zu einer Philosophie der Natur« (1797) und »System des transzendentalen Idealismus« (1800) zusammen.

Mit seinem Ansatz von der Einheit zwischen Natur und Ich-Identität gilt Schelling auch als einer der wichtigsten Vordenker der Romantischen Medizin, die an der Schwelle zum 19. Jahrhundert eine neue, seinerzeit noch nicht naturwissenschaftlich begründete Denkweise der Medizin anstrebte. Im Alter von 79 Jahren starb der mit Auszeichnungen im In- und Ausland bedachte langjährige Präsident der Bayerischen Akademie der Wissenschaften 1854 in Ragaz in der Schweiz.

VOR 120 JAHREN

Barnett Newman – expressionistische Farbfeldmalerei

Geboren am 29. Januar 1905: Zu Beginn der 1950er-Jahre sorgte der amerikanische Maler und Bildhauer aus New York für einen empörten Aufschrei in der internationalen Kunstwelt: Barnett Newman, Sohn polnischer Immigranten, präsentierte der Öffentlichkeit minimalistisch anmutende monochrome Farbfelder, die er mit von ihm als »zips« (Reißverschlüsse) bezeichneten Linien voneinander trennte. Nicht die Form sollte dabei im Mittelpunkt stehen, sondern die Wirkung und Emotion der Farbe.

Erst in den 1960er-Jahren sollten sich Publikum und Kritik mit Newmans zunehmend gefeierten Werken weitgehend versöhnen. In dieser Zeit weitete er seine Arbeiten auch auf Skulpturen und Lithografien aus und wurde zu einem der bedeutendsten Repräsentanten des abstrakten Expressionismus. Aufgrund der oftmals scharfen Kanten und streng abgegrenzten Farbfelder in seinen Werken gilt er auch als Wegbereiter der Hard-Edge-Malerei. Auf dem Höhepunkt seines Schaffens starb Newman, der sich auch in theoretischen Schriften mit der Kunst auseinandergesetzt hatte, 1970 mit 65 Jahren in seiner Heimatstadt an einem Herzanfall.

VOR 125 JAHREN

Gründung des Deutschen Fußball-Bunds in Leipzig

Am 28. Januar 1900: Die »Einigung sämtlicher deutscher Fußballverbände und -vereine« hatten sich jene Repräsentanten von immerhin 86 Vereinen auf die Fahnen geschrieben, die sich Ende Januar 1900 im Leipziger Gasthaus »Zum Mariengarten« zum 1. Allgemeinen Fußballtag trafen, an dessen Ende die Gründung eines »allgemeinen deutschen Fußballverbandes« stehen sollte. Obwohl die Meinungen über die neue Organisation weit auseinandergingen und einige Vertreter die Ausarbeitung eines einheitlichen Regelwerks gefordert hatten, wurde die Geburt des Deutschen Fußball-Bundes (DFB) mit 64:22 Stimmen letztendlich mit deutlicher Mehrheit beschlossen.

Glaubt man einer verbreiteten Anekdote, so war die Aussicht auf ein schmackhaftes Mahl nicht ganz unschuldig an der raschen Einigung auf der erst gegen 10:40 Uhr begonnenen Versammlung: Angesichts des allgemeinen Hungergefühls hatte die Versammlungsleitung um den noch am selben Tag gekürten ersten DFB-Präsidenten Ferdinand Hueppe nach gut zweistündiger Debatte auf eine sofortige Entscheidung gedrängt, um das servierfertige Mittagessen nicht zu gefährden.

Geburtstagskinder vom 27. Januar bis 2. Februar 2025

Am 27. Januar wurden geboren:
Michail Baryschnikow (*1948), lett.-amerikan. Tänzer
Mairead Corrigan-Maguire (*1944), ir. Bürgerrechtlerin, Friedensnobelpreisträgerin 1976
Wilhelm II. (1859–1941), letzter dt. Kaiser und preuß. König 1888–1918
Lewis Carroll, eigtl. Charles Lutwidge Dodgson (1832–1898), brit. Schriftsteller
Wolfgang Amadeus Mozart (1756–1791), österreich. Komponist

Am 28. Januar wurden geboren:
Nicolas Sarkozy (*1955), frz. Politiker, Staatspräsident 2007–12
Claes Oldenburg (1929–2022), amerikan. Pop-Art-Künstler
Ursula Herking (1912–1974), dt. Kabarettistin und Schauspielerin
Jackson Pollock (1912–1956), amerikan. Maler
Alice Neel (1900–1984), amerikan. Malerin

Am 29. Januar wurden geboren:
Olga Tokarczuk (*1962), poln. Schriftstellerin, Literaturnobelpreisträgerin 2018
Oprah Winfrey (*1954), amerikan. Talkshow-Moderatorin, Unternehmerin und Schauspielerin
Luigi Nono (1924–1990), italien. Komponist
Germaine Krull (1897–1985), dt.-frz. Fotografin
Romain Rolland (1866–1944), frz. Schriftsteller, Literaturnobelpreisträger 1915
Anton Pawlowitsch Tschechow (1860–1904), russ. Schriftsteller

Am 30. Januar wurden geboren:
Felipe VI. (*1968), König von Spanien ab 2014
Phil Collins (*1951), brit. Rocksänger und Schlagzeuger
Vanessa Redgrave (*1937), brit. Schauspielerin
Barbara Tuchman (1912–1989), amerikan. Schriftstellerin

Franklin D. Roosevelt (1882–1945), amerikan. Politiker (Demokraten), Präsident der USA 1933–45

Am 31. Januar wurden geboren:
Beatrix (*1938), Königin der Niederlande 1980–2013
Benoîte Groult (1920–2016), frz. Schriftstellerin
Alva Myrdal (1902–1986), schwed. Soziologin und Politikerin, Friedensnobelpreisträgerin 1982
Marie Luise Kaschnitz (1901–1974), dt. Schriftstellerin
Theodor Heuss (1884–1963), dt. liberaler Politiker, erster Bundespräsident 1949–59
Franz Schubert (1797–1828), österreich. Komponist

Am 1. Februar wurden geboren:
Horst Bosetzky, Pseud. -ky (1938–2018), dt. Soziologe und Schriftsteller
Boris Nikolajewitsch Jelzin (1931–2007), russ. Politiker, Präsident 1991–99

Renata Tebaldi (1922–2004), italien. Sängerin (Sopran)
Clark Gable (1901–1960), amerikan. Schauspieler
John Ford (1895–1973), amerikan. Filmregisseur
Hugo von Hofmannsthal (1874–1929), österreich. Schriftsteller

Am 2. Februar wurden geboren:
Shakira (*1977), kolumbian. Pop- und Rocksängerin
Barbara Sukowa (*1950), dt. Schauspielerin
Farrah Fawcett (1947–2009), amerikan. Schauspielerin
Valéry Giscard d'Estaing (1926–2020), frz. Politiker, Staatspräsident 1974–81
James Joyce (1882–1941), ir. Schriftsteller
Alfred Brehm (1829–1884), dt. Zoologe und Forschungsreisender

Februar 6. Woche

Wassermann 19.1. bis 17.2.

3	Montag
4	Dienstag
5	Mittwoch
6	Donnerstag
7	Freitag
8	Samstag
9	Sonntag

Sonnenuntergang und ein aufziehender Wintersturm sorgen für faszinierende Naturbilder an der Küste vom Cap d'Erquy. Die Bretagne ist für ihre schnellen Wetterwechsel bekannt: Alle vier Jahreszeiten können hier an einem Tag erlebt werden, heißt es.

Frühling, Sommer und dahinter gleich der Herbst und dann der Winter – ach, verehrteste Mamsell, mit dem Leben geht es schnell!

Wilhelm Busch

Wo	Mo	Di	Mi	Do	Fr	Sa	So
5						1	2
6	3	4	5	6	7	8	9
7	10	11	12	13	14	15	16
8	17	18	19	20	21	22	23
9	24	25	26	27	28		

VOR 125 JAHREN

Jacques Prévert – Gedichte aus dem Leben der Menschen

Geboren am 4. Februar 1900: Für viele Menschen ist Lyrik gleichbedeutend mit ziemlich unzugänglicher Kost, doch die Werke Jacques Préverts belehren sie eines Besseren: Die Gedichte des Franzosen aus dem Pariser Vorort Neuilly-sur-Seine bestechen durch ihre einfache, gleichwohl virtuose Sprache mit ironisch-amüsanten Metaphern und neuen Wortschöpfungen. Dabei entnahm er seine Themen vielfach dem Alltag der Menschen mit ihren typischen Emotionen und Sehnsüchten, bezog aber auch gegen Bürgertum, Klerus und Militarismus Stellung. Durch Publikationen wie die Sammlung »Paroles« (1946) stieg Prévert zu einem der bedeutendsten zeitgenössischen Lyriker auf. Sein Liedtext »Les feuilles mortes« wurde von Juliette Gréco und Yves Montand gesungen und auch als »Autumn Leaves« zum Hit.
Darüber hinaus trat der Sohn eines Theaterkritikers auch in der Filmbranche hervor: Er versuchte sich als Schauspieler, feierte seine größten Erfolge jedoch als Drehbuchautor, wodurch er u. a. maßgeblich zum Erfolg der poetischen Liebesfilme »Hafen im Nebel« (1938) und »Kinder des Olymp« (1945) des französischen Regisseurs Marcel Carné beitrug. Prévert starb 1977 in seinem Wohnort Omonville-la-Petite in der Normandie an Lungenkrebs.

VOR 90 JAHREN

Johnny »Guitar« Watson – von Blues über Soul zum Funk

Geboren am 3. Februar 1935: An verschiedenen musikalischen Richtungen herrschte im Leben des Amerikaners aus Houston, Texas, wahrlich kein Mangel, der Gitarre blieb der Musiker und Sänger jedoch zeitlebens treu – sieht man einmal davon ab, dass Johnny »Guitar« Watson vor allem zu Beginn seiner Karriere oft auch am Klavier auf sich aufmerksam machte. Ausgehend vom Blues, der die Basis seines Schaffens bildete, versuchte er sich zunächst auch mit Jazz-Kompositionen, um sein Hauptaugenmerk in den 1970er-Jahren auf den Soul und schließlich mit innovativen Alben wie »Ain't That a Bitch« (1976) auf den Funk zu legen. Mit seiner virtuosen Musik, die er zuweilen mit gesellschaftskritischen Texten verband und auf zahllosen Konzertreisen in der ganzen Welt präsentierte, beeinflusste der experimentierfreudige Star nachfolgende Generationen nachhaltig. Selbst sein Tod fand auf einer Bühne statt: Der 61-Jährige brach 1996 während eines Auftritts in Yokohama infolge eines Herzinfarkts zusammen. 2008 wurde er postum in die Blues Hall of Fame aufgenommen.

VOR 75 JAHREN

Startschuss für die Neue Deutsche Wochenschau in den Kinos

Am 3. Februar 1950: Ein regelmäßiges Fernsehprogramm gab es in der jungen Bundesrepublik nicht, bis Anfang Februar 1950 die Neue Deutsche Wochenschau in den Lichtspielhäusern zwischen Flensburg und Garmisch-Partenkirchen ihre Premiere feierte. Die jeweils zehnminütigen Sendungen, die vor den Spielfilmen über die Leinwände flimmerten, entführten das Publikum in ferne Welten, lieferten reichlich Amüsantes, berichteten aber auch über Ereignisse vor der eigenen Haustür. Gegenüber dem Unterhaltungsaspekt spielte Politik in den ersten Wochenschauen noch eine untergeordnete Rolle. Zwar zitierte die Erstausgabe den jugoslawischen Staatschef Josip Broz Tito mit einer antistalinistischen Rede, doch ansonsten dominierten Sportberichte, der Stapellauf eines Schiffs in Hamburg und vor allem Kuriositäten wie die Wahl der leicht bekleideten Grapefruit-Königin in Kalifornien oder ruandische Kriegstänze. Dabei ließen die launigen Kommentare des Sprechers aus heutiger Sicht die Political Correctness vielfach vermissen.
Obwohl sich die in Hamburg produzierte Neue Deutsche Wochenschau der Konkurrenz mehrerer vergleichbarer Formate und nicht zuletzt des Ende 1952 gestarteten Fernsehens erwehren musste, behauptete sie sich immerhin bis Ende 1977, als sie den Machern nach gut 3000 Ausgaben nicht mehr zeitgemäß erschien. Die auf 17 Mio. Meter Filmmaterial gebannten Dokumente der Zeitgeschichte gingen danach ins Bundesfilmarchiv über, in dessen Internet-Filmothek alle Folgen jederzeit abrufbar sind.

Geburtstagskinder vom 3. bis 9. Februar 2025

Am 3. Februar wurden geboren:
Joachim Löw (*1960), dt. Fußballtrainer
Simone Weil (1909–1943), frz. Philosophin
Georg Trakl (1887–1914), österreich. Dichter
Gertrude Stein (1874–1946), amerikan. Schriftstellerin und Kunstmäzenin
Felix Mendelssohn Bartholdy (1809–1847), dt. Komponist

Am 4. Februar wurden geboren:
Betty Friedan (1921–2006), amerikan. Frauenrechtlerin und Schriftstellerin
Alfred Andersch (1914–1980), dt. Schriftsteller
Dietrich Bonhoeffer (1906–1945), dt. ev. Theologe (Bekennende Kirche)
Charles Lindbergh (1902–1974), amerikan. Pilot (erster Nonstop-Alleinflug über den Atlantik)
Ludwig Erhard (1897–1977), dt. CDU-Politiker, Bundeskanzler 1963–66

Friedrich Ebert (1871–1925), dt. SPD-Politiker, Reichspräsident 1919–25

Am 5. Februar wurden geboren:
Cristiano Ronaldo (*1985), portugies. Fußballspieler
Astrid Kumbernuss (*1970), dt. Leichtathletin (Kugelstoßen)
Charlotte Rampling (*1946), brit. Schauspielerin
John Boyd Dunlop (1840–1921), brit. Erfinder
Carl Spitzweg (1808–1885), dt. Maler

Am 6. Februar wurden geboren:
Marie Luise »Malu« Dreyer (*1961), dt. SPD-Politikerin, Ministerpräsidentin von Rheinland-Pfalz seit 2013
Bob Marley (1945–1981), jamaikan. Reggae-Musiker
François Truffaut (1932–1984), frz. Filmregisseur

Mary Leakey (1913–1996), brit. Archäologin und Anthropologin
Ronald W. Reagan (1911–2004), amerikan. Politiker (Republikaner), Präsident der USA 1981–89

Am 7. Februar wurden geboren:
Tawakkul Karman (*1979), jemenit. Politikerin, Friedensnobelpreisträgerin 2011
Doris Gercke (*1937), dt. Schriftstellerin
Juliette Gréco (1927–2020), frz. Chansonsängerin und Schauspielerin
Alfred Adler (1870–1937), österreich. Arzt und Tiefenpsychologe
Charles Dickens (1812–1870), brit. Schriftsteller
Thomas Morus (1478–1535), engl. Staatsmann und Humanist

Am 8. Februar wurden geboren:
John Grisham (*1955), amerikan. Jurist und Schriftsteller

Manfred Krug (1937–2016), dt. Schauspieler
James Dean (1931–1955), amerikan. Schauspieler
Franz Marc (1880–1916), dt. Maler und Grafiker
Paula Modersohn-Becker (1876–1907), dt. Malerin
Jules Verne (1828–1905), frz. Schriftsteller

Am 9. Februar wurden geboren:
Carla Del Ponte (*1947), schweizer. Juristin, Chefanklägerin des UN-Kriegsverbrechertribunals 1999–2007
Mia Farrow (*1945), amerikan. Schauspielerin
Alice Walker (*1944), amerikan. Schriftstellerin
John Maxwell Coetzee (*1940), südafrikan. Schriftsteller, Literaturnobelpreisträger 2003
Gerhard Richter (*1932), dt. Maler und Grafiker

Februar 7. Woche

Wassermann 19.1. bis 17.2.

10 Montag

11 Dienstag

12 ○ Mittwoch

13 Donnerstag

14 Valentinstag
Freitag

15 Samstag

16 Sonntag

Jahrhundertelang waren die Remparts de Saint-Malo, die Wehrmauern und Festungsanlagen, von großer Bedeutung für die Sicherheit der an der Smaragdküste gelegenen Hafenstadt, heute zählen sie zu den Touristenattraktionen Saint-Malos.

Die Seele eines guten Menschen ist eine uneinnehmbare Festung.
Epikur von Samos

Wo	Mo	Di	Mi	Do	Fr	Sa	So
5						1	2
6	3	4	5	6	7	8	9
7	10	11	12	13	14	15	16
8	17	18	19	20	21	22	23
9	24	25	26	27	28		

VOR 75 JAHREN

Mark Spitz – Star der Olympischen Sommerspiele 1972 in München

Geboren am 10. Februar 1950: Wenn es um Superstars Olympischer Spiele geht, führt kein Weg an Mark Spitz vorbei: Der Schwimmsportler aus dem kalifornischen Modesto, der schon 1968 in Mexiko-Stadt zweimal Gold und je einmal Silber und Bronze gewonnen hatte, holte bei den Sommerspielen 1972 in München jeweils mit neuer Weltrekordzeit sieben Goldmedaillen. Damit stellte er eine Bestmarke auf, die erst sein amerikanischer Landsmann Michael Phelps 2008 in Peking mit achtmal Gold übertreffen sollte.

Nachdem Spitz in München zuerst über 200 m Schmetterling und mit der 4×100-m-Staffel seines Landes gewonnen hatte, ließ er Triumphe über 200 m Freistil, 100 m Schmetterling, 4×200 m Freistil, 100 m Freistil und schließlich mit der 4×100-m-Lagenstaffel folgen. Sein Foto in Stars & Stripes-Badehose und mit sieben Goldmedaillen um den Hals ging um die Welt und hing als Poster in zahlreichen Kinderzimmern.

Die Begeisterung über Spitz' Leistung wurde durch den palästinensischen Terroranschlag bei den Münchner Spielen jedoch jäh beendet. Der Star jüdischen Glaubens verließ die Stätte seines Erfolgs daraufhin unter Polizeischutz. Unmittelbar nach den Spielen beendete der 22-Jährige seine Karriere, um gut dotierte Werbeverträge annehmen zu können; zudem stieg er erfolgreich ins Immobiliengeschäft ein. Zu Beginn der 1990er-Jahre wagte der 40-Jährige ein viel beachtetes Comeback als Leistungsschwimmer, doch sein Versuch, sich für Olympia 1992 in Barcelona zu qualifizieren, scheiterte.

VOR 90 JAHREN

Ann Ladiges – Bestsellerautorin mit Jugendbüchern

Geboren am 14. Februar 1935: Wäre es nach dem Willen der ARD gegangen, so hätte Ann Ladiges Fernsehgeschichte schreiben sollen. Die Lehrerin aus Hamburg, die Mitte der 1960er-Jahre eine zusätzliche Tätigkeit als TV-Ansagerin des nachmittäglichen NDR-Programms angenommen hatte, sollte nämlich zu Beginn der 1970er-Jahre die erste Nachrichtensprecherin in der Bundesrepublik werden. Doch das ZDF war schneller, und so ging Wibke Bruhns als Pionierin in die mediale Historie ein, während Ladiges fortan Magazine und Ratgebersendungen moderierte.

In der Folgezeit schrieb sie eigene Beiträge für das Kinderfernsehen, verfasste Drehbücher für TV-Filme und -Serien und veröffentlichte erfolgreiche Jugendbücher, darunter 1978 ihren vielfach im Schulunterricht rezipierten Bestseller »Hau ab, du Flasche!« um einen alkoholabhängigen Jugendlichen und die Ursachen und Folgen seiner Sucht. Im Mittelpunkt ihres Romans »Blaufrau« (1981) steht eine Jugendliche, die einen typischen Männerberuf ergreifen möchte. Mit 83 Jahren starb Ladiges 2019 in Baden-Baden.

VOR 50 JAHREN

Margaret Thatcher übernimmt Führung der britischen Tories

Am 11. Februar 1975: Die studierte Chemikerin und Juristin aus dem englischen Grantham, Lincolnshire, kandidierte zunächst 1950 als 24-Jährige vergeblich für das britische Unterhaus, in das sie schließlich 1959 als Vertreterin der Konservativen Partei einzog. Bei den Tories machte sich Thatcher einen Namen als Verfechterin der freien Marktwirtschaft und einer strengen Law-and-Order-Politik, aber auch als Befürworterin eines Beitritts Großbritanniens zur Europäischen Gemeinschaft.

Nachdem sie sich ab 1970 unter Premierminister Edward Heath im Bildungsressort erste Meriten als Ministerin erworben hatte, forderte Thatcher nach der Wahlniederlage ihrer Partei 1974 gegen die Labour Party den angeschlagenen Parteichef Heath zum Duell um die Führung der Konservativen heraus. Bei der Kampfabstimmung im Februar 1975 setzte sich Thatcher zunächst knapp gegen Heath durch, um sich in einem weiteren Wahlgang gegen den langjährigen Parteifunktionär William Whitelaw zu behaupten. Die Geschicke der Konservativen und ab 1979 als Premierministerin auch des Landes sollte die »Eiserne Lady« noch bis 1990 entscheidend prägen.

Geburtstagskinder vom 10. bis 16. Februar 2025

Am 10. Februar wurden geboren:
Frank Bsirske (*1952), dt. Gewerkschafter, Vorsitzender der Dienstleistungsgewerkschaft ver.di 2001–19
Frank-Patrick Steckel (*1943), dt. Theaterregisseur
Leontyne Price (*1927), amerikan. Sängerin (Sopran)
Bertolt Brecht (1898–1956), dt. Schriftsteller und Regisseur
Boris Pasternak (1890–1960), russ. Schriftsteller, Literaturnobelpreisträger 1958
Adelina Patti (1843–1919), italien. Sängerin (Sopran)

Am 11. Februar wurden geboren:
Mary Quant (1934–2023), brit. Modedesignerin
Paul Bocuse (1926–2018), frz. Meisterkoch
Hans-Georg Gadamer (1900–2002), dt. Philosoph
Else Lasker-Schüler (1869–1945), dt. Schriftstellerin
Thomas Alva Edison (1847–1931), amerikan. Erfinder (Glühlampe, Kinematograf)
Karoline von Günderode (1780–1806), dt. Dichterin

Am 12. Februar wurden geboren:
Max Beckmann (1884–1950), dt. Maler und Grafiker
Lou Andreas-Salomé (1861–1937), dt. Schriftstellerin
Abraham Lincoln (1809–1865), amerikan. Politiker, Präsident der USA 1861–65
Charles Darwin (1809–1882), brit. Naturforscher

Am 13. Februar wurden geboren:
Robbie Williams (*1974), brit. Popsänger und Entertainer
Katja Lange-Müller (*1951), dt. Schriftstellerin
Sigmar Polke (1941–2010), dt. Maler

Sigmund Jähn (1937–2019), dt. Kosmonaut, erster Deutscher im Weltraum
Charles Maurice de Talleyrand (1754–1838), frz. Politiker

Am 14. Februar wurden geboren:
Annette Kurschus (*1963), dt. ev. Theologin, EKD-Ratsvorsitzende seit 2021
Renée Fleming (*1959), amerikan. Sängerin (Sopran)
Katharina Fritsch (*1956), dt. Bildhauerin
Heide(marie) Ecker-Rosendahl (*1947), dt. Leichtathletin (Sprint, Weitsprung, Fünfkampf)
Alexander Kluge (*1932), dt. Schriftsteller und Filmregisseur
Max Horkheimer (1895–1973), dt. Philosoph und Soziologe (Frankfurter Schule)

Am 15. Februar wurden geboren:
Elke Heidenreich (*1943), dt. Journalistin und Schriftstellerin

HAP (Helmut Andreas Paul) Grieshaber (1909–1981), dt. Grafiker und Maler
Susan Brownell Anthony (1820–1906), amerikan. Frauenrechtlerin
Ludwig XV. (1710–1774), König von Frankreich 1715–74
Galileo Galilei (1564–1642), italien. Mathematiker, Philosoph und Physiker

Am 16. Februar wurden geboren:
John McEnroe (*1959), amerikan. Tennisspieler
John Schlesinger (1926–2003), brit. Filmregisseur
Ernst Haeckel (1834–1919), dt. Zoologe und Philosoph (Biogenetisches Grundgesetz)
Friedrich Wilhelm, gen. Der Große Kurfürst (1620–1688), Kurfürst von Brandenburg 1640–88
Philipp Melanchthon (1497–1560), dt. Reformator und Humanist

Februar 8. Woche

Wassermann 19.1. bis 17.2.   Fische 18.2. bis 19.3.

17	Montag
18	Dienstag
19	Mittwoch
20 ☾	Donnerstag
21	Freitag
22	Samstag
23	**Sonntag**

Ein langer Sandstrand, ein in Blau- und Grüntönen schillerndes Meer, markante Felsformationen, der Plage de la Grève Blanche bei Trégastel im Departement Côtes d'Armor fällt eindeutig in die Kategorie Traumstrand.

Nichts Schönres unter der Sonne als unter der Sonne zu sein.

Ingeborg Bachmann

Wo	Mo	Di	Mi	Do	Fr	Sa	**So**
5						1	**2**
6	3	4	5	6	7	8	**9**
7	10	11	12	13	14	15	**16**
8	17	18	19	20	21	22	**23**
9	24	25	26	27	28		

VOR 65 JAHREN

Eröffnung der Olympischen Winterspiele in Squaw Valley

Am 18. Februar 1960: Ein weitgehend unberührtes Tal in der Sierra Nevada in Kalifornien zum Schauplatz Olympischer Winterspiele zu machen und die Region so touristisch und auch langfristig für den Wintersport zu erschließen – diese Vision wurde 1960 in Squaw Valley Wirklichkeit. Auch moderne Technik hielt mit den Spielen Einzug bei Olympia: Mithilfe von Schneeraupen und speziellen Maschinen für feinsten Pulverschnee setzten Pisten und Loipen neue qualitative Maßstäbe.

Aus sportlicher Sicht ragten Jewgeni Grischin und Lidija Skoblikowa unter den 665 Aktiven aus 30 Ländern heraus: Im Eisschnelllauf sicherten sich die beiden sowjetischen Stars jeweils zweimal Gold und sorgten so mit dafür, dass die UdSSR in der prestigeträchtigen Nationenwertung vor Deutschland und den USA lag. Das bei Olympia noch gesamtdeutsche Team hatte schon im Vorfeld für sportpolitische Kontroversen gesorgt: Nach langen Diskussionen trat die Mannschaft schließlich unter schwarz-rot-goldener Flagge ohne weiteres Emblem an. Bei den Siegerehrungen der vier deutschen Olympioniken erklang Ludwig van Beethovens »Ode an die Freude« statt einer Nationalhymne.

VOR 75 JAHREN

John Hughes – Kinder und Teenager als Komödienstars

Geboren am 18. Februar 1950: »Kevin – Allein zu Haus« und »Kevin – Allein in New York«: Mit diesen Filmkomödien und Weihnachtsklassikern stieg Drehbuchautor und Produzent John Hughes Anfang der 1990er-Jahre in die Riege der kommerziell erfolgreichen Filmschaffenden Hollywoods auf. Bereits zuvor hatte sich der Amerikaner aus Lansing, Michigan, mit weiteren Komödien einen Namen gemacht, in denen ebenfalls Kinder oder Jugendliche die Hauptrolle spielen, so in »The Breakfast Club« (1985) mit fünf sehr unterschiedlichen Schülern beim Nachsitzen oder in »Ferris macht blau« (1986) um einen nonkonformistischen Pennäler.

Doch auch mit erwachsenen Hauptdarstellern wie Steve Martin wusste Hughes Kritiker und Publikum zu überzeugen, besonders in der Komödie »Ein Ticket für Zwei« (1987), in der er als Produzent, Drehbuchautor und auch als Regisseur eine vorfeiertägliche Irrfahrt durch die Vereinigten Staaten schilderte. Ab Mitte der 1990er-Jahre wurde es ruhiger um Hughes, der sich aber noch an Drehbüchern und Produktionen von Familienfilmen wie »Dennis« (1993) und »101 Dalmatiner« (1996) beteiligte. 2009 starb er mit 59 Jahren in New York an einem Herzinfarkt.

VOR 65 JAHRE

Greta Scacchi – viel gereiste Mimin mit italienischen Wurzeln

Geboren am 18. Februar 1960: Langeweile dürfte im Leben der gebürtigen Mailänderin wahrlich ein Fremdwort gewesen sein: In ihrer Kindheit zog Greta Scacchi aus Italien in die Heimat ihrer englischen Mutter, wanderte später mit ihr nach Australien aus, um sich schließlich in London als Tänzerin und Theaterschauspielerin zu versuchen. In den frühen 1980er-Jahren wandte sie sich dem Filmbusiness zu und machte in der australischen Komödie »Coca Cola Kid« (1985) erstmals auch international aufhorchen. Die ausdrucksstarke Darstellerin machte bald auch Hollywood auf sich aufmerksam, wo sie 1990 in Alan J. Pakulas Justizthriller »Aus Mangel an Beweisen« als Mordopfer startete. Fortan stand Scacchi regelmäßig auf den Besetzungslisten bedeutender Regisseure, so in Wolfgang Petersens Thriller »Tod im Spiegel« (1991) als Frau eines Mannes, der sein Gedächtnis verloren hat. Ihr komödiantisches Talent bewies sie u. a. ein Jahr später in Robert Altmans Hollywood-Persiflage »The Player«. Ebenfalls 1992 überzeugte Scacchi in der Verfilmung des Romans »Salz auf unserer Haut« von Benoîte Groult als Intellektuelle, die eine leidenschaftliche Liebesbeziehung zu einem bretonischen Fischer pflegt. Nach der Jahrtausendwende stand Scacchi zunehmend auch für TV-Produktionen vor der Kamera, so 2008 in der Filmbiografie »Miss Austens Regrets« als Schwester der Schriftstellerin Jane Austen.

Geburtstagskinder vom 17. bis 23. Februar 2025

Am 17. Februar wurden geboren:
Jette Joop (*1968), dt. Designerin
Heinrich Breloer (*1942), dt. Regisseur und Drehbuchautor
Rita Süssmuth (*1937), dt. CDU-Politikerin
Ruth Rendell (1930–2015), brit. Kriminalschriftstellerin
Friedrich Alfred Krupp (1854–1902), dt. Unternehmer

Am 18. Februar wurden geboren:
István Szabó (*1938), ungar. Filmregisseur
Yoko Ono (*1933), japan.-amerikan. Happeningkünstlerin und Sängerin
Milos Forman (1932–2018), tschech.-amerikan. Filmregisseur
Toni Morrison, eigtl. Chloe Anthony Wofford (1931–2019), amerikan. Schriftstellerin, Literaturnobelpreisträgerin 1993
Nikos Kazantzakis (1883–1957), griech. Dichter

Am 19. Februar wurden geboren:
Jennifer A. Doudna (*1964), amerikan. Biochemikerin und Molekularbiologin, Chemienobelpreisträgerin 2020
Helen Fielding (*1958), brit. Schriftstellerin
Siri Hustvedt (*1955), amerikan. Schriftstellerin
Gabriele Münter (1877–1962), dt. Malerin
Nikolaus Kopernikus (1473–1543), dt.-poln. Astronom

Am 20. Februar wurden geboren:
Kurt Cobain (1967–1994), amerikan. Rockmusiker
Gordon Brown (*1951), brit. Labour-Politiker, Premierminister 2007–10
Robert Altman (1925–2006), amerikan. Filmregisseur

Karl Albrecht (1920–2014), dt. Unternehmer (Aldi)
Heinz Erhardt (1909–1979), dt. Humorist

Am 21. Februar wurden geboren:
Håkan Nesser (*1950), schwed. Kriminalschriftsteller
Margarethe von Trotta (*1942), dt. Schauspielerin und Filmregisseurin
Harald V. (*1937), König von Norwegen ab 1991
Anaïs Nin (1903–1977), amerikan. Schriftstellerin

Am 22. Februar wurden geboren:
Horst Köhler (*1943), dt. Finanzfachmann und CDU-Politiker, Bundespräsident 2004–10
Giulietta Masina (1921–1994), italien. Schauspielerin

Luis Buñuel (1900–1983), span. Filmregisseur
August Bebel (1840–1913), dt. sozialdemokratischer Politiker
George Washington (1732–1799), amerikan. General, erster Präsident der USA 1789–97

Am 23. Februar wurden geboren:
Naruhito (*1960), Kaiser von Japan seit 2019
Erich Kästner (1899–1974), dt. Schriftsteller
Elisabeth Langgässer (1899–1950), dt. Schriftstellerin
Karl Jaspers (1883–1969), dt. Philosoph
Georg Friedrich Händel (1685–1759), dt. Komponist

Februar/März 9. Woche

Fische 18.2. bis 19.3.

24	Montag
25	Dienstag
26	Mittwoch
27	Donnerstag
28	Freitag •
1	Samstag
2	Sonntag

Das aus dem 16. Jh. stammende Château de Kerjean bei Saint-Vougay ist eines der letzten Schlösser, die im Stil der italienischen Renaissance erbaut wurden. Das inmitten eines 20 ha großen Parks gelegene Schloss gehört seit dem Beginn des 20. Jh. dem französischen Staat.

Architektur ist erstarrte Musik.

Friedrich Wilhelm Joseph von Schelling

Wo	Mo	Di	Mi	Do	Fr	Sa	So
9						1	2
10	3	4	5	6	7	8	9
11	10	11	12	13	14	15	16
12	17	18	19	20	21	22	23
13	24	25	26	27	28	29	30
14	31						

VOR 15 JAHREN

Margot Käßmann – Rücktritt von wichtigen kirchlichen Ämtern

Am 24. Februar 2010: Die 1958 in Marburg geborene promovierte Theologin und Pfarrerin machte in der evangelisch-lutherischen Kirche ab den späten 1990er-Jahren zunächst eine steile Karriere: Margot Käßmann, die sich zuvor u. a. im Ökumenischen Rat der Kirchen und als Generalsekretärin des Deutschen Evangelischen Kirchentags bewährt hatte, stieg 1999 zur Bischöfin der Landeskirche Hannover auf und übernahm 2009 als erste Frau überhaupt den Ratsvorsitz der Evangelischen Kirche in Deutschland (EKD).

In der Nacht zum 21. Februar 2010 sollte sich das Leben Käßmanns allerdings grundlegend verändern: Die charismatische Christin, für viele Gläubige ein moralisches Vorbild, geriet in eine Polizeikontrolle, nachdem sie eine rote Ampel überfahren hatte. Der anschließende Alkoholtest ergab eine Blutalkoholkonzentration von 1,54 Promille. Um ihren Ämtern und ihrer persönlichen Integrität keinen langfristigen Schaden zuzufügen, gab Käßmann drei Tage danach ihre Tätigkeiten als Bischöfin und Ratsvorsitzende auf. Nach diesem in den Medien kontrovers diskutierten Schritt widmete sie sich ihrer Arbeit als Pastorin und übernahm Aufgaben als Dozentin und Publizistin. Im März desselben Jahres wurde sie zu einer Geldstrafe und Führerscheinentzug verurteilt. Ins Rampenlicht der Öffentlichkeit trat sie erneut ab 2012 als Botschafterin des EKD-Rats für das 500-jährige Reformationsjubiläum, das 2017 mit vielen Aktionen gefeiert wurde. Ein Jahr danach zog sich Käßmann in den vorzeitigen Ruhestand zurück.

VOR 150 JAHREN

Hans Böckler – Gewerkschafter für Montan-Mitbestimmung

Geboren am 26. Februar 1875: Der Metallarbeiter Hans Böckler aus dem mittelfränkischen Trautskirchen trat 1894 in die SPD ein und machte sich als Gewerkschaftsfunktionär und engagierter Streiter für die Rechte der Arbeiter rasch einen Namen. Nachdem er 1928 in den Reichstag gewählt worden war, gehörte er der Fraktion der Sozialdemokraten an, die 1933 gegen das Ermächtigungsgesetz der Nationalsozialisten stimmten.

Nach 1945 nahm Böckler seine politische Arbeit wieder auf. Als Abgeordneter 1946/47 des nordrhein-westfälischen Landtags widmete er sich besonders der Reorganisation der Gewerkschaften. Im April 1947 gehörte er zu den Gründungsmitgliedern des Gewerkschaftsbunds in der britischen Besatzungszone, dessen Vorsitz er ebenso übernahm wie zwei Jahre später den des neu gegründeten Deutschen Gewerkschaftsbunds (DGB). Wenige Wochen vor seinem Tod 1951 in Köln erreichte Böckler, der in Schleswig-Holstein auch ein umfangreiches Wohnungsbauprojekt initiiert hatte, in Verhandlungen mit Bundeskanzler Konrad Adenauer (CDU) sein größtes Ziel: die paritätische Mitbestimmung der Arbeitnehmer in der Montanindustrie.

VOR 525 JAHREN

Karl V. – Kaiser im Kampf gegen die Reformation

Geboren am 24. Februar 1500: Nach dem Tod seines Vaters Philipp I. und seines Großvaters Ferdinand II. wurde Karl schon mit 16 Jahren König von Spanien und musste seine Herrschaft sofort gegen mehrjährige Aufstände verteidigen. Im Duell um die Kaiserkrone des Heiligen Römischen Reiches setzte sich der Habsburger 1519 gegen Franz I. von Frankreich durch, der daraufhin zu seinem erbitterten Gegner wurde. Doch Karl konnte sein Imperium, das weite Teile Europas umfasste, in der Folgezeit in mehreren Kriegen gegen den Kontrahenten behaupten.

Weniger erfolgreich war Karl, der 1530 zum Kaiser gekrönt worden war, in seinem Kampf gegen die Reformation. Der katholische Herrscher, der Teile Mittel- und Südamerikas zwecks Christianisierung der Bevölkerung grausam erobern ließ, musste 1555 im Augsburger Religionsfrieden die Gleichberechtigung des Protestantismus akzeptieren. Unter diesem Eindruck übergab Karl 1556, zwei Jahre vor seinem Tod, Spanien und die burgundisch-niederländischen Besitzungen an seinen Sohn Philipp II. und noch im selben Jahr die Kaiserkrone an seinen Bruder Ferdinand I.

Geburtstagskinder vom 24. Februar bis 2. März 2025

Am 24. Februar wurden geboren:
Hans-Dieter »Hansi« Flick (*1965), dt. Fußballspieler und -trainer
Steve Jobs (1955–2011), amerikan. Unternehmer (Apple)
Alain Prost (*1955), frz. Automobilrennfahrer
John Neumeier (*1939), amerikan. Choreograf
Wilhelm Grimm (1786–1859), dt. Literaturwissenschaftler, Sammler von Märchen und Sagen

Am 25. Februar wurden geboren:
Franz Xaver Kroetz (*1946), dt. Dramatiker
George Harrison (1943–2001), brit. Popmusiker
Gert Fröbe (1913–1988), dt. Schauspieler
Ida Noddack-Tacke (1896–1978), dt. Chemikerin

Karl May (1842–1912), dt. Schriftsteller
Auguste Renoir (1841–1919), frz. Maler, Grafiker und Bildhauer

Am 26. Februar wurden geboren:
Michel Houellebecq (*1958), frz. Schriftsteller
Johnny Cash (1932–2003), amerikan. Countrysänger
Honoré Daumier (1808–1879), frz. Maler und Zeichner
Victor Hugo (1802–1885), frz. Schriftsteller

Am 27. Februar wurden geboren:
Elizabeth Taylor (1932–2011), brit.-amerikan. Schauspielerin
Alfred Hrdlicka (1928–2009), österreich. Bildhauer, Grafiker und Maler
Grethe Weiser (1903–1970), dt. Schauspielerin

John Steinbeck (1902–1968), amerikan. Schriftsteller, Literaturnobelpreisträger 1962
Lotte Lehmann (1888–1976), dt.-amerikan. Sängerin (Sopran)

Am 28. Februar wurden geboren:
Erika Pluhar (*1939), österreich. Schauspielerin und Chansonsängerin
Klaus Staeck (*1938), dt. Grafiker
Frank O. Gehry (*1929), amerikan. Architekt
Linus Pauling (1901–1994), amerikan. Chemiker, Chemienobelpreisträger 1954, Friedensnobelpreisträger 1962
Sophie Tieck-Bernhardi (1775–1833), dt. Schriftstellerin

Am 1. März wurden geboren:
Harry Belafonte (1927–2023), amerikan. Sänger und Schauspieler

Itzhak Rabin (1922–1995), israel. Politiker, Ministerpräsident 1974–77 und 1992–95, Friedensnobelpreisträger 1994
Glenn Miller (1904–1944), amerikan. Orchesterleiter und Posaunist
Oskar Kokoschka (1886–1980), österreich. Maler und Schriftsteller

Am 2. März wurden geboren:
Daniel Craig (*1968), brit. Schauspieler
Simone Young (*1961), austral. Dirigentin und Intendantin
Lou Reed (1942–2013), amerikan. Sänger und Gitarrist
Michail Sergejewitsch Gorbatschow (1931–2022), sowjet. Politiker, KPdSU-Generalsekretär 1985–91, Staatspräsident 1990/91
Kurt Weill (1900–1950), dt. Komponist

März 10. Woche

Fische 18.2. bis 19.3.

3 Rosenmontag

4 Fastnacht
Dienstag

5 Aschermittwoch

6 Donnerstag

7 Freitag

8 Internationaler Frauentag BE, MV
Samstag

9 Sonntag

Im Westen der bretonischen Halbinsel Crozon liegt Camaret-sur-Mer mit seinem gut besuchten Hafen. Entlang der Promenade laden Cafés und Restaurants zu gemütlichen Stunden mit Blick auf das rege Hafenleben ein.

Die einfachsten Genüsse des Lebens sind die wahren Schätze der Welt, die es zu entdecken gilt.
Mark W. Bonner

Wo	Mo	Di	Mi	Do	Fr	Sa	So
9						1	2
10	3	4	5	6	7	8	9
11	10	11	12	13	14	15	16
12	17	18	19	20	21	22	23
13	24	25	26	27	28	29	30
14	31						

VOR 550 JAHREN

Michelangelo Buonarroti – Meister der Hochrenaissance

Geboren am 6. März 1475: Ob als Maler, Architekt oder Bildhauer – Michelangelo war einer der bedeutendsten Künstler der abendländischen Geschichte. Als Baumeister verantwortete er u. a. die Grabmäler der Medici in Florenz und entwarf 1547 die Pläne für die Kuppel des Petersdoms, in dem seine 1498/99 entstandene Pietà ihren Platz gefunden hat. Noch bekannter dürfte seine 1501–04 ebenfalls aus Marmor geschaffene Monumentalstatue des David sein, die in der Galleria dell'Accademia in Florenz zu bewundern ist und als berühmteste Skulptur der Kunsthistorie gilt.

Kaum weniger berühmt sind die Gemälde des toskanischen Meisters der Hochrenaissance, allen voran seine Fresken in der Sixtinischen Kapelle in Rom – die um 1510 gestaltete Decke und das über 200 m² große »Jüngste Gericht« an der Stirnwand über dem Altar. Dem im Auftrag von Papst Clemens VII. 1536–41 geschaffenen Fresko ließ Michelangelo in der angrenzenden Cappella Paolina bis 1550 weitere Arbeiten folgen. Mit 88 Jahren starb er 1564 in Rom.

VOR 150 JAHREN

Verhalten aufgenommene Uraufführung der Oper »Carmen«

Am 3. März 1875: Die Uraufführung der Oper »Carmen« des Franzosen Georges Bizet Anfang März 1875 in der Pariser Opéra-Comique gestaltete sich keineswegs als Erfolgsgeschichte, denn sie wurde vom Publikum eher kühl aufgenommen und von einem Großteil der Kritiker sogar abgelehnt. Zwar als Opéra-comique klassifiziert, wartete das Stück nach der gleichnamigen Novelle des französischen Schriftstellers Prosper Mérimée allerdings auch mit ungewohnt tragischen und realistischen Darstellungen um die von vielen Zeitgenossen als unmoralisch empfundene Hauptfigur auf, die ihre Freiheitsliebe gegenüber den ihr nachstellenden Männern mit dem Tod bezahlt.

Erst als das innovative Bühnenstück, das als Vorläufer des Verismo gilt, im Oktober 1875 in Wien einen neuen Anlauf nahm, wandelte sich die Reserviertheit in Begeisterung, die fortan in allen Opernhäusern anhalten sollte. Den Durchbruch seines Vierakters mit den mitreißenden Melodien und Rhythmen zu einem der beliebtesten Werke der Opernhistorie erlebte Bizet allerdings nicht mehr: Der Komponist war vier Monate zuvor mit nur 36 Jahren an einem Herzanfall gestorben.

VOR 150 JAHREN

Maurice Ravel – weltweiter Ruhm mit Tanz-Dauerbrenner »Boléro«

Geboren am 7. März 1875: Der Sohn musikbegeisterter Eltern aus Ciboure im südwestlichsten Zipfel Frankreichs wuchs in Paris auf und besuchte dort schon als Jugendlicher das Konservatorium. Nach einem Studium in Fuge, Kontrapunkt und Komposition schrieb Maurice Ravel erste eigene Werke, unter denen die Klavierstücke »Jeux d'eaux« (1901) und seine »Miroirs« (1905) hervorstachen. Wie auch viele weitere Kompositionen des begnadeten Pianisten überzeugten sie vor allem durch besondere Klangbilder und Rhythmik. In seiner frühen Schaffensphase nahm sich Ravel überdies vielfach literarischer Vorlagen an, wobei seine modernen Satz- und Kompositionstechniken mit oftmals mechanisch anmutenden wiederkehrenden Motiven jedoch auch auf Kritik und Ablehnung stießen.

Nach seiner international beachteten »Rhapsodie espagnole« (1908) wandte sich Ravel dem Ballett zu. Seine im Auftrag des russischen Impresarios Sergei Djagilew für dessen Ballets Russes entstandene Musik zu »Daphnis et Chloé« (1912) trug entscheidend zum Erfolg des Bühnenwerks bei. Seine Gabe, Klavierstücke für Orchester zu instrumentieren, bewies Ravel, der als Freiwilliger am Ersten Weltkrieg teilgenommen hatte, beispielhaft 1922 mit Modest Mussorgskis Klavierzyklus »Bilder einer Ausstellung«. Als sein bekanntestes Werk aber gilt der »Boléro« (1928), ein Tanz für großes Orchester für das Ballettensemble um die russische Tänzerin und Choreografin Ida Rubinstein, den der Urheber selbst allerdings eher kritisch-distanziert beurteilte. Ravel starb 1937 mit 62 Jahren in Paris.

Geburtstagskinder vom 3. bis 9. März 2025

Am 3. März wurden geboren:
Jackie Joyner-Kersee (*1962), amerikan. Leichtathletin (Siebenkampf, Weitsprung)
Ariane Mnouchkine (*1939), frz. Schauspielerin, Regisseurin und Theaterleiterin
Gudrun Pausewang (1928–2020), dt. Schriftstellerin
Jean Harlow (1911–1937), amerikan. Schauspielerin
Alexander Graham Bell (1847–1922), brit.-amerikan. Erfinder
Georg Cantor (1845–1918), dt. Mathematiker

Am 4. März wurden geboren:
Jan Garbarek (*1947), norweg. Jazzsaxofonist
Lucio Dalla (1943–2012), italien. Liedermacher
Aribert Reimann (*1936), dt. Komponist und Pianist
Miriam Makeba (1932–2008), südafrikan. Sängerin

Alan Sillitoe (1928–2010), brit. Schriftsteller
Antonio Vivaldi (1678–1741), italien. Komponist und Violinist

Am 5. März wurden geboren:
Andy Gibb (1958–1988), brit. Popmusiker
Mo Yan (*1955), chines. Schriftsteller, Literaturnobelpreisträger 2012
Felipe González Márquez (*1942), span. sozialistischer Politiker, Ministerpräsident 1982–96
Rosa Luxemburg (1871–1919), dt. sozialistische Politikerin (Spartakusbund)
Giovanni Battista Tiepolo (1696–1770), italien. Maler

Am 6. März wurden geboren:
Kiri Te Kanawa (*1944), neuseeländ. Sängerin (Sopran)
Lorin Maazel (1930–2014), amerikan. Dirigent

Gabriel García Márquez (1927–2014), kolumbian. Schriftsteller, Literaturnobelpreisträger 1982
Therese Giehse (1898–1975), dt. Schauspielerin
Friedrich von Bodelschwingh (1831–1910), dt. ev. Theologe

Am 7. März wurden geboren:
Ivan Lendl (*1960), tschech.-amerikan. Tennisspieler
Walter Röhrl (*1947), dt. Automobilrennfahrer
Rudi Dutschke (1940–1979), dt. Studentenführer
Anna Magnani (1908–1973), italien. Schauspielerin
Heinz Rühmann (1902–1994), dt. Schauspieler
Piet Mondrian (1872–1944), niederländ. Maler

Am 8. März wurden geboren:
Timo Boll (*1981), dt. Tischtennisspieler
Sasha Waltz (*1963), dt. Tänzerin, Choreografin und Ballettdirektorin
Anselm Kiefer (*1945), dt.-österreich. Maler
Walter Jens (1923–2013), dt. Schriftsteller, Kritiker und Literaturwissenschaftler
Otto Hahn (1879–1968), dt. Chemiker, Chemienobelpreisträger 1944

Am 9. März wurden geboren:
Juliette Binoche (*1964), frz. Schauspielerin
Juri Alexejewitsch Gagarin (1934–1968), sowjet. Kosmonaut, erster Mensch im All
Peter Scholl-Latour (1924–2014), dt. Journalist
Vita Sackville-West (1892–1962), brit. Schriftstellerin
Karl Foerster (1874–1970), dt. Gärtner und Gartenphilosoph
Amerigo Vespucci (1454–1512), italien. Seefahrer, Namensgeber Amerikas

März 11. Woche

Fische 18.2. bis 19.3.

10	Montag
11	Dienstag
12	Mittwoch
13	Donnerstag
14 ○	Freitag
15	Samstag
16	Sonntag

Den Genuss bretonischer Köstlichkeiten verspricht der Besuch dieser traditionellen Patisserie in der Altstadt von Quimper. Das am Zusammenfluss von Jet, Steïr, Frout und Odet gelegene Quimper ist die Hauptstadt des Departement Finistère.

Essen ist ein Bedürfnis, Genießen ist eine Kunst.

François de La Rochefoucauld

Wo	Mo	Di	Mi	Do	Fr	Sa	So
9						1	**2**
10	3	4	5	6	7	**8**	**9**
11	10	11	12	13	14	15	**16**
12	17	18	19	20	21	22	**23**
13	24	25	26	27	28	29	**30**
14	31						

VOR 85 JAHREN

Chuck Norris – Netzphänomen und konservativer Actionheld

Geboren am 10. März 1940: Während seines Dienstes als Air Policeman in der US Air Force in Korea entdeckte der Amerikaner aus Ryan, Oklahoma, zu Beginn der 1960er-Jahre den fernöstlichen Kampfsport für sich, den er fortan leidenschaftlich und sehr erfolgreich betrieb.

In den USA rief Chuck Norris mehrere Kampfsportschulen ins Leben und kam durch seine Bekanntschaft mit Bruce Lee zum Film, wobei sie 1972 im Martial-Arts-Streifen »Die Todeskralle schlägt wieder zu« gemeinsam vor der Kamera standen. In den folgenden 30 Jahren gab Norris in oftmals konservativ-patriotischen Filmen den schweigsamen Einzelkämpfer und Gesetzeshüter, der dabei mehrfach das kommerzträchtige Klischee Gut (USA) gegen Böse (Feinde der USA) bediente. Im Fernsehen begeisterte der überzeugte Republikaner und evangelikale Christ seine Fans insbesondere in über 200 Episoden als Hauptdarsteller der Actionserie »Walker, Texas Ranger« (1993–2001).

Zu Beginn des 21. Jahrhunderts setzte ein skurriler Internethype um Norris ein, bei dem die Männlichkeit und Härte des Actionhelden in mittlerweile zahllosen »Facts« und Witzen persifliert und ihm dabei zumeist übermenschliche Fähigkeiten zugetraut werden. So ist es für die Netzgemeinde klar, dass sich das Universum nicht ausdehne, sondern vor Chuck Norris davonlaufe, der überdies schon zweimal bis unendlich gezählt habe.

VOR 90 JAHREN

Hilmar Kopper – Vorstandssprecher der Deutschen Bank

Geboren am 13. März 1935: Mitte der 1950er-Jahre startete der in Osłonino, im Polnischen Korridor, geborene Sohn eines Landwirts eine Bilderbuchkarriere bei der Deutschen Bank, die ihn vom Lehrling bis in den Vorstand und 1989 zum Vorstandssprecher aufsteigen ließ. Gestört wurde die Erfolgsgeschichte durch einen Skandal um den Immobilienunternehmer Jürgen Schneider, dem leichtgläubig großzügige Kredite gewährt worden waren. Als Hilmar Kopper die Forderungen von Handwerkern von gut 50 Mio. DM an den inzwischen insolventen Schneider als »Peanuts« bezeichnete, schlug dem Manager eine Welle des öffentlichen Protests entgegen.

1998–2007 bestimmte Kopper als Aufsichtsratsvorsitzender die Geschicke von DaimlerChrysler mit. Zu weiteren Kontroversen im Berufsleben Koppers kam es 2010 im Zusammenhang mit einer millionenschweren Abfindung, die er als Aufsichtsratsvorsitzender der angeschlagenen und mit öffentlichen Geldern unterstützten HSH Nordbank dem scheidenden HSH-Vorstandsvorsitzenden Dirk Jens Nonnenmacher eingeräumt hatte. Im Alter von 86 Jahren starb der Träger des Großen Bundesverdienstkreuzes 2021 im rheinland-pfälzischen Rothenbach im Westerwald.

VOR 40 JAHREN

Michail Gorbatschow wird KPdSU-Generalsekretär

Am 11. März 1985: Ein neuer Generalsekretär der Kommunistischen Partei der Sowjetunion bedeutete in der Regel keine Neuausrichtung der Politik des Riesenreichs. Aber als der erst 1984 eingesetzte Konstantin Tschernenko nach nur gut einem Jahr mit 73 Jahren im Amt starb, entschloss man sich für eine deutliche Verjüngung an der Parteispitze: Die Wahl fiel auf den 54-jährigen Michail Gorbatschow, der seit 1980 dem Politbüro angehörte.

Mit der Ernennung Gorbatschows im März 1985 sollte sich auch die politische Kontinuität grundlegend ändern. Im Gegensatz zu seinen Vorgängern benannte der aus dem Nordkaukasus stammende Funktionär die Probleme des Landes öffentlich und setzte zu umfassenden Reformen an: Unter den Schlagworten »Glasnost« (Offenheit) und »Perestroika« (Umgestaltung) forderte er Kritikbewusstsein und Meinungsfreiheit sowie eine ökonomische Neuorientierung auch mit marktwirtschaftlicher Ausrichtung ein. Seine Politik führte zu einer zwischenzeitlichen Demokratisierung des Landes, aber auch zum Zerfall der UdSSR und des Warschauer Pakts, da Gorbatschow den vorherigen Teilrepubliken und den osteuropäischen Ländern Eigenständigkeit zubilligte.

Geburtstagskinder vom 10. bis 16. März 2025

Am 10. März wurden geboren:
Jupp Derwall (1927–2007), dt. Fußballtrainer
Paul Wunderlich (1927–2010), dt. Maler, Grafiker und Bildhauer
Grete von Zieritz (1899–2001), österreich. Komponistin
Joseph von Eichendorff (1788–1857), dt. Schriftsteller
Friedrich von Schlegel (1772–1829), dt. Kulturphilosoph und Dichter

Am 11. März wurden geboren:
Nina Hagen (*1955), dt. Rocksängerin
Katia Labèque (*1950), frz. Pianistin
Janosch, eigtl. Horst Eckert (*1931), dt. Schriftsteller und Illustrator
Joachim Fuchsberger (1927–2014), dt. Schauspieler
Robert Havemann (1910–1982), dt. Chemiker und DDR-Regimekritiker

Helmuth James von Moltke (1907–1945), dt. Jurist und Widerstandskämpfer gegen das NS-Regime

Am 12. März wurden geboren:
Liza Minnelli (*1946), amerikan. Sängerin und Schauspielerin
Al Jarreau (1940–2017), amerikan. Jazzsänger
Mustafa Kemal Atatürk (1881–1938), türk. Politiker, Staatsgründer der Türkei
André Le Nôtre (1613–1700), frz. Gartenarchitekt
Paul Gerhardt (1607–1676), dt. ev. Kirchenlieddichter

Am 13. März wurden geboren:
Wolfgang Rihm (*1952), dt. Komponist
Julia Migenes (*1949), amerikan. Sängerin (Sopran)
Günther Uecker (*1930), dt. Maler und Objektkünstler

Karl Dietrich Bracher (1922–2016), dt. Historiker
Karl Friedrich Schinkel (1781–1841), dt. Baumeister
Joseph II. (1741–1790), röm.-dt. Kaiser 1765–90

Am 14. März wurden geboren:
Wolfgang Petersen (1941–2022), dt.-amerikan. Regisseur
Diane Arbus (1923–1971), amerikan. Fotografin
Albert Einstein (1879–1955), dt.-amerikan. Physiker, Physiknobelpreisträger 1921
Paul Ehrlich (1854–1915), dt. Mediziner, Medizinnobelpreisträger 1908
Johann Strauß (Vater) (1804–1849), österreich. Komponist
Georg Philipp Telemann (1681–1767), dt. Komponist

Am 15. März wurden geboren:
Ry Cooder (*1947), amerikan. Rockmusiker (»Buena Vista Social Club«)
Elisabeth Plessen (*1944), dt. Schriftstellerin
Zarah Leander (1907–1981), schwed. Schauspielerin und Sängerin
Berthold Graf Schenk von Stauffenberg (1905–1944), dt. Jurist und Widerstandskämpfer gegen das NS-Regime
Marie Juchacz (1879–1956), dt. SPD-Sozialpolitikerin und Frauenrechtlerin

Am 16. März wurden geboren:
Isabelle Huppert (*1953), frz. Schauspielerin
Elisabeth Flickenschildt (1905–1977), dt. Schauspielerin
Clemens August Graf von Galen (1878–1946), dt. kath. Theologe, Bischof von Münster ab 1933, Kardinal 1946
Georg Simon Ohm (1789–1854), dt. Physiker
Caroline Herschel (1750–1848), dt.-brit. Astronomin

März 12. Woche

Fische 18.2. bis 19.3.   Widder 20.3. bis 18.4.

17	Montag
18	Dienstag
19	Mittwoch
20	Frühlingsanfang / Donnerstag
21	Freitag
22 ☾	Samstag
23	**Sonntag**

Hält sich da jemand die Ohren zu oder schlägt er gar die Hände über dem Kopf zusammen? Die Felsen an der Plage de Rêve in der Nähe des beliebten Badeorts Cléder regen die Fantasie an.

Keine Angst vor deiner Fantasie! Kein Vogel kann zu hoch fliegen, wenn er seine eignen Flügel benutzt.

William Blake

Wo	Mo	Di	Mi	Do	Fr	Sa	So
9						1	**2**
10	3	4	5	6	7	**8**	**9**
11	10	11	12	13	14	15	**16**
12	17	18	19	20	21	22	**23**
13	24	25	26	27	28	29	**30**
14	31						

VOR 90 JAHREN

Hans Wollschläger – gefeierter Übersetzer und Schriftsteller

Geboren am 17. März 1935: Nicht zuletzt wegen seiner Komplexität und virtuosen Sprache zählt der Roman »Ulysses« (1922) des Iren James Joyce zu den bedeutendsten Werken der Literaturgeschichte – und aus denselben Gründen gilt er auch als schwer übersetzbar. Hans Wollschläger nahm die Herausforderung an und legte 1975 nach mehrjähriger Arbeit ein Ergebnis vor, das weitgehend als Meisterleistung gewürdigt wurde.
Als Schriftsteller begeisterte der Westfale aus Minden insbesondere durch seinen experimentellen Roman »Herzgewächse oder Der Fall Adams« (1982), von dessen angekündigtem zweitem Teil er aber nur ein Kapitel vollendete. Stattdessen schrieb er 1965 eine viel beachtete Biografie über Karl May sowie 2002 das Essay »Tiere sehen dich an«, in dem er sich kritisch mit der Ausnutzung von Tieren durch den Menschen befasste.
Wollschläger, der 2000 mit dem Bundesverdienstkreuz geehrt wurde, beschäftigte sich literarisch auch mit den Schriftstellern Karl Kraus und Arno Schmidt sowie dem Komponisten Gustav Mahler und machte sich daneben als Herausgeber u. a. der Werke Mays einen Namen. Er starb 2007 mit 72 Jahren in Bamberg.

VOR 100 JAHREN

David Warren – australischer Erfinder des Flugschreibers

Geboren am 20. März 1925: Eigentlich schien David Warren Ende der 1940er-Jahre seinen beruflichen Weg als Wissenschaftler im Bereich Chemie bereits gefunden zu haben. Doch 1951 nahm der Nordaustralier, der an verschiedenen Colleges und Universitäten gearbeitet hatte, eine Tätigkeit als Experte für Flugzeugtreibstoffe an einem Luftfahrt-Forschungslabor in Melbourne an, dem er bis 1983 treu bleiben sollte. An dieser neuen Wirkungsstätte sah sich Warren alsbald mit Abstürzen von Düsenmaschinen konfrontiert, deren Ursachen den Fachleuten Rätsel aufgaben. Um den Gründen auf die Spur zu kommen, konstruierte der Freizeitelektrotechniker einen einfachen Flugschreiber, der in der Lage war, wichtige Flugdaten aufzuzeichnen, und als Prototyp für spätere Weiterentwicklungen diente.
Der Erfinder besaß noch eine sehr persönliche Motivation für die von ihm angestoßene Verbesserung der Flugsicherheit: Als er zehn Jahre alt war, hatte sein Vater 1935 bei einem Flugzeugabsturz sein Leben verloren. Warren starb 2010 im Alter von 85 Jahren in Melbourne.

VOR FÜNF JAHREN

In Deutschland tritt der erste Corona-Lockdown in Kraft

Am 22. März 2020: Als Ende 2019 die ersten Nachrichten über ein zuvor unbekanntes Virus aus China die Runde machten, ahnte wohl niemand, welch gravierende Folgen der Erreger SARS-CoV-2 auch für Deutschland haben würde. Nachdem erste Bundesländer Anfang März 2020 nur Einzelinfektionen registriert hatten, wurde die Öffentlichkeit in der zweiten Märzwoche durch Meldungen über erste Todesfälle vor allem unter älteren Menschen aufgeschreckt. Und als der jahreszeittypische Skitourismus für eine explosionsartige Ausbreitung des Virus sorgte, waren Öffentlichkeit und Behörden endgültig alarmiert. Auch die Weltgesundheitsorganisation (WHO) reagierte prompt und stufte die Krankheit Covid 19 am 11. März als Pandemie ein. Erste Nachbarländer schlossen ihre Grenzen; in Deutschland wurden Großveranstaltungen, Sportwettkämpfe und Gottesdienste verboten. Angesichts der dramatisch steigenden Infektionsraten mussten ab Mitte März auch Geschäfte (außer Supermärkten), Restaurants, Schulen, Kindergärten und erste Betriebe schließen. Die Bundesregierung sprach eine weltweite Reisewarnung aus und holte Urlauber aus anderen Ländern zurück.
Am 22. März trat der endgültige Lockdown in Kraft: Bund und Länder hatten sich auf ein umfangreiches Kontaktverbot, das Treffen von mehr als zwei Personen in der Öffentlichkeit untersagte, geeinigt. Quarantäneregelungen zwangen Infizierte und Angehörige zum Aufenthalt in den eigenen vier Wänden. Drei Tage später konstatierte der Deutsche Bundestag eine »epidemische Lage von nationaler Tragweite«.

Geburtstagskinder vom 17. bis 23. März 2025

Am 17. März wurden geboren:
Rudolf Nurejew (1938–1993), russ. Tänzer und Choreograf
Siegfried Lenz (1926–2014), dt. Schriftsteller
Nat »King« Cole (1917–1965), amerikan. Jazzmusiker und Schlagersänger
Brigitte Helm (1908–1996), dt. Schauspielerin
Gottlieb Daimler (1834–1900), dt. Ingenieur und Erfinder
Marie-Jeanne Roland (1754–1793), frz. Schriftstellerin und Revolutionärin

Am 18. März wurden geboren:
Anne Will (*1966), dt. Fernsehjournalistin
John Updike (1932–2009), amerikan. Schriftsteller
Christa Wolf (1929–2011), dt. Schriftstellerin
Arthur Neville Chamberlain (1869–1940), brit. konservativer Politiker, Premierminister 1937–40
Rudolf Diesel (1858–1913), dt. Ingenieur
Nikolai Andrejewitsch Rimski-Korsakow (1844–1908), russ. Komponist

Am 19. März wurden geboren:
Glenn Close (*1947), amerikan. Schauspielerin
Philip Roth (1933–2018), amerikan. Schriftsteller
Frédéric Joliot-Curie (1900–1958), frz. Physiker, Chemienobelpreisträger 1935
Max Reger (1873–1916), dt. Komponist
David Livingstone (1813–1873), brit. Missionar und Forschungsreisender (Afrikadurchquerung)

Am 20. März wurden geboren:
Holly Hunter (*1958), amerikan. Schauspielerin
Rudolf Kirchschläger (1915–2000), österreich. Politiker, Bundespräsident 1974–86
Beniamino Gigli (1890–1957), italien. Sänger (Tenor)
Henrik Ibsen (1828–1906), norweg. Dramatiker
Friedrich Hölderlin (1770–1843), dt. Dichter
Ovid (43 v. Chr.–17/18 n. Chr.), röm. Dichter

Am 21. März wurden geboren:
Timothy Dalton (*1946), brit. Schauspieler
Hans-Dietrich Genscher (1927–2016), dt. FDP-Politiker, Außenminister 1974–92
Fritzi Massary (1882–1969), österreich. Sängerin und Schauspielerin
Modest Petrowitsch Mussorgski (1839–1881), russ. Komponist
Jean Paul (1763–1825), dt. Schriftsteller
Johann Sebastian Bach (1685–1750), dt. Komponist

Am 22. März wurden geboren:
Fanny Ardant (*1949), frz. Schauspielerin
Andrew Lloyd Webber (*1948), brit. Komponist
André Heller (*1947), österreich. Schriftsteller und Unterhaltungskünstler
Bruno Ganz (1941–2019), schweizer. Schauspieler
Marcel Marceau (1923–2007), frz. Pantomime
Wilhelm I. (1797–1888), preuß. König ab 1861 und dt. Kaiser ab 1871

Am 23. März wurden geboren:
Akira Kurosawa (1910–1998), japan. Filmregisseur
Joan Crawford (1906–1977), amerikan. Schauspielerin
Lale Andersen (1905–1972), dt. Chansonsängerin und Schauspielerin (»Lili Marleen«)
Erich Fromm (1900–1980), dt.-amerikan. Psychoanalytiker
Emmy Noether (1882–1935), dt. Mathematikerin

März 13. Woche

Widder 20.3. bis 18.4.

24	Montag
25	Dienstag
26	Mittwoch
27	Donnerstag
28	Freitag
29	Samstag
30	Beginn Sommerzeit Sonntag

Wie ein abstraktes Kunstwerk wirken die von Wasserläufen durchzogenen Salzwiesen in der Baie des Veys. Die Bucht ist Teil des 150 000 ha großen Regionalen Naturparks Marais du Cotentin et du Bessin in der Normandie.

Die wahre Lebenskunst besteht darin, im Alltäglichen das Wunderbare zu sehen.
Pearl S. Buck

Wo	Mo	Di	Mi	Do	Fr	Sa	So
9						1	2
10	3	4	5	6	7	8	9
11	10	11	12	13	14	15	16
12	17	18	19	20	21	22	23
13	24	25	26	27	28	29	30
14	31						

VOR 100 JAHREN

Pierre Boulez – Dirigent und Wegbereiter der seriellen Musik

Geboren am 26. März 1925: Der Franzose aus Montbrison im Département Loire begeisterte sich zunächst für die Mathematik, studierte dann jedoch Komposition und insbesondere Zwölftontechnik. Zu Beginn der 1950er-Jahre legte Pierre Boulez erste viel beachtete Werke der seriellen Musik wie seine »Structures I« (1952) vor, in denen er das Tonmaterial einer strengen Logik folgend organisierte und so nicht nur Reihenfolgen, sondern auch Länge, Anschlag und Lautstärke der Töne genau festlegte. In sein Werk »Le marteau sans maître« (1955) beschritt er neue Wege, indem er auch improvisatorische Elemente in die Kompositionslogik einband. Boulez, der auch als Dirigent Weltruhm genoss und 1971 Nachfolger Leonard Bernsteins bei den New Yorker Philharmonikern wurde, gründete 1953 in Paris die avantgardistische Konzertreihe Domaine Musical und 1976 das Ensemble intercontemporain. Seinem Werk »Pli selon pli« (1962) für Sopransolo und großes Orchester nach Gedichten von Stéphane Mallarmé folgten 1968 seine »Domaines«: Die in Gruppen eingeteilten Orchestermusiker müssen jeweils auf ein Solo nach vorgegebenen Kriterien reagieren. 1976–92 leitete Boulez, der auch elektronische Musik in seine Werke einbezog, das Institut de recherche et de coordination acoustique/musique (IRCAM) in Paris. Der mit zahlreichen Preisen, u. a. 26 Grammys, bedachte Komponist überarbeitet seine Stücke mehrfach und unterwarf sie so einem stetigen Wandlungsprozess. Mit 90 Jahren starb Boulez 2016 in seiner langjährigen Wahlheimat Baden-Baden.

VOR 65 JAHREN

Nena – Glamourgirl der Neuen Deutschen Welle

Geboren am 24. März 1960: Nachdem Nena im ARD-»Musikladen« im roten Mini-Lederrock im August 1982 das Lied »Nur geträumt« zum Besten gegeben hatte, stieg die gebürtige Westfälin aus Hagen über Nacht zum Star der Neuen Deutschen Welle auf. Endgültig im Musikhimmel kam die unbekümmerte Sängerin ein Jahr später mit ihrem Hit »99 Luftballons« an, der in mehreren Ländern Platz eins der Charts eroberte.
Mit ausbleibenden Erfolgen wurde es in den späten 1980er-Jahren ruhiger um Nena, die 1989 eine Solokarriere startete und sich auch als Filmschauspielerin und Synchronsprecherin versuchte. Zu Beginn des 21. Jahrhunderts kehrte sie mit neu arrangierten Aufnahmen ihrer alten Hits wieder erfolgreich ins Rampenlicht zurück, um sich in der Folgezeit mit Alben wie »Willst du mit mir gehen« (2005) und »Du bist gut« (2012) in den oberen Rängen der Hitparaden zu behaupten. Für negative Schlagzeilen und weitgehendes Unverständnis sorgte Nena im Zuge der Corona-Pandemie, als sie ihre Fans öffentlich dazu aufrief, coronabedingte Schutz- und Hygieneregeln zu ignorieren.

VOR 75 JAHREN

Gründung der Deutschen Akademie der Künste in Ostberlin

Am 24. März 1950: Gut 250 Jahre nachdem Kurfürst Friedrich III. von Brandenburg 1696 die Berliner Akademie der Künste aus der Taufe gehoben hatte, setzte in der nach dem Zweiten Weltkrieg geteilten Stadt ein erbitterter Disput um die Zukunft der traditionell liberalen Institution ein. Da angesichts der wachsenden ideologischen Konfrontation im einsetzenden Kalten Krieg eine gemeinsame Akademie für ganz Berlin außerhalb aller Möglichkeiten lag, schuf die DDR im März 1950 mit der Deutschen Akademie der Künste organisatorische Fakten; ihr Westberliner Pendant sollte erst vier Jahre später folgen.
Den Vorsitz der Ostberliner Akademie, die 1974 in »Akademie der Künste der DDR« umbenannt wurde, sollte Heinrich Mann übernehmen. Der Autor viel gelesener Romane wie »Professor Unrat« (1905) und »Der Untertan« (1918) starb jedoch 1949 kurz vor seiner Übersiedlung nach Berlin im amerikanischen Exil – und so wurde der aus der Emigration zurückgekehrte Schriftsteller Arnold Zweig ihr erster Präsident. Drei Jahre nach der deutschen Wiedervereinigung wurden die beiden Akademien in Ost und West 1993 wieder zur gemeinsamen Akademie der Künste zusammengefasst.

Geburtstagskinder vom 24. bis 30. März 2025

Am 24. März wurden geboren:
Reinhard Genzel (*1952), dt. Astrophysiker, Physiknobelpreisträger 2020
Rebecca Horn (*1944), dt. Künstlerin
Peter Bichsel (*1935), schweizer. Schriftsteller
Martin Walser (1927–2023), dt. Schriftsteller
Dario Fo (1926–2016), italien. Dramatiker, Literaturnobelpreisträger 1997

Am 25. März wurden geboren:
Elton John (*1947), brit. Popmusiker
Aretha Franklin (1942–2018), amerikan. Soulsängerin
Simone Signoret (1921–1985), frz. Schauspielerin
Béla Bartók (1881–1945), ungar. Komponist und Pianist
Arturo Toscanini (1867–1957), italien. Dirigent
Katharina von Siena (1347–1380), italien. Mystikerin

Am 26. März wurden geboren:
Keira Knightley (*1985), brit. Schauspielerin
Patrick Süskind (*1949), dt. Schriftsteller
Diana Ross (*1944), amerikan. Soul- und Popsängerin
Erica Jong (*1942), amerikan. Schriftstellerin
Tennessee Williams (1911–1983), amerikan. Dramatiker
Elsa Brändström, gen. der Engel von Sibirien (1888–1948), schwed. Philanthropin

Am 27. März wurden geboren:
Quentin Tarantino (*1963), amerikan. Filmregisseur und -autor
Jutta Limbach (1934–2016), dt. Verfassungsrechtlerin
Sarah Vaughan (1924–1990), amerikan. Jazzsängerin
Ludwig Mies van der Rohe (1886–1969), dt.-amerikan. Architekt

Heinrich Mann (1871–1950), dt. Schriftsteller
Wilhelm Conrad Röntgen (1845–1923), dt. Physiker, erster Nobelpreisträger für Physik 1901

Am 28. März wurden geboren:
Mario Vargas Llosa (*1936), peruan. Schriftsteller, Literaturnobelpreisträger 2010
Theo(dor) Albrecht (1922–2010), dt. Unternehmer (Aldi)
Sepp Herberger (1897–1977), dt. Fußballspieler und -trainer, Bundestrainer 1949–64
Maxim Gorki (1868–1936), russ.-sowjet. Schriftsteller
Aristide Briand (1862–1932), frz. Politiker, Außenminister 1925–32, Friedensnobelpreisträger 1926
Theresia von Ávila (1515–1582), span. Mystikerin und Dichterin

Am 29. März wurden geboren:
Jennifer Capriati (*1976), amerikan. Tennisspielerin
Georg Klein (*1953), dt. Schriftsteller
John Major (*1943), brit. konservativer Politiker, Premierminister 1990–97
Brigitte Horney (1911–1988), dt. Schauspielerin
Wilhelm Liebknecht (1826–1900), dt. Journalist und SPD-Politiker

Am 30. März wurden geboren:
Céline Dion (*1968), kanad. Sängerin
Heinrich Bedford-Strohm (*1960), dt. ev. Theologe, EKD-Ratsvorsitzender 2014–21
Eric Clapton (*1945), brit. Rockgitarrist und Sänger
Hans Hollein (1934–2014), österreich. Architekt
Vincent van Gogh (1853–1890), niederländ. Maler
Robert Wilhelm Bunsen (1811–1899), dt. Chemiker (Bunsenbrenner)

März/April 14. Woche

Widder 20.3. bis 18.4.

31 Montag

1 Dienstag

2 Mittwoch

3 Donnerstag

4 Freitag

5 Samstag

6 Sonntag

Augustinermönche lebten einst in der Abtei von Daoulas im Finistère. Der Kreuzgang gehört zu den romantischen Orten der ehemaligen Abtei aus dem 11. und 12. Jh., die während der Französischen Revolution aufgegeben wurde.

Nur wer für den Augenblick lebt, lebt für die Zukunft.

Heinrich von Kleist

Wo	Mo	Di	Mi	Do	Fr	Sa	So
14		1	2	3	4	5	6
15	7	8	9	10	11	12	13
16	14	15	16	17	18	19	20
17	21	22	23	24	25	26	27
18	28	29	30				

VOR 150 JAHREN

Edgar Wallace – englischer Meister des modernen Thrillers

Geboren am 1. April 1875: Wenn in den 1960er-Jahren aus bundesdeutschen TV-Geräten ein schauriges »Hallo, hier spricht Edgar Wallace« ertönte, dann war für zahllose Zuschauer wieder reichlich Spannung mit Gruselfaktor angesagt. Schließlich spielten die Kriminalfälle mit ihren zahlreichen Morden zumeist in düsteren englischen Gemäuern, in denen mehr oder minder zwielichtig-skurrile Zeitgenossen ihre Interessen verfolgten.

Autor der weltweit populären Krimis war der englische Schriftsteller, Drehbuchautor und Filmregisseur Edgar Wallace, der in nur drei Jahrzehnten über 120 Kriminalromane veröffentlichte und mit Werken wie »Der grüne Bogenschütze« (1923), »Der Frosch mit der Maske« (1925) und »Der schwarze Abt« (1926) zu einem Meister seinerzeit neuartiger Thriller aufstieg. Unter den Theaterstücken des unermüdlichen Autors, der u.a. auch für eine zehnbändige Sachbuchreihe zum Ersten Weltkrieg verantwortlich zeichnete, ragte das 1925 uraufgeführte Stück »Der Hexer« heraus. Kurz nach seiner Übersiedlung in die USA, wo er am Drehbuch für »King Kong und die weiße Frau« arbeitete, starb er, 56-jährig, 1932 in Hollywood an den Folgen einer Lungenentzündung.

VOR 100 JAHREN

Das Weimarer Bauhaus ist nurmehr Geschichte

Am 1. April 1925: Das von dem deutschen Architekten Walter Gropius 1919 in Weimar gegründete Bauhaus stellte die Unterweisung in Kunst, Design und Architektur durch eine neuartige Verbindung von Kunst und Handwerk auf eine neue Grundlage. Die Hochschule, an der namhafte Künstler wie Paul Klee, Wassily Kandinsky und László Moholy-Nagy lehrten, beeinflusste die klassische Moderne mit ihren Arbeiten maßgeblich.

Als sich in Thüringen 1924 eine rechtsgerichtete Regierung etablierte und der Etat des innovativ-fortschrittlichen Bauhauses drastisch gekürzt wurde, waren die Weimarer Tage der weltweit beachteten Institution gezählt. Nachdem sich mehrere Städte angeboten hatten, das Bauhaus und seine Lehrer aufzunehmen, entschied sich die Leitung 1925 für einen Umzug nach Dessau. Dort begann insbesondere im Möbeldesign eine verstärkte Zusammenarbeit mit der Industrie. Als die NSDAP 1931 die Gemeindewahlen gewann, musste das Bauhaus 1932 auch dort schließen. Der Versuch, die avantgardistische Schule durch einen Umzug nach Berlin zu retten, schlug nach der Machtübernahme der Nationalsozialisten 1933 endgültig fehl.

VOR 350 JAHREN

Benedikt XIV. – Papst mit innovativen Weichenstellungen

Geboren am 31. März 1675: Um ihre Bischöfe mit lehrreichen Rundschreiben zu versorgen, bedienen sich die Päpste traditionell der Enzykliken, die auf Benedikt XIV. zurückgehen. Der Pontifex hatte noch im Jahr seiner Wahl 1740 seine Enzyklika »Ubi primum« vorgelegt, in der er die Bischöfe an ihre Pflichten erinnerte. Der in Bologna als Prospero Lorenzo Lambertini geborene Kirchenrechtler und Historiker führte auch in der Kurie, in der Handhabung von Sakramenten und bei den Mönchsorden Neuerungen ein, durch die er u.a. den Einfluss der von ihm abgelehnten Jesuiten zurückzudrängen trachtete.

Diplomatisches Geschick war auf dem politischen Parkett gefragt: Einerseits musste Benedikt XIV. den Katholizismus stärken, weshalb er das Herrscherhaus Habsburg unterstützte, andererseits musste er die divergierenden Machtinteressen auch anderer Staaten wie beispielsweise Frankreich oder Spanien einbeziehen. Seine Politik des Ausgleichs und der Stärkung des Katholizismus unterstützte er durch mehrere Konkordate mit europäischen Staaten.

Benedikt, der 1748 die Bulle »Gloriosae Dominae« zur Bedeutung der Marienverehrung erlassen hatte, bezog auch über Europas Grenzen hinweg Position: So forderte er die Missionare in Südamerika zur Achtung der Menschenrechte auf. Der als intellektuell geltende Papst, der auch die Kultur und Architektur Roms förderte, starb 1758 mit 83 Jahren in Rom.

Geburtstagskinder vom 31. März bis 6. April 2025

Am 31. März wurden geboren:
Chloé Zhao (*1982), chines. Filmregisseurin
Al(bert) Gore (*1948), amerikan. Politiker (Demokraten), Friedensnobelpreisträger 2007
Volker Schlöndorff (*1939), dt. Filmregisseur
Octavio Paz (1914–1998), mexikan. Schriftsteller, Literaturnobelpreisträger 1990
Joseph Haydn (1732–1809), österreich. Komponist
René Descartes (1596–1650), frz. Philosoph, Mathematiker und Naturwissenschaftler

Am 1. April wurden geboren:
Mario Botta (*1943), schweizer. Architekt
Wangari Maathai (1940–2011), kenian. Biologin und Umweltaktivistin, Friedensnobelpreisträgerin 2004
Rolf Hochhuth (1931–2020), dt. Schriftsteller
Sergei Rachmaninow (1873–1943), russ.-amerikan. Komponist und Pianist
Otto von Bismarck (1815–1898), preuß.-dt. Staatsmann, erster Kanzler des Deutschen Reiches

Am 2. April wurden geboren:
Hans Rosenthal (1925–1987), dt. Showmaster
Max Ernst (1891–1976), dt.-frz. Maler
Émile Zola (1840–1902), frz. Schriftsteller
Hans Christian Andersen (1805–1875), dän. Schriftsteller
Maria Sybilla Merian (1647–1717), dt. Kupferstecherin und Naturforscherin
Karl der Große (748–814), König der Franken ab 768, röm. Kaiser ab 800

Am 3. April wurden geboren:
Jane Goodall (*1934), brit. Primatenforscherin
Helmut Kohl (1930–2017), dt. CDU-Politiker, Bundeskanzler 1982–98
Doris Day (1922–2019), amerikan. Schauspielerin
Peter Huchel (1903–1981), dt. Schriftsteller
Henry van de Velde (1863–1957), belg. Architekt und Designer
Washington Irving (1783–1859), amerikan. Schriftsteller

Am 4. April wurden geboren:
Aki Kaurismäki (*1957), finn. Filmregisseur
Anthony Perkins (1932–1992), amerikan. Schauspieler
Muddy Waters, eigtl. McKinley Morganfield (1915–1983), amerikan. Bluesmusiker
Marguerite Duras (1914–1996), frz. Schriftstellerin
Maurice de Vlaminck (1876–1958), frz. Maler
Bettina von Arnim (1785–1859), dt. Dichterin

Am 5. April wurden geboren:
Franziska van Almsick (*1978), dt. Schwimmerin
Roman Herzog (1934–2017), dt. Jurist und Politiker, Bundespräsident 1994–99
Bette Davis (1908–1989), amerikan. Schauspielerin
Herbert von Karajan (1908–1989), österreich. Dirigent
Spencer Tracy (1900–1967), amerikan. Schauspieler

Am 6. April wurden geboren:
Anke Rehlinger (*1976), dt. SPD-Politikerin, Ministerpräsidentin des Saarlands seit 2022
Friederike Roth (*1948), dt. Schriftstellerin
Leonora Carrington (1917–2011), brit. Schriftstellerin und Malerin
Raffael, eigtl. Raffaello Santi (1483–1520), italien. Maler und Baumeister

April 15. Woche

Widder 20.3. bis 18.4.

7	Montag
8	Dienstag
9	Mittwoch
10	Donnerstag
11	Freitag
12	Samstag
13	Sonntag

Der kleine weiße Leuchtturm weist den Weg in den Hafen von Barfleur auf der Halbinsel Cotentin. Der sehenswerte Ort, dessen sämtliche Gebäude aus dem Granit der Region errichtet wurden, war einst ein beliebter Ausgangspunkt, um nach England überzusetzen.

Gegen die Nacht können wir nicht ankämpfen, aber wir können ein Licht anzünden.
Franz von Assisi

Wo	Mo	Di	Mi	Do	Fr	Sa	So
14		1	2	3	4	5	6
15	7	8	9	10	11	12	13
16	14	15	16	17	18	19	20
17	21	22	23	24	25	26	27
18	28	29	30				

VOR 80 JAHREN

Häftlinge des Konzentrationslagers Buchenwald befreien sich selbst

Am 11. April 1945: Im April 1945 rückten amerikanische Soldaten auf ihrem Weg nach Osten in Richtung Weimar vor. Als sie am 11. April das Konzentrationslager Buchenwald auf dem Ettersberg nahe der Stadt erreichten, bot sich ihnen ein überraschendes Bild: Angesichts der nahenden Amerikaner hatte eine Widerstandsgruppe von Häftlingen mit erbeuteten Waffen den Kampf um ihre Befreiung selbst in die Hand genommen. Nachdem der Großteil der noch verbliebenen Wachmannschaften die Flucht ergriffen hatte, eroberten sie die Wachtürme, nahmen 125 SS-Männer fest und öffneten die Tore. Eine noch am selben Tag eintreffende US-Panzerdivision übernahm die Kontrolle über das Lager: Gut 21 000 von Hunger und Zwangsarbeit entkräftete Häftlinge erhielten ihre Freiheit zurück. Für viele Menschen aber kam jede Hilfe zu spät, was Leichenberge auf dem Gelände des Konzentrationslagers grausam dokumentierten. Seit der Gründung des Konzentrationslagers waren insgesamt über 260 000 Personen in Buchenwald inhaftiert worden; die Zahl der Toten wird mit 56 000 angegeben, mehr als ein Viertel der Opfer stammte aus der Sowjetunion. Nach dem Abzug der amerikanischen Soldaten im Juli 1945 diente das Lager der sowjetischen Besatzungsmacht noch bis 1950 als Speziallager zur Internierung von insgesamt 28 000 »Spionen«, NS-Funktionsträgern und Gegnern aller Art. 1958 wurde das Gelände von der DDR-Führung zur Nationalen Mahn- und Gedenkstätte erklärt und 1991 im Zuge der deutschen Einheit als Gedenkstätte neu konzipiert.

VOR 200 JAHREN

Ferdinand Lassalle – Sozialdemokrat der ersten Stunde

Geboren am 11. April 1825: Der Sohn eines Seidenhändlers aus Breslau begeisterte sich schon früh für die Lehren des Philosophen Georg Wilhelm Friedrich Hegel und die Ideen der Frühsozialisten. Als Verfechter der Nationalversammlung und der Revolution von 1848 zwischenzeitlich im Gefängnis, rief Ferdinand Lassalle zu Beginn der 1850er-Jahre in Düsseldorf einen revolutionär ausgerichteten Arbeiterzirkel ins Leben und unterstützte angeklagte Sozialisten bei Gerichtsverfahren.

Aufgrund seiner engen Kontakte zu Adelskreisen von kommunistischer Seite kritisch beäugt, legte er 1862 sein Arbeitsprogramm vor, in dem er zur Schaffung einer demokratischen Arbeiterpartei aufrief. Seine Idee führte im Mai 1863 in Leipzig zur Gründung des Allgemeinen Deutschen Arbeitervereins, zu dessen Präsident Lassalle gewählt wurde. Anders als der erstarkende Marxismus setzte Lassalle auf eine Kooperation mit dem preußischen Staat und erteilte der auf Internationalität basierenden proletarischen Revolution damit eine Absage. 1864 starb der 39-Jährige in Genf an einer Verletzung, die er sich bei einem Duell zugezogen hatte.

VOR 150 JAHREN

Albert I. – König von Belgien im Ersten Weltkrieg

Geboren am 8. April 1875: Als sein Onkel, der belgische König Leopold II., Ende 1909 starb, bestieg Prinz Albert als Albert I. den Thron. Den Respekt seiner Landsleute erwarb sich der Monarch nicht nur durch seinen einfachen Lebenswandel, sondern auch als Oberbefehlshaber der Streitkräfte im Ersten Weltkrieg (1914-18): Er lehnte den von Deutschland geforderten freien Durchmarsch der Truppen ab, stellte sich der Übermacht gemeinsam mit seinen Soldaten entgegen und leistete während des gesamten Kriegs Widerstand gegen die Besatzer.

Nach Kriegsende widmete sich der beliebte König, der die Ansprüche Belgiens auf Reparationen und Sicherheitsgarantien 1919 während der Pariser Friedenskonferenz vertrat, insbesondere dem Wiederaufbau des Landes. Albert reformierte das Sozialwesen und stärkte durch liberale Reformen wie die Einführung des allgemeinen Wahlrechts 1919 die Demokratie in Belgien. Der begeisterte Bergsteiger starb 1934 mit 58 Jahren an den Folgen eines Kletterunfalls in den Ardennen.

Geburtstagskinder vom 7. bis 13. April 2025

Am 7. April wurden geboren:
Russell Crowe (*1964), austral. Schauspieler
Gerhard Schröder (*1944), dt. SPD-Politiker, Bundeskanzler 1998–2005
Francis Ford Coppola (*1939), amerikan. Filmregisseur
Ravi Shankar (1920–2012), ind. Sitarspieler und Komponist
Billie Holiday (1915–1959), amerikan. Jazz- und Bluessängerin
Gabriela Mistral (1889–1957), chilen. Schriftstellerin, Literaturnobelpreisträgerin 1945

Am 8. April wurden geboren:
Vivienne Westwood (1941–2022), brit. Modeschöpferin
Kofi Annan (1938–2018), ghana. Politiker und Diplomat, UNO-Generalsekretär 1997–2006
Sonja Henie (1912–1969), amerikan.-norweg. Eiskunstläuferin
Mary Pickford (1893–1979), amerikan. Schauspielerin, Mitbegründerin der »United Artists«
Edmund Husserl (1859–1938), dt. Philosoph

Am 9. April wurden geboren:
Jean-Paul Belmondo (1933–2021), frz. Schauspieler
Heinz Nixdorf (1925–1986), dt. Unternehmer und Computerkonstrukteur
Jørn Utzon (1918–2008), dän. Architekt (Sydney-Oper)
Victor Vasarély (1908–1997), ungar.-frz. Maler und Grafiker
Helene Lange (1848–1930), dt. Lehrerin und Frauenrechtlerin
Charles Baudelaire (1821–1867), frz. Dichter

Am 10. April wurden geboren:
Omar Sharif (1932–2015), ägypt. Schauspieler
Max von Sydow (1929–2020), schwed. Schauspieler
Stefan Heym (1913–2001), dt. Schriftsteller
Joseph Pulitzer (1847–1911), amerikan. Journalist und Verleger
William Booth (1829–1912), brit. Prediger, Gründer und erster General der Heilsarmee
Samuel Hahnemann (1755–1843), dt. Arzt, Begründer der Homöopathie

Am 11. April wurden geboren:
Bernd Eichinger (1949–2011), dt. Filmproduzent
Marlen Haushofer (1920–1970), österreich. Schriftstellerin
Henry Creswicke Rawlinson (1810–1895), brit. Assyriologe, Entzifferer der akkadischen Keilschrift
James Parkinson (1755–1824), brit. Arzt
Margarete von Navarra (1492–1549), Königin von Navarra und Schriftstellerin

Am 12. April wurden geboren:
Herbert Grönemeyer (*1956), dt. Sänger, Pianist und Schauspieler
Joseph »Joschka« Fischer (*1948), dt. Politiker (Die Grünen), Außenminister 1998–2005
Montserrat Caballé (1933–2018), span. Sängerin (Sopran)
Hardy Krüger (1928–2022), dt. Schauspieler
Robert Delaunay (1885–1941), frz. Maler
Imogen Cunningham (1883–1976), amerikan. Fotografin

Am 13. April wurden geboren:
Garri Kasparow (*1963), aserbaidschan. Schachspieler
Georg Bätzing (*1961), dt. kath. Theologe, Vorsitzender der Deutschen Bischofskonferenz seit 2020
Samuel Beckett (1906–1989), ir. Schriftsteller, Literaturnobelpreisträger 1969
Thomas Jefferson (1743–1826), amerikan. Politiker, Präsident der USA 1801–09
Katharina von Medici (1519–1589), frz. Königin

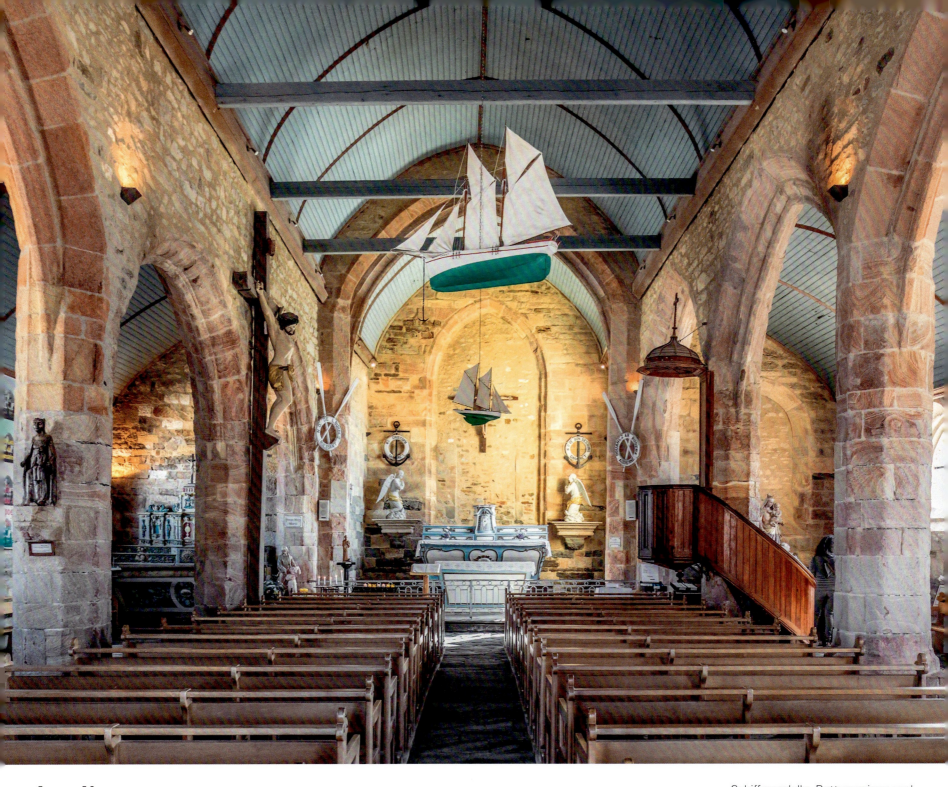

April 16. Woche

Widder 20.3. bis 18.4.   Stier 19.4. bis 19.5.

14 Montag

15 Dienstag

16 Mittwoch

17 Donnerstag

18 Karfreitag

19 Samstag

20 Ostern Sonntag

Schiffsmodelle, Rettungsringe und Ruder – überall in der Chapelle de Notre-Dame de Rocamadour in Camaret-sur-Mer finden sich Verweise auf die maritime Tradition des kleinen Ortes im äußersten Westen der Bretagne. Die kleine Kirche liegt in der Nähe des Hafens auf der Mole.

Ohne Grundsätze ist der Mensch wie ein Schiff ohne Steuer und Kompass, das von jedem Winde hin und her getrieben wird.
Samuel Smiles

Wo	Mo	Di	Mi	Do	Fr	Sa	So
14		1	2	3	4	5	6
15	7	8	9	10	11	12	13
16	14	15	16	17	18	19	20
17	21	22	23	24	25	26	27
18	28	29	30				

VOR 90 JAHREN

Sarah Kirsch – preisgekrönte Lyrikerin in Ost und West

Geboren am 16. April 1935: Das Thema »Natur« und das emotionale Empfinden nehmen in den Werken der Thüringerin aus Limlingerode bei Nordhausen breiten Raum ein, verklärte Romantik lag Sarah Kirsch dagegen fern. Vielmehr prägten Krieg und Zivilisationskrisen ihre oftmals reimlosen Gedichte. Die Diplom-Biologin, die in den 1960er-Jahren in der DDR erste Gedichte u. a. über den Nationalsozialismus publiziert hatte, stieg 1973 in den Vorstand des Schriftstellerverbands auf, aus dem sie drei Jahre später nach ihrem Protest gegen die Ausbürgerung Wolf Biermanns ausgeschlossen wurde.

1977 übersiedelte Kirsch nach Westberlin, wo sie ihre Laufbahn nahtlos fortsetzte, ihre kritische Haltung jedoch beibehielt. So lehnte sie das Bundesverdienstkreuz wegen der NS-Vergangenheit des damaligen Bundespräsidenten Karl Carstens ebenso ab wie 1992 ihren Ruf an die Berliner Akademie der Künste, die sie wegen der Aufnahme von Stasi-Mitarbeitern anprangerte. Kirsch, die 1999 den Georg-Büchner-Preis erhalten hatte, starb 2013 mit 78 Jahren im holsteinischen Heide.

VOR 80 JAHREN

Eva Wagner-Pasquier – Leiterin der Bayreuther Festspiele

Geboren am 14. April 1945: Bei den traditionsreichen Bayreuther Festspielen spielen sich die Dramen nicht nur auf der Bühne ab, sondern manchmal auch hinter den Kulissen – so auch zu Beginn des 21. Jahrhunderts. Über die Frage der Nachfolge des langjährigen Festspielleiters Wolfgang Wagner, eines Enkels des Komponisten Richard Wagner, entbrannte ein familieninterner Streit, der 2008 mit dem Kompromiss einer Doppelspitze aus seinen Töchtern Eva Wagner-Pasquier und Katharina Wagner endete.

Die 1945 in Oberwarmensteinach im Landkreis Bayreuth geborene Wagner-Pasquier hatte ihrem Vater bereits 1967–76 in Bayreuth bei der künstlerischen Leitung assistiert und später die Geschicke von Opernhäusern u. a. in Wien, London, Paris, Madrid und New York als Direktorin oder Beraterin mitbestimmt. Nach sieben Jahren als künstlerische Co-Chefin der Bayreuther Festspiele neben ihrer Schwester trat sie 2015 von ihrem Führungsposten zurück, um Katharina die alleinige Leitung zu überlassen. Dem Festspielhaus blieb Wagner-Pasquier, die 2016 mit dem Bayerischen Verdienstorden ausgezeichnet wurde, in der Folgezeit als Beraterin verbunden.

VOR 125 JAHREN

Guide Michelin – vom Werkstattwegweiser zum Touristenführer

Am 14. April 1900: Als renommiertes Nachschlagewerk bei der Suche nach lohnenden Hotels und Restaurants ist der Guide Michelin für viele Menschen längst ein unentbehrlicher Reisebegleiter. Als die Erstausgabe des Druckwerks im April 1900 in Frankreich auf den Markt kam, konnte von derartigen Serviceangeboten allerdings nur bedingt die Rede sein: Die Herausgeber, die Brüder André und Édouard Michelin, boten in erster Linie landkartengestützte Hinweise auf Tankstellen und Werkstätten und sprachen damit die noch spärliche Klientel der Autofahrer an. Mithilfe ihres Guide wollten die Brüder dem Automobil zum Durchbruch verhelfen und so auch den Umsatz ihres eigenen Reifenunternehmens ankurbeln. Zu Beginn der 1920er-Jahre legte der Guide Michelin den Schwerpunkt zunehmend auf Restaurants, die erstmals in Kategorien unterteilt wurden. Bis zur Vergabe anfänglich eines Sterns an besonders gute Restaurants sollte es noch bis 1926 dauern.

Mittlerweile testen die eigens dafür eingestellten Inspektoren des Guide Michelin Restaurants und Hotels in aller Welt, und so kamen nach und nach Ableger in zahlreichen Ländern auf den Markt. Eine erste deutsche Ausgabe wurde schon vor dem Ersten Weltkrieg herausgegeben, die eigentliche Geschichte des deutschen Guide Michelin aber begann 1964 – seinerzeit allerdings noch ohne sternprämierte Restaurants. Mit der Höchstwertung von drei Michelin-Sternen wurde erstmals 1980 ein deutsches Restaurant bedacht, das »Aubergine« in München mit Koch Eckart Witzigmann.

Geburtstagskinder vom 14. bis 20. April 2025

Am 14. April wurden geboren:
Adrien Brody (*1973), amerikan. Schauspieler
Péter Esterházy (1950–2016), ungar. Schriftsteller
Julie Christie (*1941), brit. Schauspielerin
Rod Steiger (1925–2002), amerikan. Schauspieler
John Gielgud (1904–2000), brit. Schauspieler, Regisseur und Theaterleiter
Elisabeth Blochmann (1892–1972), dt. Pädagogin

Am 15. April wurden geboren:
Emma Thompson (*1959), brit. Schauspielerin
Claudia Cardinale (*1938), italien. Schauspielerin
Richard von Weizsäcker (1920–2015), dt. CDU-Politiker, Bundespräsident 1984–94
Wilhelm Busch (1832–1908), dt. Dichter, Zeichner und Maler
Katharina I. (1684–1727), russ. Zarin
Leonardo da Vinci (1452–1519), italien. Maler, Bildhauer, Architekt, Zeichner und Naturforscher

Am 16. April wurden geboren:
Margrethe II. (*1940), Königin von Dänemark ab 1972
Peter Ustinov (1921–2004), brit. Schriftsteller und Schauspieler
Charlie Chaplin (1889–1977), brit. Schauspieler und Regisseur
Wilbur Wright (1867–1912), amerikan. Flugpionier
Anatole France (1844–1924), frz. Schriftsteller, Literaturnobelpreisträger 1921

Am 17. April wurden geboren:
Nick Hornby (*1957), brit. Schriftsteller
James Last (1929–2015), dt. Orchesterleiter
Sirimavo Bandaranaike (1916–2000), singhales. Politikerin, Ministerpräsidentin 1960–65, 1970–77 und 1994–2000
Thornton Wilder (1897–1975), amerikan. Schriftsteller
Tania Blixen (1885–1962), dän. Schriftstellerin

Am 18. April wurden geboren:
Haile Gebrselassie (*1973), äthiop. Leichtathlet (Langstreckenlauf)
Esther Schweins (*1970), dt. Schauspielerin und Kabarettistin
Otto Piene (1928–2014), dt. Maler und Lichtkünstler
David Ricardo (1772–1823), brit. Nationalökonom
Francis Baring (1740–1810), brit. Bankier

Am 19. April wurden geboren:
Tim Curry (*1946), brit. Schauspieler
Frank Elstner (*1942), dt.-österreich. Fernsehmoderator
Jayne Mansfield (1933–1967), amerikan. Schauspielerin
Fernando Botero (*1932), kolumbian. Maler
Germaine Tailleferre (1892–1983), frz. Komponistin
Alice Salomon (1872–1948), dt. Frauenrechtlerin und Sozialpädagogin

Am 20. April wurden geboren:
Dea Loher (*1964), dt. Dramatikerin
Jessica Lange (*1949), amerikan. Schauspielerin
John Eliot Gardiner (*1943), brit. Dirigent
Gro Harlem Brundtland (*1939), norweg. Politikerin, Ministerpräsidentin 1981, 1986–89 und 1990–96
Joan Miró (1893–1983), span. Maler
Napoleon III. (1808–1873), Kaiser der Franzosen 1852–70

April 17. Woche

Stier 19.4. bis 19.5.

21 ☾ **Ostern**
Montag

22 Dienstag

23 Welttag des Buches
Mittwoch

24 Donnerstag

25 Freitag

26 Samstag

27 •
Sonntag

Mit seinem Fachwerk, dem bepflanzten First und dem für das Moorgebiet Marais-Vernier typischen Reetdach wirkt das normannische Bauernhaus im Departement Eure sehr idyllisch. Doch es sind vor allem die orangerot leuchtenden Fensterläden und Türen, die alle Blicke auf sich ziehen.

Alle Baukunst bezweckt eine Einwirkung auf den Geist, nicht nur einen Schutz für den Körper.
John Ruskin

Wo	Mo	Di	Mi	Do	Fr	Sa	**So**
14		1	2	3	4	5	**6**
15	7	8	9	10	11	12	**13**
16	14	15	16	17	**18**	19	**20**
17	**21**	22	23	24	25	26	**27**
18	28	29	30				

VOR 250 JAHREN

William Turner – unermüdlicher Maler der englischen Romantik

Geboren am 23. April 1775: Das künstlerische Talent des gebürtigen Londoners William Turner trat schon in Kindertagen hervor, und so erhielt der Jugendliche bereits als 15-Jähriger einen Platz an der renommierten Royal Academy seiner Heimatstadt. Landschafts- und Städteansichten bestimmten insbesondere in Form von Aquarellen Turners Frühwerk. Als er Ende des 18. Jahrhunderts sein erstes Ölgemälde vorlegte, war er bereits ein populärer Maler, der sich keine Sorgen um seinen Lebensunterhalt mehr machen musste.

Der langjährige Professor der Royal Academy of Arts, der als bedeutendster Vertreter der englischen Romantik gilt, wandte sich in den 1820er-Jahren einem neuen Malstil zu, wobei die Wirkung des Lichts nun im Mittelpunkt seiner zahlreichen Werke stand. Das eindrucksvolle Farbenspiel thematisierte er fortan mit Vorliebe in See- und Eisenbahnbildern, wobei ihm seine rege Reisetätigkeit insbesondere in südlichere Gefilde zugutekam. Infolge einer Augenerkrankung veränderte sich die Farbwahrnehmung im Spätwerk Turners, sodass seine Motive zunehmend verfremdet wirkten und einer freieren Darstellung Platz machten. Kein Wunder also, dass Turner aus späterer Sicht als ein Vorreiter des Impressionismus und der abstrakten Kunst angesehen wird. Der Maler, der 1851 mit 76 Jahren in London starb, vermachte einen Großteil seines umfangreichen Werks dem britischen Staat.

VOR 60 JAHREN

Thomas Helmer – Fußballeuropameister 1996 in England

Geboren am 21. April 1965: Der gebürtige Ostwestfale aus Herford kam über Arminia Bielefeld 1986 zu Borussia Dortmund, wo sich das Nachwuchstalent schnell einen Stammplatz in der Defensive eroberte. Nachdem sich Thomas Helmer 1989 mit dem BVB beim 4:1 über Werder Bremen erstmals den DFB-Pokal gesichert hatte, schloss sich der Innenverteidiger 1992 dem FC Bayern München an. Mit dem Rekordchampion von der Isar gewann Helmer 1994, 1997 und 1999 den deutschen Meistertitel, 1996 den UEFA-Cup und 1998 erneut den nationalen Pokal.

Seinen größten Triumph aber feierte Helmer im Trikot der Nationalmannschaft: Bei der Endrunde der Europameisterschaft 1996 in England setzte sich das Team von Bundestrainer Berti Vogts mit Helmer als Leistungsträger in der Abwehr im Finale mit 2:1 nach Golden Goal gegen Tschechien durch. Zwischen 1990 und 1998 absolvierte er 68 Länderspiele und ließ seine Karriere nach weiteren Vereinsstationen beim englischen AFC Sunderland und bei Hertha BSC bis 2002 ausklingen. In der Folgezeit machte sich Helmer als Moderator und Sportjournalist, u. a. beim Sender Sport1, einen Namen.

VOR 65 JAHREN

Planmetropole Brasília wird neue Hauptstadt Brasiliens

Am 21. April 1960: 1763 war Rio de Janeiro zur Hauptstadt des damaligen Vizekönigsreiches Brasilien erkoren worden, was jedoch schon bald Kritik hervorrief. Schließlich lag die Metropole des großen Landes wenig zentral und lenkte den Blick zudem auf die ohnehin schon prosperierenden Regionen an der Südostküste. 1891 wurde daher die Verfassung um den Beschluss erweitert, eine neue Hauptstadt in der wenig erschlossenen Zentralregion zu bauen.

Zwar wurde das Gebiet der künftigen Metropole schon zwei Jahre später abgesteckt und 1922 der Grundstein für Brasília gelegt, doch sollte es noch bis 1956 dauern, bis mit dem tatsächlichen Bau begonnen wurde. Die nach den Plänen des brasilianischen Architekten Oscar Niemeyer in Form eines Kreuzes, fälschlich auch als Flugzeug gedeutet, entworfene Stadt wurde am 21. April 1960 vom Staatspräsidenten Juscelino Kubitschek offiziell eingeweiht und löste Rio de Janeiro als Hauptstadt ab. Lebten im neu geschaffenen Bundesdistrikt seinerzeit nur gut 140 000 Menschen, so belegen die inzwischen mehr als 3 Mio. Einwohner die gewachsene Bedeutung Brasílias, dessen Zentrum 1987 in die Liste des Weltkulturerbes der UNESCO aufgenommen wurde.

Geburtstagskinder vom 21. bis 27. April 2025

Am 21. April wurden geboren:
Elisabeth II. (1926–2022), Königin von Großbritannien und Nordirland sowie Oberhaupt des Commonwealth ab 1952
Anthony Quinn (1915–2001), mexikan.-amerikan. Schauspieler
Eve Arnold (1912–2012), amerikan. Fotografin
Max Weber (1864–1920), dt. Soziologe, Wirtschaftshistoriker und Sozialökonom
Charlotte Brontë (1816–1855), brit. Schriftstellerin
Ulrich von Hutten (1488–1523), dt. Humanist

Am 22. April wurden geboren:
Louise Glück (*1943), amerikan. Lyrikerin, Literaturnobelpreisträgerin 2020
Rita Levi-Montalcini (1909–2012), italien.-amerikan. Neurobiologin, Medizinnobelpreisträgerin 1986
Wladimir Iljitsch Lenin (1870–1924), russ. Revolutionär und sowjet. Politiker
Madame de Staël (1766–1817), schweizer.-frz. Schriftstellerin
Immanuel Kant (1724–1804), dt. Philosoph

Am 23. April wurden geboren:
Andrej Kurkow (*1961), ukrain. Schriftsteller
Haldór Kiljan Laxness (1902–1998), isländ. Schriftsteller, Literaturnobelpreisträger 1955
Vladimir Nabokov (1899–1977), russ.-amerikan. Schriftsteller
Sergej Sergejewitsch Prokofjew (1891–1953), russ. Komponist
Max Planck (1858–1947), dt. Physiker, Physiknobelpreisträger 1918
William Shakespeare (1564–1616), engl. Dichter und Dramatiker

Am 24. April wurden geboren:
Jean-Paul Gaultier (*1952), frz. Modeschöpfer
Barbra Streisand (*1942), amerikan. Schauspielerin und Sängerin
Shirley MacLaine (*1934), amerikan. Schauspielerin
Bridget Riley (*1931), brit. Malerin und Grafikerin
Bernhard Grzimek (1909–1987), dt. Zoologe
Theodor Körner (1873–1957), österreich. General und sozialdemokratischer Politiker, Bundespräsident 1951–57

Am 25. April wurden geboren:
Al(fred James) Pacino (*1940), amerikan. Schauspieler
Albert Uderzo (1927–2020), frz. Comic-Künstler (»Asterix«)
Ella Fitzgerald (1917–1996), amerikan. Jazzsängerin
Wolfgang Pauli (1900–1958), österreich. Physiker, Physiknobelpreisträger 1945
Oliver Cromwell (1599–1658), engl. Staatsmann und Heerführer

Am 26. April wurden geboren:
Giorgio Moroder (*1940), italien. Komponist und Musikproduzent
Michael Mathias Prechtl (1926–2003), dt. Maler, Grafiker und Illustrator
Marianne Hoppe (1911–2002), dt. Schauspielerin
Ludwig Wittgenstein (1889–1951), österreich. Philosoph
Eugène Delacroix (1798–1863), frz. Maler
Maria von Medici (1573–1642), Königin von Frankreich 1610–17

Am 27. April wurden geboren:
Willem-Alexander (*1967), König der Niederlande ab 2013
Anouk Aimée (*1932), frz. Schauspielerin
Hans-Joachim Kulenkampff (1921–1998), dt. Schauspieler und Quizmaster
Herbert Spencer (1820–1903), brit. Philosoph
Mary Wollstonecraft (1759–1797), brit. Schriftstellerin und Frauenrechtlerin

April/Mai 18. Woche

Stier 19.4. bis 19.5.

28 Montag

29 Dienstag

30 Mittwoch

1 Maifeiertag
Donnerstag

2 Freitag

3 Samstag

4 Sonntag

Die Kreidefelsen an der Alabasterküste präsentieren sich bei Etretat besonders spektakulär. Der Felsbogen Porte d'Aval und die Felsnadel Aiguille d'Etretat sind nicht nur beliebte Fotomotive, sondern wurden auch in zahlreichen Gemälden verewigt.

Kunst wäscht den Staub des Alltags von der Seele.
Pablo Picasso

Wo	Mo	Di	Mi	Do	Fr	Sa	So
18				1	2	3	4
19	5	6	7	8	9	10	11
20	12	13	14	15	16	17	18
21	19	20	21	22	23	24	25
22	26	27	28	29	30	31	

VOR 60 JAHREN

Gundula Gause – Nachrichtenmoderatorin des ZDF

Geboren am 30. April 1965: Die Politikwissenschaftlerin, Historikerin und Publizistin kam in Westberlin zur Welt, zog mit ihrer Familie aber schon in Kindertagen nach Mainz, wo sie schon während ihres Studiums ab Ende der 1980er-Jahre für die Redaktion der »heute«-Nachrichten tätig war und sich erste Sporen als Sprecherin und als Moderatorin, beispielsweise im »Morgenmagazin« des ZDF, verdiente.

Den meisten Menschen aber dürfte Gundula Gause seit 1993 als (Co-)Moderatorin des »heute-journal« bekannt sein. Dabei war die engagierte Christin zunächst an der Seite von Wolf von Lojewski, später von Claus Kleber und seit 2022 gemeinsam mit Anne Gellinek auf dem Bildschirm zu sehen. Im selben Jahr übernahm sie den Posten einer Hauptmoderatorin des spätabendlichen Nachrichtenmagazins »heute journal up:date« und moderierte darüber hinaus regelmäßig auch Mittagsausgaben der »heute«-Nachrichten. 2013 mit dem Bundesverdienstkreuz am Bande ausgezeichnet, unterstützt Gause als Botschafterin die u. a. auch vom ZDF geförderte Initiative »Schau hin!« für eine verantwortungsbewusste Mediennutzung von Kindern.

VOR 70 JAHREN

Donatella Versace – Unternehmerin und Modedesignerin

Geboren am 2. Mai 1955: Die berufliche Karriere der Bankierstochter aus Reggio Calabria ist eng mit dem Namen ihres Bruders Gianni Versace verknüpft. Donatella Versace studierte Wirtschaftswissenschaften und stieg Ende der 1970er-Jahre in Mailand an der Seite ihres Bruders ins Modebusiness ein. Erstes internationales Renommée erwarb sie sich in den 1990er-Jahren, als sie mit dem hauseigenen Label »Versus« Versace-Mode für eine jugendliche Klientel auf den Markt brachte.

Nach dem Tod ihres Bruders, der 1997 in den USA erschossen worden war, übernahm Versace die Leitung des Unternehmens und zeichnete als Designerin fortan auch für die Hauptlinien und somit auch für die Haute Couture verantwortlich. Große Beachtung fanden dabei vor allem ihre Entwürfe für zahlreiche Prominente wie Eric Clapton, Lady Gaga und Jennifer Lopez. 2018 verkaufte die Familie mit Versaces Tochter Allegra als Hauptanteilseignerin das Unternehmen an eine amerikanische Unternehmensgruppe, wobei Donatella Versace als Chefdesignerin auch weiterhin die kreativen Geschicke der Marke bestimmte.

VOR 50 JAHREN

Kapitulation des Südens beendet den Vietnamkrieg nach elf Jahren

Am 30. April 1975: Der als Indochinakrieg bekannte Unabhängigkeitskrieg von der französischen Kolonialherrschaft hatte 1946–54 Vietnam erschüttert, doch trotz des militärischen Erfolgs über die Europäer und der folgenden Unabhängigkeit kam das fortan in einen kommunistischen Norden, der von der UdSSR unterstützt wurde, und den prowestlichen Süden geteilte Land nicht zur Ruhe – im Gegenteil: Um die in Südvietnam agierende kommunistische Befreiungsfront FNL zu bekämpfen, schickte die US-Regierung ab 1964 nach und nach mehr als eine halbe Million Soldaten in den Süden: Der Vietnamkrieg, der nach der nordvietnamesischen Tet-Offensive Anfang 1968 in einen offenen Krieg überging, hatte begonnen.

Die materiell weit überlegenen USA überzogen das Land mit einem unablässigen Bombenhagel und schreckten dabei auch nicht vor dem großflächigen Einsatz chemischer Kampfstoffe zurück. Als die Proteste insbesondere von Studenten in zahlreichen westlichen Staaten immer lauter geworden waren und die USA eingestehen mussten, den Krieg nicht gewinnen zu können, kam es Anfang 1973 nach fünfjährigen Verhandlungen zum Waffenstillstand und zum Abzug der amerikanischen Truppen. Südvietnam aber setzte den militärischen Kampf fort, bis die südvietnamesische Regierung schließlich Ende April 1975 kapitulierte und die Kommunisten die Macht übernahmen. Der Vietnamkrieg hatte mehr als eine Million Zivilisten und über 1,2 Mio. Soldaten das Leben gekostet.

Geburtstagskinder vom 28. April bis 4. Mai 2025

Am 28. April wurden geboren:
Terry Pratchett (1948–2015), brit. Schriftsteller
Yves Klein (1928–1962), frz. Maler
Kurt Gödel (1906–1978), österreich. Mathematiker
Charlie Rivel, eigtl. José Andreu Rivel (1896–1983), span. Clown
Erich Salomon (1886–1944), dt. Fotograf
Karl Kraus (1874–1936), österreich. Schriftsteller
James Monroe (1758–1831), amerikan. Politiker, Präsident der USA 1817–25

Am 29. April wurden geboren:
Barbara Frey (*1963), schweizer. Theaterregisseurin
Michelle Pfeiffer (*1958), amerikan. Schauspielerin
Daniel Day-Lewis (*1957), ir.-brit. Schauspieler

Hanne Darboven (1941–2009), dt. Künstlerin
Walter Kempowski (1929–2007), dt. Schriftsteller
Fred Zinnemann (1907–1997), österreich.-amerikan. Filmregisseur
Duke Ellington (1899–1974), amerikan. Jazzmusiker

Am 30. April wurden geboren:
Jane Campion (*1954), neuseeländ. Filmregisseurin
António Guterres (*1949), portugies. sozialdemokratischer Politiker, UNO-Generalsekretär seit 2017
Ulla Hahn (*1946), dt. Schriftstellerin
Juliana (1909–2004), Königin der Niederlande 1948–80
Carl Friedrich Gauß (1777–1855), dt. Mathematiker, Astronom und Physiker

Am 1. Mai wurden geboren:
Oliver Bierhoff (*1968), dt. Fußballspieler und Sportfunktionär
Yasmina Reza (*1959), frz. Dramatikerin
Ralf Dahrendorf (1929–2009), dt. Soziologe und FDP-Politiker
Marie-Joseph Pierre Teilhard de Chardin (1881–1955), frz. Paläontologe und Philosoph
Rudolf I. von Habsburg (1218–1291), röm.-dt. König 1273–91

Am 2. Mai wurden geboren:
David Beckham (*1975), brit. Fußballspieler
Silvia Neid (*1964), dt. Fußballtrainerin
Axel Caesar Springer (1912–1985), dt. Verleger
Gottfried Benn (1886–1956), dt. Schriftsteller
Novalis, eigtl. Friedrich Leopold Freiherr von Hardenberg (1772–1801), dt. Dichter
Katharina II., die Große (1729–1796), russ. Zarin 1762–96

Am 3. Mai wurden geboren:
Franziska Giffey (*1978), dt. SPD-Politikerin, Regierende Bürgermeisterin von Berlin 2021–23
Aldo Rossi (1931–1997), italien. Architekt
Golda Meir (1898–1978), israel. Politikerin, Ministerpräsidentin 1969–74
Niccolò Machiavelli (1469–1527), italien. Schriftsteller und Staatsbeamter

Am 4. Mai wurden geboren:
Werner Faymann (*1960), österreich. SPÖ-Politiker, Bundeskanzler 2008–16
Keith Haring (1958–1990), amerikan. Maler
Ulrike Meyfarth (*1956), dt. Leichtathletin (Hochsprung)
Amos Oz (1939–2018), israel. Schriftsteller
Audrey Hepburn (1929–1993), amerikan. Schauspielerin
Friedrich Arnold Brockhaus (1772–1823), dt. Verleger

Mai 19. Woche

Stier 🐂 19.4. bis 19.5.

5	Montag
6	Dienstag
7	Mittwoch
8	Donnerstag
9	Freitag
10	Samstag
11	Muttertag / Sonntag

Blau, Lavendel und Pink sorgen für kräftige Farbakzente an diesem Haus in Saint-Suliac, dessen weißer Putz in der Sonne strahlt. Das kleine Fischerdorf im Departement Ille-et-Vilaine ist bekannt für seine charmanten Gassen.

Die besten Dinge im Leben sind keine Dinge.
Art Buchwald

Wo	Mo	Di	Mi	Do	Fr	Sa	So
18				1	2	3	4
19	5	6	7	8	9	10	11
20	12	13	14	15	16	17	18
21	19	20	21	22	23	24	25
22	26	27	28	29	30	31	

VOR 100 JAHREN

Eddi Arent – Erfolgsschauspieler mit komödiantischem Talent

Geboren am 5. Mai 1925: Der Beamtensohn aus Danzig ist der Nachwelt durch mehr als 100 Auftritte in Filmen und Fernsehserien ein Begriff, doch seine darstellerischen Anfänge absolvierte Eddi Arent als Kabarettist in verschiedenen Ensembles auf süddeutschen Bühnen. Nachdem er in den späten 1950er-Jahren in kleineren Rollen auch erstmals vor der Filmkamera gestanden hatte, schaffte der Komiker im Rahmen der populären Edgar-Wallace-Krimireihe in den 1960er-Jahren seinen cineastischen Durchbruch. Arent spielte dabei zumeist schrullige oder auch versnobte Charaktere als Butler oder Assistent des federführenden Kommissars, wusste aber auch in der selteneren Rolle des Bösewichts durchaus zu überzeugen.

Sein komödiantisches Talent bewies Arent in jener Zeit auch in drei Karl-May-Verfilmungen an der Seite von Pierre Brice alias Winnetou und Lex Barker (Old Shatterhand). Bis in die späten 1970er-Jahre war er regelmäßig auf der Kinoleinwand zu sehen, ehe er sich zunehmend auf das Fernsehen konzentrierte und mit populären Sketchserien wie »Es ist angerichtet« und »Harald und Eddi« gemeinsam mit Harald Juhnke noch einmal größere Erfolge feierte. Danach wurde es ruhiger um den Schauspieler, der um die Jahrtausendwende mit verhalten aufgenommenen Neuverfilmungen alter Wallace-Fälle noch einmal ins Fernsehen zurückkehrte. Arent, der sich 1993–2004 in Titisee-Neustadt als Hotelier versucht hatte, starb, an Demenz erkrankt, 2013 kurz nach seinem 88. Geburtstag in München.

VOR 75 JAHREN

Barbara Salesch – als Richterin Erfolg im Fernsehen

Geboren am 5. Mai 1950: Ganz wie beabsichtigt machte die gebürtige Karlsruherin nach ihrem Jurastudium zunächst als Richterin Karriere: Barbara Salesch arbeitete u. a. als Staatsanwältin und Richterin in Hamburg, unterrichtete dort auch Strafprozessrecht und übernahm 1991 den Vorsitz als Richterin der Justizbehörde Hamburg.

1999 schlug die leidenschaftliche Malerin und Bildhauerin einen neuen Weg ein und sprach fortan bei SAT.1 in der pseudodokumentarischen Gerichtssendung »Richterin Barbara Salesch« Recht. Die fiktiven, mit Laien dargestellten Verhandlungen nach amerikanischem Vorbild stießen auf große Resonanz, sodass das als »Gerichtsshow« bezeichnete Format bis 2012 fast 2150 Auflagen erlebte. Nach einer zehnjährigen Pause, die sie u. a. für ein Kunststudium genutzt hatte, kehrte Salesch 2022 mit ihrer Erfolgssendung, nun bei RTL, unter dem Titel »Barbara Salesch – Das Strafgericht« auf den Bildschirm zurück und wurde vom Publikum erneut positiv aufgenommen. Die Kunstwerke in ihrem TV-Verhandlungsraum schuf die Wahlwestfälin selbst.

VOR 70 JAHREN

Bedeutender Schritt zur Westintegration der Bundesrepublik

Am 5. Mai 1955: Zehn Jahre nachdem im Mai 1945 das kriegsschuldige Deutsche Reich im Zweiten Weltkrieg kapituliert hatte, kehrte die Bundesrepublik Deutschland als akzeptiertes Mitglied in den Kreis zumindest der westlichen Staaten zurück. Grundlage für die Eingliederung waren die Pariser Verträge aus dem Jahr 1954 mit den westeuropäischen Ländern sowie Kanada und den USA: Das Abkommen besiegelte die von Bundeskanzler Konrad Adenauer (CDU) vorangetriebene Westintegration des jungen westdeutschen Staates, der Anfang Mai 1955 in das nordatlantische Verteidigungsbündnis NATO aufgenommen wurde und überdies anstelle des bislang vorherrschenden Besatzungsstatuts seine Souveränität weitgehend zurückerhielt.

Insbesondere der Beitritt der Bundesrepublik zum Nordatlantikpakt war im Bundestag und der Bevölkerung überaus kontrovers diskutiert worden, ging mit der vorgesehenen militärischen Eingliederung in das westliche Bündnis doch auch der Aufbau einer Armee und eine Remilitarisierung einher. Ende 1955 wurden die ersten Einheiten der Bundeswehr aufgestellt, kurz darauf trat die allgemeine Wehrpflicht für alle jungen Männer in Kraft.

Geburtstagskinder vom 5. bis 11. Mai 2025

Am 5. Mai wurden geboren:
Heike Henkel (*1964), dt. Leichtathletin (Hochsprung)
Sylvia Pankhurst (1882–1960), brit. Schriftstellerin, Sozialistin und Frauenrechtlerin
Hans Pfitzner (1869–1949), dt. Komponist
Henryk Sienkiewicz (1846–1916), poln. Schriftsteller, Literaturnobelpreisträger 1905
Karl Marx (1818–1883), dt. Philosoph und Ökonom
Søren Kierkegaard (1813–1855), dän. Philosoph und Theologe

Am 6. Mai wurden geboren:
George Clooney (*1961), amerikan. Schauspieler
Tony Blair (*1953), brit. Labour-Politiker, Premierminister 1997–2007
Hanns Dieter Hüsch (1925–2005), dt. Kabarettist
Orson Welles (1915–1985), amerikan. Schauspieler und Regisseur
Ernst Ludwig Kirchner (1880–1938), dt. Maler
Sigmund Freud (1856–1939), österreich. Arzt, Begründer der Psychoanalyse

Am 7. Mai wurden geboren:
Gerhard Polt (*1942), dt. Kabarettist
Eva (Evita) Perón (1919–1952), argentin. Politikerin
Peter Tschaikowski (1840–1893), russ. Komponist
Johannes Brahms (1833–1897), dt. Komponist
Olympe de Gouges, eigtl. Marie Olympe Aubry (1748–1793), frz. Revolutionärin und Schriftstellerin

Am 8. Mai wurden geboren:
Keith Jarrett (*1945), amerikan. Jazzpianist
Mary Lou Williams (1910–1981), amerikan. Jazzpianistin und Komponistin
Roberto Rossellini (1906–1977), italien. Filmregisseur
Harry S. Truman (1884–1972), amerikan. Politiker, Präsident der USA 1945–53
Henri Dunant (1828–1910), schweizer. Philanthrop (Gründer des Roten Kreuzes), Friedensnobelpreisträger 1901

Am 9. Mai wurden geboren:
Anne Sofie von Otter (*1955), schwed. Sängerin (Mezzosopran)
Wim Thoelke (1927–1995), dt. Fernsehshowmaster
Sophie Scholl (1921–1943), dt. Widerstandskämpferin gegen das NS-Regime
Zita von Bourbon-Parma (1892–1989), letzte Kaiserin von Österreich und Königin von Ungarn
Adam Opel (1837–1895), dt. Maschinenbauer und Unternehmer

Am 10. Mai wurden geboren:
Katja Seizinger (*1972), dt. alpine Skiläuferin
Miuccia Prada (*1949), italien. Modedesignerin
David O. Selznick (1902–1965), amerikan. Filmproduzent
Fred Astaire (1899–1987), amerikan. Tänzer
Gustav Stresemann (1878–1929), dt. Politiker, Reichsaußenminister 1923–29, Friedensnobelpreisträger 1926
Johann Peter Hebel (1760–1826), dt. Dichter

Am 11. Mai wurden geboren:
Hildegard Hamm-Brücher (1921–2016), dt. Politikerin (bis 2002 FDP)
Salvador Dalí (1904–1989), span. Maler
Rose Ausländer (1901–1988), dt.-sprachige Schriftstellerin
Martha Graham (1894–1991), amerikan. Tänzerin und Choreografin
Margaret Rutherford (1892–1972), brit. Schauspielerin

Mai 20. Woche

Stier 19.4. bis 19.5.

12	○ hl. Pancratius Montag
13	hl. Servatius Dienstag
14	hl. Bonifatius Mittwoch
15	hl. Sophie Donnerstag
16	Freitag
17	Samstag
18	Sonntag

Die schroffe Felsküste an der Pointe de Pen-Hir auf der Halbinsel Crozon ist bei Bergsteigern und Kletterern gleichermaßen beliebt. Doch auch wer nur die Aussicht genießen möchte, kommt an der 70 m hohen, windumtosten Steilküste auf seine Kosten.

Wie komme ich am besten den Berg hinan? Steig nur hinauf und denk nicht dran!

Friedrich Nietzsche

Wo	Mo	Di	Mi	Do	Fr	Sa	**So**
18				1	2	3	**4**
19	5	6	7	8	9	10	**11**
20	12	13	14	15	16	17	**18**
21	19	20	21	22	23	24	**25**
22	26	27	28	**29**	30	31	

VOR 75 JAHREN

Renate Stecher – erste 100-m-Läuferin unter elf Sekunden

Geboren am 12. Mai 1950: Dank der gebürtigen Sächsin aus Süptitz erhielt ein Sportfest im tschechoslowakischen Ostrava am 7. Juni 1973 für immer einen Platz in der Historie der Leichtathletik. An jenem Tag lief Renate Stecher die 100 m in – allerdings handgestoppten – 10,9 sec und blieb damit als erste Frau unter der Marke von elf Sekunden.

Nachdem Stecher bereits bei den Europameisterschaften 1971 in Helsinki Gold über 100 und 200 m geholt hatte, brachte sie dieses Kunststück auch ein Jahr später bei den Olympischen Spielen in München fertig, wo sie sich mit der 4x100-m-Staffel der DDR zudem Silber sicherte. 1976 in Montreal gewann sie zwar die Goldmedaille mit der Staffel, doch über die 100 m reichte es hinter der Dortmunderin Annegret Richter nur zu Silber und über 200 m hinter ihrer Landsfrau Bärbel Eckert und hinter Richter zu Bronze. Nach dem Ende ihrer sportlichen Karriere schloss Stecher ihr Studium der Sportwissenschaften ab und wirkte fortan als Hochschullehrerin in Jena. 2011 erhielt die 17-fache Weltrekordlerin und 22-malige DDR-Meisterin ihren Platz in der Hall of Fame des deutschen Sports.

VOR 90 JAHREN

Eröffnung der Moskauer Metro mit 13 Stationen auf 11,2 km

Am 15. Mai 1935: Bereits zu Beginn des 20. Jahrhunderts war der Verkehr in der Millionenstadt Moskau zum Problem geworden, doch über erste Planungen für eine U-Bahn kam man zunächst nicht hinaus. Erst als die Einwohnerzahl zu Beginn der 1930er-Jahre auf über drei Millionen angewachsen war, sah sich die Staatsführung endgültig zum Handeln gezwungen: Mit Zehntausenden Arbeitern und zahlreichen Experten aus dem ganzen Land musste die 1932 begonnene erste Strecke der Moskauer Metro nach dem Willen Josef Stalins in Rekordzeit fertiggestellt werden.

Das Prestigeprojekt glückte: Schon Mitte Mai 1935 wurde ein 11,2 km langer Abschnitt mit 13 Stationen im Zentrum der sowjetischen Hauptstadt feierlich eröffnet. Fast 180 000 Fahrgäste nutzten fortan täglich die anfangs zwölf Züge mit jeweils vier Waggons und trugen so entscheidend zum Erfolg der U-Bahn bei, deren Streckennetz in der Folgezeit kontinuierlich ausgebaut wurde: In den frühen 1960er-Jahren überschritt das Netz bereits die 100-km-Marke, mittlerweile hat sich die Moskauer Metro, die zu den U-Bahnen mit den tiefsten Stationen und Tunneln gehört, auf 436 km mit 250 Stationen ausgedehnt und damit sogar die Streckenlänge der Londoner Tube (402 km) überholt.

VOR 125 JAHREN

Helene Weigel – Intendantin und Mimin des Berliner Ensembles

Geboren am 12. Mai 1900: Der Berufswunsch der gebürtigen Wienerin stand schon seit Kindertagen fest: Helene Weigel wollte Schauspielerin werden. Ohne vorherige Ausbildung erhielt sie 1919 ein Engagement in Frankfurt am Main und ab 1922 an verschiedenen Berliner Bühnen, wo sie sich rasch einen Namen als ausdrucksstarke Charakterdarstellerin machte. In dieser Zeit lernte Weigel auch Bertolt Brecht kennen, den sie 1929 heiratete. Nach der Machtergreifung der Nationalsozialisten begann für die beiden Kommunisten eine Fluchtodyssee, die sie durch halb Europa und schließlich 1941 in die USA führte.

Drei Jahre nach Kriegsende kehrte das Paar nach Berlin zurück, wo Weigel die Intendanz des von ihr mitgegründeten Berliner Ensembles übernahm und als Schauspielerin in den großen proletarischen Frauenrollen der Werke Brechts brillierte – allen voran als Mutter Courage. Nach dem Tod ihres Mannes 1956 setzte sie sich unermüdlich dafür ein, dass die Bedeutung des brechtschen Œuvres und seine Theorie des epischen Theaters nicht in Vergessenheit gerieten. Die mehrfach mit dem Nationalpreis der DDR ausgezeichnete Weigel stieg zu einer der einflussreichsten Künstlerinnen deutscher Sprache auf und blieb bis zu ihrem Tod 1971 in Ostberlin die hochgeachtete Intendantin ihres Berliner Ensembles, das sie weit über die Grenzen ihrer Stadt hinaus bekannt machte.

Geburtstagskinder vom 12. bis 18. Mai 2025

Am 12. Mai wurden geboren:
Joseph Beuys (1921–1986), dt. Objekt- und Aktionskünstler
Dorothy Hodgkin (1910–1994), brit. Chemikerin, Chemienobelpreisträgerin 1964
Katharine Hepburn (1907–2003), amerikan. Schauspielerin
Fritz Kortner (1892–1970), österreich. Regisseur und Schauspieler
Florence Nightingale (1820–1910), brit. Krankenpflegerin
Justus von Liebig (1803–1873), dt. Chemiker

Am 13. Mai wurden geboren:
Stevie Wonder, eigtl. Steveland Morris-Judkins (*1950), amerikan. Soulmusiker
Senta Berger (*1941), österreich. Schauspielerin
Daphne du Maurier (1907–1989), brit. Schriftstellerin
Georges Braque (1882–1963), frz. Maler
Maria Theresia (1717–1780), Königin von Böhmen und Ungarn, röm.-dt. Kaiserin als Gattin von Franz I.

Am 14. Mai wurden geboren:
Sofia Coppola (*1971), amerikan. Filmregisseurin
Cate Blanchett (*1969), austral. Schauspielerin
Eoin Colfer (*1965), ir. Kinderbuchautor
George Lucas (*1944), amerikan. Filmregisseur
Otto Klemperer (1885–1973), dt. Dirigent
Claude Dornier (1884–1969), dt. Flugzeugkonstrukteur

Am 15. Mai wurden geboren:
Madeleine Albright (1937–2022), amerikan. Politikerin (Demokraten), Außenministerin 1997–2001
Jasper Johns (*1930), amerikan. Maler und Grafiker

Max Frisch (1911–1991), schweizer. Schriftsteller
Arthur Schnitzler (1862–1931), österreich. Schriftsteller
Pierre Curie (1859–1906), frz. Physiker, Physiknobelpreisträger 1903
Klemens Wenzel Fürst von Metternich (1773–1859), österreich. Politiker

Am 16. Mai wurden geboren:
Pierce Brosnan (*1953), ir. Schauspieler
Friedrich Gulda (1930–2000), österreich. Pianist
Friedrich Nowottny (*1929), dt. Journalist
Henry Fonda (1905–1982), amerikan. Schauspieler
Tamara de Lempicka (1898–1980), poln.-amerikan. Malerin

Am 17. Mai wurden geboren:
Máxima (*1971), Königin der Niederlande ab 2013 als Gattin Willem-Alexanders
Udo Lindenberg (*1946), dt. Rocksänger
Antje Weisgerber (1922–2004), dt. Schauspielerin
Birgit Nilsson (1918–2005), schwed. Sängerin (Sopran)
August Thyssen (1842–1926), dt. Industrieller
Sebastian Kneipp (1821–1897), dt. Naturheilkundler

Am 18. Mai wurden geboren:
Justus Frantz (*1944), dt. Pianist
Johannes Paul II., eigtl. Karol Wojtyla (1920–2005), Papst 1978–2005
Margot Fonteyn (1919–1991), brit. Tänzerin und Choreografin
Walter Gropius (1883–1969), dt.-amerikan. Architekt, Gründer des Bauhauses
Bertrand Russell (1872–1970), brit. Mathematiker und Philosoph, Literaturnobelpreisträger 1950

Mai 21. Woche

Stier 19.4. bis 19.5.   Zwillinge 20.5. bis 20.6.

19 Montag

20 ☾ Dienstag

21 Mittwoch

22 Donnerstag

23 Tag des Grundgesetzes
Freitag

24 Samstag

25 Sonntag

Würde ein Einwohner von Beuvron-en-Auge aus dem 17. oder 18. Jh. dem kleinen normannischen Ort heute einen Besuch abstatten, fände er sich dort vermutlich gut zurecht. Die liebevoll restaurierten Fachwerkhäuser machen die Vergangenheit lebendig.

Indem wir unsere Gegenwart umwandeln, verwandeln wir auch unsere Vergangenheit.
Thich Nhat Hanh

Wo	Mo	Di	Mi	Do	Fr	Sa	**So**
18				**1**	2	3	**4**
19	5	6	7	8	9	10	**11**
20	12	13	14	15	16	17	**18**
21	19	20	21	22	23	24	**25**
22	26	27	28	**29**	30	31	

VOR 150 JAHREN

17 Nationen unterzeichnen in Paris die neue Meterkonvention

Am 20. Mai 1875: Bis ins späte 18. Jahrhundert wurden Längenangaben in Ellen gemessen, wobei nicht selten die anatomischen Maße der jeweiligen Herrscher ausschlaggebend waren. Kein Wunder also, dass sich die Längenmaße je nach Stadt und Region voneinander unterschieden – für Handelsbeziehungen keine akzeptable Voraussetzung. Die französische Nationalversammlung kam daher 1791 auf die Idee, ein einheitliches Längenmaß zu definieren: den Meter, der genau den zehnmillionsten Streckenteil zwischen dem Nordpol und dem Äquator umfassen soll. Mit der exakten Vermessung eines solchen Längenabschnitts wurden die beiden Astronomen Jean-Baptiste Joseph Delambre und Pierre-François-André Méchain betraut. Dank ihrer Arbeit durfte sich die Nationalversammlung Ende 1799 über einen Platinstab freuen, der als »definitiver Urmeter« in die Historie einging.

In den folgenden Jahrzehnten wurde man auch international auf die Vorzüge eines einheitlichen metrischen Systems aufmerksam, und so trafen sich Vertreter aus 17 Staaten – unter ihnen auch das Deutsche Reich, die Schweiz und Österreich-Ungarn – im Mai 1875 in Paris zur Unterzeichnung der Internationalen Meterkonvention. Von den Signatarstaaten eingerichtete wissenschaftliche Institutionen sollten fortan das metrische System vervollkommnen. Da sich der Platin-Urmeter aufgrund von Substanzverlust und Beschädigungen jedoch als inkonstant erwies, wurde der Meter ab 1960 neu festgelegt als die Strecke, die das Licht im Vakuum in 1/299 792 458 Sekunde zurücklegt.

VOR 100 JAHREN

Alexei Tupolew – erstes Überschallflugzeug für Passagiere

Geboren am 20. Mai 1925: Der Kalte Krieg zwischen den USA und der UdSSR prägte in den 1960er-Jahren auch den Kampf um die technische Vorherrschaft in der Luft- und Raumfahrt. Der in Moskau geborene Konstrukteur Alexei Tupolew erhielt 1963 von der sowjetischen Regierung den Auftrag zum Bau des weltweit ersten zivilen Überschallflugzeugs, das den Passagierverkehr revolutionieren sollte. Das prestigeträchtige Duell mit der parallel im Westen entwickelten Concorde wurde am Silvestertag 1968 entschieden, als die Tupolew Tu-144 zu ihrem erfolgreichen Jungfernflug startete.

Tupolew hatte seine Ausbildung in einem von seinem Vater Andrei geleiteten experimentellen Konstruktionsinstitut innerhalb des Tupolew-Konzerns erhalten und dort auch seine ersten beruflichen Schritte gemacht. Mit dem Auftrag zum Bau der Tu-144 war er zum Leiter der Konstruktionsabteilung aufgestiegen, in der er u. a. auch Überschallbomber und Raumfähren entwickelte. Tupolew, der mit zahlreichen Auszeichnungen der UdSSR bedacht wurde und 1975–89 dem Obersten Sowjet angehörte, starb 2001 kurz vor seinem 76. Geburtstag in seiner Heimatstadt.

VOR 75 JAHREN

Wei Jingsheng – Kämpfer für Demokratie aus China

Geboren am 20. Mai 1950: Als Jugendlicher schloss sich der in Peking geborene Wei Jingsheng während der Kulturrevolution 1966 den Roten Garden Mao Zedongs an, geriet jedoch bald in Konflikt mit den Gruppen um Jiang Qing, der in der Kulturrevolution federführenden Ehefrau Maos, was zu seiner kurzzeitigen Inhaftierung führte. Als nach Maos Tod 1976 eine Phase der Offenheit einsetzte, engagierte sich Wei in der aufkeimenden Demokratiebewegung und forderte die Freilassung politischer Gefangener. Nachdem öffentliche Meinungsäußerungen unter dem neuen Parteiführer Deng Xiaoping wieder eingeschränkt worden waren, wurde Wei 1979 als vermeintlicher Verräter und Konterrevolutionär zu 15 Jahren Einzelhaft und Zwangsarbeit verurteilt. 1993 kam er nach jahrelangen internationalen Protesten frei, um wenige Monate später erneut verhaftet zu werden. Die nun verhängten 14 Jahre Gefängnis endeten 1997 mit der auf höchster Ebene ausgehandelten Abschiebung Weis in die USA, wo er seither seinen Kampf für die Demokratisierung Chinas fortsetzt.

Geburtstagskinder vom 19. bis 25. Mai 2025

Am 19. Mai wurden geboren:
Grace Jones (*1948), jamaikan. Popsängerin
Malcolm X, eigtl. Malcolm Little (1925–1965), amerikan. Bürgerrechtler
Gerd Bucerius (1906–1995), dt. Verleger (»Die Zeit«) und Publizist
Ho Chi Minh (1890–1969), vietnames. Politiker
Johann Gottlieb Fichte (1762–1814), dt. Philosoph
Innozenz XI., eigtl. Benedetto Odescalchi (1611–1689), Papst 1676–89

Am 20. Mai wurden geboren:
Cher, eigtl. Cherilyn Sarkisian LaPiere (*1946), amerikan. Sängerin und Schauspielerin
Joe Cocker (1944–2014), brit. Rocksänger
Wolfgang Borchert (1921–1947), dt. Schriftsteller
Sigrid Undset (1882–1949), norweg. Schriftstellerin, Literaturnobelpreisträgerin 1928

Honoré de Balzac (1799–1850), frz. Schriftsteller

Am 21. Mai wurden geboren:
Ernst Messerschmid (*1945), dt. Physiker und Astronaut
Mary Robinson (*1944), ir. Politikerin, erste Staatspräsidentin Irlands 1990–97
Gabriele Wohmann (1932–2015), dt. Schriftstellerin
Andrej Dmitrijewitsch Sacharow (1921–1989), sowjet. Physiker und Bürgerrechtler, Friedensnobelpreisträger 1975
Henri Rousseau (1844–1910), frz. Maler
Albrecht Dürer (1471–1528), dt. Maler, Zeichner und Kunstschriftsteller

Am 22. Mai wurden geboren:
Betty Williams (1943–2020), nordir. Friedensaktivistin, Friedensnobelpreisträgerin 1976
Laurence Olivier (1907–1989), brit. Schauspieler und Regisseur

Arthur Conan Doyle (1859–1930), brit. Schriftsteller
Mary Cassatt (1844–1926), amerikan. Malerin
Richard Wagner (1813–1883), dt. Komponist

Am 23. Mai wurden geboren:
Manuela Schwesig (*1974), dt. SPD-Politikerin, Ministerpräsidentin von Mecklenburg-Vorpommern seit 2017
Tom Tykwer (*1965), dt. Filmregisseur
Thomas Reiter (*1958), dt. Astronaut
Anatoli Karpow (*1951), russ. Schachspieler
Otto Lilienthal (1848–1896), dt. Flugzeugingenieur
Carl von Linné (1707–1778), schwed. Naturforscher

Am 24. Mai wurden geboren:
Bob Dylan, eigtl. Robert Allen Zimmerman (*1941), amerikan. Rockmusiker, Literaturnobelpreisträger 2016

George Tabori (1914–2007), brit.-ungar. Dramatiker
Suzanne Lenglen (1899–1938), frz. Tennisspielerin
Viktoria (1819–1901), Königin von Großbritannien und Irland ab 1837, Kaiserin von Indien ab 1876
Daniel Fahrenheit (1686–1736), dt. Physiker

Am 25. Mai wurden geboren:
Ian McKellen (*1939), brit. Schauspieler
Beverly Sills (1929–2007), amerikan. Sängerin (Sopran)
Max von der Grün (1926–2005), dt. Schriftsteller
Josip Broz Tito (1892–1980), jugoslaw. Marschall und Politiker, Staatspräsident 1953–80
Ralph Waldo Emerson (1803–1882), amerikan. Dichter und Philosoph

Mai/Juni 22. Woche

Zwillinge 20.5. bis 20.6.

26 Montag

27 • Dienstag

28 Mittwoch

29 Christi Himmelfahrt
Donnerstag

30 Freitag

31 Samstag

1 Sonntag

Boot an Boot reiht sich im Hafen von Dinan entlang der Rance. Die Altstadt von Dinan erhebt sich bis zu 75 m über dem Fluss, der sich rund 100 km durch die Bretagne schlängelt, ehe er zwischen Dinard und Saint-Malo in den Ärmelkanal mündet.

Das Prinzip aller Dinge ist das Wasser, denn Wasser ist alles und ins Wasser kehrt alles zurück.
Thales von Milet

Wo	Mo	Di	Mi	Do	Fr	Sa	So
22							1
23	2	3	4	5	6	7	8
24	9	10	11	12	13	14	15
25	16	17	18	19	20	21	22
26	23	24	25	26	27	28	29
27	30						

VOR 75 JAHREN

Dee Dee Bridgewater – sozial engagierter US-Jazzstar

Geboren am 27. Mai 1950: Wer in Memphis, Tennessee, als Tochter einer Sängerin und eines Trompeters zur Welt kommt, dem ist die Musik bereits in die Wiege gelegt – so auch Dee Dee Bridgewater. Schon als Jugendliche ließ sie als Soul- und Jazzsängerin in verschiedenen Clubs aufhorchen. In der Folgezeit arbeitete sie mit Jazzgrößen wie Thad Jones, Mel Lewis und Roy Ayers zusammen, ehe sie Mitte der 1970er-Jahre ihre ersten eigenen Alben herausbrachte. Ihren großen Durchbruch aber schaffte sie 1974–76 mit dem Broadway-Musical »The Wiz«, das ihr den Tony Award und den ersten Grammy einbrachte.

Ab Mitte der 1980er-Jahre setzte Bridgewater ihre Karriere in Europa fort, wo sie ebenfalls gefeiert wurde. Ihre Popularität nutzte Bridgewater, die immer wieder auch als Schauspielerin in Film und Fernsehen auftrat, um sich ab 1999 als Botschafterin der Vereinten Nationen gegen den Hunger in der Welt einzusetzen. Für ihre Tributalben in Erinnerung an Ella Fitzgerald und Billie Holiday bekam sie 1999 und 2011 zwei weitere Grammys.

VOR 100 JAHREN

Frei Otto – deutscher Leichtbauexperte in der Architektur

Geboren am 31. Mai 1925: Kommt die Sprache auf den im sächsischen Siegmar (heute zu Chemnitz) geborenen Architekten, so fallen den meisten Menschen filigran anmutende Dachentwürfe ein. Ob 1957 sein Sternwellenzelt über dem Tanzbrunnen für die Bundesgartenschau in Köln oder 1967 der deutsche Pavillon bei der Expo in Montreal – Frei Ottos oftmals durchscheinende Membran- und Seilnetzkonstruktionen scheinen zu schweben und entsprechen so seiner Grundidee, dass die Architektur von der Natur lernen und daher so wenig Material wie nötig einsetzen solle. Mit dieser Auffassung stieg Otto zu einem Vorreiter ökologischen Bauens auf.

Sein zeltartiges Dach des Expo-Pavillons inspirierte die Architekten um Günter Behnisch zu den Dächern des Münchner Olympiastadions 1972 und des Olympiaparks, die in Zusammenarbeit mit Otto entstanden. Auch in seinem Spätwerk ließen ihn experimentell-innovative Dachkonstruktionen nicht los: So entwarf er mit dem Japaner Shigeru Ban den japanischen Pavillon für die Expo 2000 in Hannover. Der Träger des renommierten Pritzker-Preises starb 2015 mit 89 Jahren im württembergischen Leonberg.

VOR 40 JAHREN

Katastrophe im Heysel-Stadion in Brüssel fordert 39 Menschenleben

Am 29. Mai 1985: Zahllose Fans in ganz Europa fieberten Ende Mai 1985 dem Endspiel im Europapokal der Landesmeister zwischen Juventus Turin und dem FC Liverpool in Brüssel entgegen, doch noch vor dem Anpfiff wich die Vorfreude blankem Entsetzen: Englische Hooligans machten auf den Rängen des Heysel-Stadions Jagd auf italienische Zuschauer, die verzweifelt versuchten, sich vor den Angriffen in Sicherheit zu bringen. Die unterbesetzte und vom Ausmaß der Gewalt offensichtlich überraschte Polizei sah den Exzessen hilflos zu. Zu allem Überfluss war das Stadion völlig veraltet, Absperrungen erwiesen sich als marode und hielten dem Druck nicht stand. Traurige Bilanz der Katastrophe: 39 Menschen starben, mehrere Hundert Personen wurden zum Teil schwer verletzt. Während der Aufarbeitung stellte sich überdies heraus, dass die zwingend notwendige Trennung der Fanblöcke beim Ticketverkauf nicht ausreichend berücksichtigt worden war, sodass Gruppen aus beiden Lagern unmittelbar aufeinandertrafen. Aus heutiger Sicht ebenso unvorstellbar war die Tatsache, dass das Spiel mit anderthalbstündiger Verspätung trotz allem angepfiffen wurde. Polizei und Organisatoren begründeten diese Entscheidung mit dem Hinweis auf sonst drohende weitere Ausschreitungen.

Das für die deutsche Übertragung zuständige ZDF zeigte die Partie nicht, sondern brach die Übertragung mit Spielbeginn ab. 14 englische Gewalttäter wurden später zu Haftstrafen verurteilt, englische Teams für mindestens fünf Jahre vom Europapokal ausgeschlossen.

Geburtstagskinder vom 26. Mai bis 1. Juni 2025

Am 26. Mai wurden geboren:
Helena Bonham Carter (*1966), brit. Schauspielerin
Doris Dörrie (*1955), dt. Regisseurin und Drehbuchautorin
Miles Davis (1926–1991), amerikan. Jazzmusiker
John Wayne, eigtl. **Marion Michael Morrison** (1907–1979), amerikan. Schauspieler
Isadora Duncan (1877–1927), amerikan. Tänzerin
Edmond de Goncourt (1822–1896), frz. Schriftsteller, Kunstsammler, Kunst- und Kulturhistoriker

Am 27. Mai wurden geboren:
Henry Kissinger (*1923), amerikan. Politiker, Friedensnobelpreisträger 1973
Inge Morath (1923–2002), österreich.-amerikan. Fotografin
Christopher Lee (1922–2015), brit. Schauspieler

Georges Rouault (1871–1958), frz. Maler und Grafiker
Liselotte von der Pfalz (1652–1722), Herzogin von Orléans

Am 28. Mai wurden geboren:
Kylie Minogue (*1968), austral. Popsängerin
Heinz G(ünther) Konsalik (1921–1999), dt. Schriftsteller
Verena Loewensberg (1912–1986), schweizer. Malerin
Ian Lancaster Fleming (1908–1964), brit. Schriftsteller
Thomas Moore (1779–1852), ir. Dichter

Am 29. Mai wurden geboren:
Kerstin Hensel (*1961), dt. Schriftstellerin
Annette Bening (*1958), amerikan. Schauspielerin
John F. Kennedy (1917–1963), amerikan. Politiker (Demokraten), Präsident der USA 1961–63
Bob Hope (1903–2003), brit.-amerikan. Komiker

Oswald Spengler (1880–1936), dt. Geschichtsphilosoph
Gottfried Heinrich Graf zu Pappenheim (1594–1632), dt. kaiserlicher Reitergeneral

Am 30. Mai wurden geboren:
Reiner Hoffmann (*1955), dt. Gewerkschafter, DGB-Vorsitzender 2014–22
Agnès Varda (1928–2019), frz. Filmregisseurin
Inge Meysel (1910–2004), dt. Schauspielerin
Benny Goodman (1909–1986), amerikan. Jazzklarinettist
Elly Beinhorn (1907–2007), dt. Sportfliegerin
Michail Alexandrowitsch Bakunin (1814–1876), russ. Revolutionär und Anarchist

Am 31. Mai wurden geboren:
Swetlana Alexijewitsch (*1948), belarus. Schriftstellerin, Literaturnobelpreisträgerin 2015

Rainer Werner Fassbinder (1945–1982), dt. Schriftsteller, Regisseur und Schauspieler
James Krüss (1926–1997), dt. Schriftsteller
Rainier III. (1923–2005), Fürst von Monaco ab 1949
Pius XI., eigtl. **Achille Ratti** (1857–1939), Papst 1922–39
Ludwig Tieck (1773–1853), dt. Schriftsteller und Philologe

Am 1. Juni wurden geboren:
Alanis Morissette (*1974), kanad. Sängerin und Songschreiberin
Morgan Freeman (*1937), amerikan. Schauspieler
Norman Foster (*1935), brit. Architekt und Designer
Marilyn Monroe (1926–1962), amerikan. Schauspielerin
Carl Bechstein (1826–1900), dt. Klavierfabrikant

Juni 23. Woche

Zwillinge 20.5. bis 20.6.

2	Montag
3	Dienstag
4	Mittwoch
5	Donnerstag
6	Freitag
7	Samstag
8	**Pfingsten** Sonntag

640 km Küstenlinie besitzt die Normandie, an der ein Traumstrand dem nächsten folgt und Himmel und Meer ein nie ermüdendes Zusammenspiel zelebrieren. Auch der Strand von Villerville, zwischen Trouville und Honfleur gelegen, bietet eine grandiose Aussicht.

Das Heilmittel für alles ist Salzwasser: Schweiß, Tränen oder das Meer.

Karen Blixen

Wo	Mo	Di	Mi	Do	Fr	Sa	**So**
22							**1**
23	2	3	4	5	6	7	**8**
24	**9**	10	11	12	13	14	**15**
25	16	17	18	**19**	20	21	**22**
26	23	24	25	26	27	28	**29**
27	30						

VOR 40 JAHREN

Lukas Podolski – Weltmeister und Pokalsieger in vier Ländern

Geboren am 4. Juni 1985: Schon in frühen Kindertagen zog der im polnischen Gliwice geborene Sohn eines Fußballers und einer Handballspielerin mit seinen Eltern in die Bundesrepublik, wo die Familie in Bergheim bei Köln eine neue Heimat fand. Mit zehn Jahren schloss sich Lukas Podolski dem 1. FC Köln an, für den er Ende 2003 sein Bundesligadebüt gab. Trotz aller Tore des dynamischen Offensivtalents stiegen die Rheinländer jedoch zweimal in die Zweite Liga ab, sodass Podolski 2006 zu Bayern München wechselte. Dort wurde er 2008 zwar deutscher Meister und Pokalsieger, kam aber nicht über ein Dasein als Ergänzungsspieler hinaus. Nach drei weiteren Jahren (2009 bis 2012) in Köln ging der schnelle und schussgewaltige Publikumsliebling zu Arsenal London und gewann 2014 auch den englischen Pokal. 2016 folgten im Trikot von Galatasaray Istanbul der türkische und 2019 in Kōbe auch der japanische Cup. In die Herzen der Fans spielte sich Podolski, der mit einer eigenen Stiftung benachteiligte Kinder und Jugendliche unterstützt, auch in der Nationalelf. Mit seinen unbekümmerten Auftritten trug er maßgeblich zum Sommermärchen und zum dritten Platz bei der Heim-WM 2006 bei. Nach Rang zwei bei der Euro 2008 und dem erneuten dritten Platz bei der WM-Endrunde in Südafrika wurde der 130-fache Nationalspieler 2014 Weltmeister in Brasilien.

VOR 75 JAHREN

Suzi Quatro – stimmstarke Rockröhre und Bassistin

Geboren am 3. Juni 1950: In den frühen 1970er-Jahren räumte die aus Detroit, Michigan, stammende Sängerin und Musikerin nachhaltig mit dem seinerzeit noch verbreiteten Vorurteil auf, dass härtere Rockmusik reine Männersache sei. Mit Hits wie »Can the Can«, »48 Crash« (beide 1973) und »The Wild One« (1974) tobte die 1,50 m kleine Suzi Quatro im schwarzen Ledereinteiler mit Bassgitarre und dynamischer Stimme über die Bühnen und baute sich insbesondere in Europa eine große Fangemeinde auf.

In ihrer Heimat USA hingegen, wo sie den meisten Menschen vor allem als Darstellerin in der Fernsehserie »Happy Days« ein Begriff war, blieben vergleichbare Triumphe aus. Mit dem eher gefühlvollen Duett »Stumblin' In« (1978) an der Seite des Smokie-Leadsängers Chris Norman und dem rockigeren »She's in Love with You« (1979) kehrte Quatro noch einmal in die Top Ten der Charts zurück. Ab 1986 unternahm die Wahlengländerin als Titelheldin in »Annie Get Your Gun« einen Ausflug auf die Musicalbühne und nahm in der Folgezeit in regelmäßigen Abständen weitere Studioalben auf, ohne aber an frühere Erfolge anknüpfen zu können.

VOR 75 JAHREN

Erstbesteigung der Annapurna durch französische Gruppe

Am 3. Juni 1950: Bis Ende der 1940er-Jahre hatten mehrere Bergsteiger vergeblich versucht, einen der 14 Achttausender der Erde zu erklimmen. Mit der französischen Expedition, die 1950 den Aufstieg auf die 8091 m hohe Annapurna (Sanskrit: Nahrung gebende Göttin) im Himalaja in Angriff nahm, wurde der Bann gebrochen.

Trotz miserablen Wetters mit eisigen Temperaturen, Sturm und ständiger Lawinengefahr erklommen der Expeditionsleiter Maurice Herzog und sein französischer Landsmann Louis Lachenal ohne künstlichen Sauerstoff den zehnthöchsten Gipfel der Erde und schafften unter widrigsten Bedingungen auch den Abstieg. Die als Volkshelden gefeierten Pioniere bezahlten die Extremleistung mit abgefrorenen, amputierten Gliedmaßen. Auch in Nepal wurde der Erfolg gewürdigt: Die Regierung benannte die Gipfel zweier Siebentausender nach Lachenal und Herzog, der 1951 einen Bestseller über den Aufstieg veröffentlichte. Herzog, im Zweiten Weltkrieg in der Résistance aktiv und später Mitglied des Internationalen Olympischen Komitees, starb 2012. Lachenal war bereits 1955 bei Chamonix durch einen Sturz in eine Gletscherspalte ums Leben gekommen.

Geburtstagskinder vom 2. bis 8. Juni 2025

Am 2. Juni wurden geboren:
Caroline Link (*1964), dt. Filmregisseurin
Marcel Reich-Ranicki (1920–2013), dt.-poln. Literaturkritiker
Heinz Sielmann (1917–2006), dt. Tierfilmer
Lotte Reiniger (1899–1981), dt. Filmkünstlerin
Donatien Alphonse François Marquis de Sade (1740–1814), frz. Schriftsteller

Am 3. Juni wurden geboren:
Rafael Nadal (*1986), span. Tennisspieler
Margot Käßmann (*1958), dt. ev. Theologin, EKD-Ratsvorsitzende 2009/10
Monika Maron (*1941), dt. Schriftstellerin
Allen Ginsberg (1926–1997), amerikan. Schriftsteller
Tony Curtis (1925–2010), amerikan. Schauspieler
Paulette Goddard (1910–1990), amerikan. Schauspielerin
Josephine Baker (1906–1975), frz. Tänzerin, Sängerin und Schauspielerin

Am 4. Juni wurden geboren:
Angelina Jolie (*1975), amerikan. Schauspielerin
Cecilia Bartoli (*1966), italien. Sängerin (Sopran)
Günter Strack (1929–1999), dt. Schauspieler
Karl Valentin (1882–1948), dt. Komiker und Schriftsteller
Natalia Sergejewna Gontscharowa (1881–1962), russ. Malerin
Heinrich Wieland (1877–1957), dt. Chemiker, Chemienobelpreisträger 1927

Am 5. Juni wurden geboren:
Josef Neckermann (1912–1992), dt. Unternehmer und Dressurreiter
Federico García Lorca (1898–1936), span. Schriftsteller
Helene Thimig (1889–1974), österreich. Schauspielerin
Ruth Benedict (1887–1948), amerikan. Kulturanthropologin
Adam Smith (1723–1790), brit. Nationalökonom

Am 6. Juni wurden geboren:
Björn Borg (*1956), schwed. Tennisspieler
Lasse Hallström (*1946), schwed. Filmregisseur
Thomas Mann (1875–1955), dt. Schriftsteller, Literaturnobelpreisträger 1929
Robert Falcon Scott (1868–1912), brit. Polarforscher
Karl Ferdinand Braun (1850–1918), dt. Physiker, Physiknobelpreisträger 1909
Alexander Puschkin (1799–1837), russ. Dichter

Am 7. Juni wurden geboren:
Orhan Pamuk (*1952), türk. Schriftsteller, Literaturnobelpreisträger 2006
Wolfgang Schüssel (*1945), österreich. Politiker, Bundeskanzler 2000–07
Tom Jones (*1940), brit. Sänger
Claus Peymann (*1937), dt. Theaterregisseur
Knud Rasmussen (1879–1933), dän. Arktisforscher und Ethnograf
Paul Gauguin (1848–1903), frz. Maler und Grafiker

Am 8. Juni wurden geboren:
Jürgen von der Lippe (*1948), dt. Fernsehunterhalter und Moderator
Sara Paretsky (*1947), amerikan. Schriftstellerin
Marguerite Yourcenar (1903–1987), frz. Schriftstellerin
Frank Lloyd Wright (1867–1959), amerikan. Architekt
Robert Schumann (1810–1856), dt. Komponist

Juni 24. Woche

Zwillinge 20.5. bis 20.6.

9 **Pfingsten** Montag

10 Dienstag

11 ○ Mittwoch

12 Donnerstag

13 Freitag

14 Samstag

15 Sonntag

Im 16. und 17. Jh. wurde die Kirche Notre-Dame in Lampaul-Guimiliau erbaut. Ein Triumphbalken mit dem gekreuzigten Jesus, der Muttergottes und dem heiligen Johannes trennt den Chor vom Kirchenschiff.

Das Leben hat keinen Sinn, außer dem, den wir ihm geben. Es ermutigt den Menschen nicht, noch demütigt es ihn.

Thornton Wilder

Wo	Mo	Di	Mi	Do	Fr	Sa	So
22							1
23	2	3	4	5	6	7	8
24	9	10	11	12	13	14	15
25	16	17	18	19	20	21	22
26	23	24	25	26	27	28	29
27	30						

VOR 80 JAHREN

Jörg Immendorff – politisch motivierter Gegenwartskünstler

Geboren am 14. Juni 1945: Eher szenische Blickwinkel als gelernter Bühnenbildner und ausdrucksstarke Darstellungen als Maler und Bildhauer bilden im Werk des gebürtigen Niedersachsen aus Bleckede nahe Lüneburg eine kreative Verbindung, die Jörg Immendorff häufig mit einem gesellschaftspolitischen Anspruch verband. So schuf der Schüler des Objektkünstlers Joseph Beuys in den Jahren 1977–82 beispielsweise seine viel beachtete Bilderreihe »Café Deutschland«, in der er die deutsche Teilung vor dem Hintergrund der internationalen Politik thematisierte.

Nicht zuletzt aufgrund einer fortschreitenden degenerativen Muskelerkrankung wurden Immendorffs Arbeiten im späten 20. Jahrhundert zunehmend verschlüsselter und autobiografischer. Seine Ansichten über die Kunst gab er als Professor an der Frankfurter Städelschule und später auch an der Kunstakademie Düsseldorf weiter. Der Träger des Bundesverdienstkreuzes am Bande (1998) und des renommierten Goslarer Kaiserrings (2006), der von seinem Freund Gerhard Schröder ein Ölporträt für das Kanzleramt angefertigt hatte, starb 2007 mit 61 Jahren in der nordrhein-westfälischen Landeshauptstadt.

VOR 60 JAHREN

Liz Hurley – modeaffine Schauspielerin und Produzentin

Geboren am 10. Juni 1965: Elizabeth »Liz« Hurley kam im südenglischen Basingstoke zur Welt und wollte eigentlich Tänzerin werden, startete dann aber in den 1980er-Jahren eine Karriere als Schauspielerin. Ins Blickfeld der Öffentlichkeit katapultierte sie sich jedoch 1994 durch ein von Sicherheitsnadeln zusammengehaltenes Kleid von Gianni Versace, als sie ihren damaligen Lebenspartner Hugh Grant zur Premiere des Films »Vier Hochzeiten und ein Todesfall« begleitete. Dem Hang zu extravaganter und oftmals knapper Bekleidung blieb Hurley auch in der Folgezeit treu. Sie trat mit eigenen Bademodenkollektionen hervor, aber auch mit einer Werbekampagne für Pelzmode. 1996 gründete Hurley zusammen mit Grant eine eigene Produktionsfirma und fungierte fortan auch als Produzentin. Daneben stand sie weiterhin in den James-Bond-Parodien um Geheimagent Austin Powers und in Streifen wie dem Thriller »Method – Mord im Scheinwerferlicht« (2004) als Hauptdarstellerin vor der Kamera. 2015–18 spielte sie die Hauptrolle in den vier Staffeln der amerikanischen TV-Dramaserie »The Royals«.

VOR 75 JAHREN

Sechs deutsche Rundfunkanstalten vereinbaren Gründung der ARD

Am 9. Juni 1950: Nach zwölf Jahren des von den Nationalsozialisten gleichgeschalteten Staatsrundfunks setzte in den westlichen Besatzungszonen ab 1945 eine grundlegende Neuausrichtung ein: Insbesondere nach britischem BBC-Vorbild wurde der Rundfunk öffentlich-rechtlich organisiert, wodurch der Einfluss des Staates zugunsten verschiedenster gesellschaftlicher Gruppen zurückgedrängt wurde. Nach und nach etablierten sich in den entstehenden westdeutschen Ländern sechs Rundfunkanstalten, deren Vertreter sich im Juni 1950 in Bremen zu einer wegweisenden Sitzung trafen: Der Nordwestdeutsche Rundfunk (NWDR), Radio Bremen (RB), der Hessische Rundfunk (HR), der Südwestfunk (SWF), der Süddeutsche Rundfunk (SDR) und der Bayerische Rundfunk (BR) vereinbarten die Gründung der Arbeitsgemeinschaft der öffentlich-rechtlichen Rundfunkanstalten der Bundesrepublik Deutschland, die seit 1954 unter dem Kürzel »ARD« bekannt ist.

Wesentlicher Beweggrund für die künftige Kooperation, die nach der offiziellen Satzungsannahme durch alle einzelnen Anstalten Ende Juli 1950 in Kraft trat, waren die Bündelung der gemeinsamen Interessen sowie eine enge Zusammenarbeit bei der Produktion, dem Austausch und der Ausstrahlung von Programmen, was nach dem Beginn eines regelmäßigen TV-Programms ab Ende 1952 auch für das Fernsehen galt. Eine Sonderstellung nahm der RIAS Berlin ein: Dem »Rundfunk im amerikanischen Sektor« kam aufgrund der besonderen politischen Lage der geteilten Stadt lediglich eine beratende Funktion zu.

Geburtstagskinder vom 9. bis 15. Juni 2025

Am 9. Juni wurden geboren:
Johnny Depp (*1963), amerikan. Schauspieler
Patricia Cornwell (*1956), amerikan. Schriftstellerin
Cole Porter (1891–1964), amerikan. Komponist
Charles Joseph Bonaparte (1851–1921), amerikan. Jurist und Politiker, Gründer des FBI
Bertha von Suttner (1843–1914), österreich. Pazifistin, Friedensnobelpreisträgerin 1905
Peter I., der Große (1672–1725), russ. Zar

Am 10. Juni wurden geboren:
Veronica Ferres (*1965), dt. Schauspielerin
Theo Sommer (1930–2022), dt. Journalist (»Die Zeit«)
Judy Garland (1922–1969), amerikan. Schauspielerin
Philip, Duke of Edinburgh (1921–2021), brit. Prinz, Ehemann Königin Elisabeths II.
Carl Hagenbeck (1844–1913), dt. Zirkusleiter und Zoodirektor

Am 11. Juni wurden geboren:
Josef Paul Kleihues (1933–2004), dt. Architekt
Fabiola (1928–2014), Königin der Belgier 1960–93 als Gattin Baudouins I.
Jacques-Yves Cousteau (1910–1997), frz. Meeresforscher, Dokumentarfilmer und Schriftsteller
Richard Strauss (1864–1949), dt. Komponist und Dirigent
Carl von Linde (1842–1934), dt. Ingenieur und Industrieller
Cosimo I. de' Medici (1519–1574), Herzog von Florenz

Am 12. Juni wurden geboren:
Hannelore Kraft (*1961), dt. SPD-Politikerin, Ministerpräsidentin Nordrhein-Westfalens 2010–17
Chick Corea (1941–2021), amerikan. Jazzpianist
Anne Frank (1929–1945), dt. Jüdin und Opfer des Holocaust (»Tagebuch der Anne Frank«)
George Bush (1924–2018), amerikan. Politiker (Republikaner), Präsident der USA 1989–93
Djuna Barnes (1892–1982), amerikan. Schriftstellerin
Egon Schiele (1890–1918), österreich. Maler und Zeichner

Am 13. Juni wurden geboren:
Ban Ki Moon (*1944), südkorean. Politiker und Diplomat, UNO-Generalsekretär 2007–16
Christo (1935–2020), bulgar.-amerikan. Verpackungskünstler
Jeanne-Claude, geb. de Guillebon (1935–2009), frz. Künstlerin
Paavo Nurmi (1897–1973), finn. Leichtathlet (Langstreckenlauf)
Dorothy L. Sayers (1893–1957), brit. Schriftstellerin
William Butler Yeats (1865–1939), ir. Schriftsteller, Literaturnobelpreisträger 1923

Am 14. Juni wurden geboren:
Steffi Graf (*1969), dt. Tennisspielerin
Olaf Scholz (*1958), dt. SPD-Politiker, Bundeskanzler seit 2021
Gianna Nannini (*1954), italien. Rockmusikerin
Nikolaus Otto (1832–1891), dt. Ingenieur, Erfinder des Ottomotors

Am 15. Juni wurden geboren:
Oliver Kahn (*1969), dt. Fußballtorhüter
Irenäus Eibl-Eibesfeldt (1928–2018), österreich. Verhaltensforscher
Erroll Garner (1921–1977), amerikan. Jazzpianist
Wilhelm Leuschner (1890–1944), dt. Gewerkschafter und SPD-Politiker
Edvard Grieg (1843–1907), norweg. Komponist
Nicolas Poussin (1594–1665), frz. Maler

Juni 25. Woche

Zwillinge 20.5. bis 20.6.   Krebs 21.6. bis 21.7.

16	Montag
17	Dienstag
18 ☾	Mittwoch
19	**Fronleichnam** BW, BY, HE, NW, RP, SL, teilw. SN, TH Donnerstag
20	Freitag
21	Sommeranfang Samstag
22	Sonntag

Auf einem Felsen vor der Küste von Cap de La Hague an der Nordspitze der Halbinsel Cotentin in der Normandie wurde 1838 im Zuge einer Aktion zur Beleuchtung der französischen Küste der Phare de la Hague, auch Phare de Goury genannt, in Betrieb genommen. Sein Licht trägt rund 35 km weit.

Das Leben sollte sein wie ein stetiges sichtbares Licht.

Katherine Mansfield

Wo	Mo	Di	Mi	Do	Fr	Sa	So
22							1
23	2	3	4	5	6	7	8
24	9	10	11	12	13	14	15
25	16	17	18	**19**	20	21	22
26	23	24	25	26	27	28	29
27	30						

VOR 65 JAHREN

Hitchcock-Thriller »Psycho« feiert seine erfolgreiche Filmpremiere

Am 16. Juni 1960: Die junge Marion Crane (Janet Leigh), die nach einer Unterschlagung am Arbeitsplatz nun auf der Flucht vor der Polizei ist, gerät in ein abseits gelegenes, wenig frequentiertes Motel, in dem der undurchsichtige Norman Bates (Anthony Perkins) gemeinsam mit seiner Mutter zu leben scheint. Nachdem sich Marion beim abendlichen Essen mit Bates unterhalten und einen Streit zwischen ihm und seiner Mutter mitbekommen hat, wird sie in einer der berühmtesten Szenen der Filmgeschichte beim Duschen von einer Gestalt in Frauenkleidung erstochen. Als sich die Suche nach ihr bald auf das Motel konzentriert, kommt es zu weiteren Morden und Mordversuchen, bis Bates verhaftet wird und es sich herausstellt, dass er seine dominante Mutter schon vor Jahren umgebracht und die Leiche im Keller mumifiziert hat. Infolge einer schizophrenen Störung hat er die Rolle seiner Mutter selbst übernommen.

Die Gruselatmosphäre des düsteren Thrillers »Psycho« begeisterte Mitte Juni 1960 das amerikanische Premierenpublikum, während viele professionelle Kritiker das Werk für zu brutal hielten. Regisseur Alfred Hitchcock war von seinem letzten Schwarz-Weiß-Film hingegen überzeugt, und er sollte recht behalten: »Psycho« beeinflusste zahlreiche Filmschaffende künftiger Generationen, machte Psycho- und Horrorfilme hoffähig und avancierte zu seiner kommerziell erfolgreichsten Arbeit. Bei der Oscar-Verleihung ging der zu Beginn des 21. Jahrhunderts zum besten Horrorthriller aller Zeiten gewählte Streifen allerdings leer aus.

VOR 80 JAHREN

Aung San Suu Kyi – Friedensnobelpreis und Dauerhaft

Geboren am 19. Juni 1945: Die Tochter eines linksgerichteten birmanischen Unabhängigkeitskämpfers, der 1947 ermordet wurde, studierte in Oxford und arbeitete 1969–71 bei den Vereinten Nationen in New York. Ab Ende der 1980er-Jahre setzte sie sich in ihrer von Militärs regierten Heimat für die Demokratisierung ein. Obwohl die Hoffnungsträgerin unter Hausarrest gestellt wurde, gewann ihre Nationale Liga für Demokratie (NLD) 1990 die Parlamentswahlen; das Votum wurde jedoch von der Junta ignoriert.

Die 1991 für ihren gewaltlosen Kampf für Demokratie und Menschenrechte mit dem Friedensnobelpreis ausgezeichnete Politikerin erhielt in der Folgezeit mit fadenscheinigen Begründungen und trotz heftiger internationaler Proteste immer wieder neuen Hausarrest, der erst 2010 aufgehoben wurde. Zwei Jahre später zog Aung San Suu Kyi als Abgeordnete ins Parlament ein und stieg 2016 zur »faktischen Regierungschefin« Myanmars auf. Als das Militär 2021 erneut putschte, wurde Aung San Suu Kyi wieder unter Hausarrest gestellt und bis Ende 2022 in mehreren Verfahren zu insgesamt 33 Jahren Haft verurteilt.

VOR 75 JAHREN

Klaus Lage – mit »Zoom!« in den deutschen Rock-Olymp

Geboren am 16. Juni 1950: Seinen Lebensunterhalt verdiente der aus Soltau in der Lüneburger Heide stammende Klaus Lage in den 1970er-Jahren zunächst als Sozialarbeiter und Erzieher in Westberlin, seine Leidenschaft aber galt der Musik. Mit seiner Band legte der Sänger und Gitarrist in den frühen 1980er-Jahren die ersten Alben vor, aus denen »Stadtstreicher« (1983) mit der Single »Mit meinen Augen« hervorragte und für nationale Bekanntheit sorgte. Einen Meilenstein der deutschsprachigen Rockmusik präsentierte Lage ein Jahr später mit seinem Top-Ten-Titel »1000 und 1 Nacht (Zoom!)«, dem er mit »Faust auf Faust« (1985) – dem Titellied des ersten Schimanski-Kinofilms »Zahn um Zahn« – einen weiteren Hit folgen ließ. Der Wahlbremer, der bislang gut zwei Dutzend Alben veröffentlicht hat, machte sich auch in anderer Weise um die Rockmusik in seiner Heimat verdient: Mit Peter Maffay, den Scorpions und Marius Müller-Westernhagen rief er in den späten 1990er-Jahren die Deutsche RockRadio GmbH ins Leben, die sich die Förderung der Rockmusik im hiesigen Hörfunk auf die Fahnen geschrieben hatte.

Geburtstagskinder vom 16. bis 22. Juni 2025

Am 16. Juni wurden geboren:
Andrea Ghez (*1965), amerikan. Astronomin, Physiknobelpreisträgerin 2020
Joyce Carol Oates (*1938), amerikan. Schriftstellerin
Katharine Graham (1917–2001), amerikan. Verlegerin (»Washington Post«)
Irving Penn (1917–2009), amerikan. Mode- und Porträtfotograf
Barbara McClintock (1902–1992), amerikan. Botanikerin, Medizinnobelpreisträgerin 1983
Stan Laurel (1890–1965), brit.-amerikan. Filmkomiker
Gustav V. (1858–1950), König von Schweden 1907–50

Am 17. Juni wurden geboren:
Michael Groß (*1964), dt. Schwimmer
Joachim Król (*1957), dt. Schauspieler
Judith Kuckart (*1957), dt. Schriftstellerin
Mohammed el-Baradei (*1942), ägypt. Diplomat, Friedensnobelpreisträger 2005

Dean Martin, eigtl. Dino Crocetti (1917–1995), amerikan. Schauspieler und Sänger
Igor Strawinsky (1882–1971), russ.-amerikan. Komponist

Am 18. Juni wurden geboren:
Richard Powers (*1957), amerikan. Schriftsteller
Isabella Rossellini (*1952), italien.-amerikan. Schauspielerin
Paul McCartney (*1942), brit. Popmusiker
Mirjam Pressler (1940–2019), dt. Schriftstellerin und Übersetzerin
Jürgen Habermas (*1929), dt. Philosoph und Soziologe
Maria Elena Vieira da Silva (1908–1992), portugies.-frz. Malerin und Grafikerin

Am 19. Juni wurden geboren:
Dirk Nowitzki (*1978), dt. Basketballspieler
Christian Wulff (*1959), dt. CDU-Politiker, Bundespräsident 2010–12

Salman Rushdie (*1947), ind.-brit. Schriftsteller
Wallis Simpson (1896–1986), Herzogin von Windsor
Blaise Pascal (1623–1662), frz. Philosoph, Mathematiker und Physiker

Am 20. Juni wurden geboren:
Nicole Kidman (*1967), austral. Schauspielerin
Ulrich Mühe (1953–2007), dt. Schauspieler
Ulf Merbold (*1941), dt. Astronaut und Physiker, erster Bundesdeutscher im Weltraum
Eugen Drewermann (*1940), dt. kath. Theologe
Kurt Schwitters (1887–1948), dt. Maler und Schriftsteller (Dadaismus)
Jacques Offenbach (1819–1880), dt.-frz. Komponist

Am 21. Juni wurden geboren:
Benazir Bhutto (1953–2007), pakistan. Politikerin, Premierministerin 1988–90 und 1993–96

Ian McEwan (*1948), brit. Schriftsteller
Françoise Sagan (1935–2004), frz. Schriftstellerin
Mary McCarthy (1912–1989), amerikan. Schriftstellerin
Jean-Paul Sartre (1905–1980), frz. Philosoph und Schriftsteller, Literaturnobelpreisträger 1964

Am 22. Juni wurden geboren:
Elvira Bach (*1951), dt. Malerin
Meryl Streep (*1949), amerikan. Schauspielerin
Klaus Maria Brandauer (*1943), österreich. Schauspieler
Billy Wilder (1906–2002), österreich.-amerikan. Filmregisseur
Erich Maria Remarque (1898–1970), dt. Schriftsteller
Wilhelm von Humboldt (1767–1835), dt. Philosoph, Sprachforscher und Politiker

Juni 26. Woche

Krebs 21.6. bis 21.7.

23 Montag

24 Dienstag

25 • Mittwoch

26 Donnerstag

27 Siebenschläfer
Freitag

28 Samstag

29 Sonntag

Eine Rinderherde lässt es sich auf einer Weide beim Weiler Kergoff-Porsalut auf der Halbinsel Crozon gut gehen. Die Landwirtschaft ist der bedeutendste Wirtschaftssektor der Bretagne. Zu ihren Spezialitäten gehören u. a. Butter und zahlreiche Käsesorten.

Ich betrachte gern
Felder, Wiesen, Blumen.
Diese Dinge helfen mir
zur Sammlung. Sie
ersetzen mir die Bücher.

Teresa von Ávila

Wo	Mo	Di	Mi	Do	Fr	Sa	**So**
22							**1**
23	2	3	4	5	6	7	**8**
24	**9**	10	11	12	13	14	**15**
25	16	17	18	**19**	20	21	**22**
26	23	24	25	26	27	28	**29**
27	30						

VOR 40 JAHREN

Nico Rosberg – Formel-1-Weltmeister 2016 mit Mercedes

Geboren am 27. Juni 1985: Der Sohn einer deutschen Mutter und des finnischen Formel-1-Weltmeisters Keke Rosberg trat schon als Kind in die Fußstapfen seines Vaters und absolvierte erste Kartrennen. Über die Formel BMW, die Formel 3 und die GP2-Serie, die er 2005 mit dem Meistertitel abschloss, stieg Nico Rosberg 2006 als Fahrer mit deutscher Lizenz bei Williams in die Formel 1 ein. Als bestes Saisonresultat für das britische Rennteam sprang dabei 2009 Platz neun heraus. Nach seinem Wechsel 2010 zu Mercedes ging es mit der Karriere des gebürtigen Wiesbadeners langsam aufwärts. 2012 feierte Rosberg beim Großen Preis von China seinen ersten Sieg in der Königsklasse des Automobilrennsports, und 2014 und 2015 wurde er hinter seinem englischen Teamkollegen Lewis Hamilton jeweils Vizeweltmeister. 2016 drehte Rosberg in einem spannenden Showdown im letzten Rennen in Abu Dhabi den Spieß um und sicherte sich mit fünf Punkten Vorsprung den WM-Titel vor Hamilton. Ende des Jahres gab Rosberg seinen Rücktritt aus der Formel 1 bekannt, blieb dem Rennsport aber in wechselnden Funktionen u. a. als Experte beim Fernsehsender RTL erhalten.

VOR 75 JAHREN

Ausbruch eines blutigen Stellvertreterkriegs in Korea

Am 25. Juni 1950: Nach dem Zweiten Weltkrieg hatten sowjetische und amerikanische Truppen Korea besetzt, was 1948 entlang der Demarkationslinie am 38. Breitengrad in die Gründung der kommunistischen Volksdemokratischen Republik im Norden und der prowestlichen Republik Korea im Süden mündete. Zur Entspannung der brisanten Lage führte die Teilung allerdings nicht: Im Juni 1950 griffen Einheiten des Nordens den Süden an und lösten damit den Koreakrieg aus, der fast vier Millionen Menschen das Leben kostete.
In Abwesenheit des sowjetischen Vertreters beschloss der UN-Sicherheitsrat die Entsendung von Truppen, die die Angreifer unter amerikanischer Führung langsam zurückdrängten. Das rief jedoch die Volksrepublik China auf den Plan, die Ende 1950 aufseiten des Nordens in den Krieg eingriff. Nach einem zermürbenden Stellungskrieg und zweijährigen Verhandlungen kam es im Juli 1953 zu einem Waffenstillstand und zur Wiederherstellung der Grenze am 38. Breitengrad. Um künftige Kriege zu verhindern, wurde das Grenzgebiet als entmilitarisierte Zone ausgewiesen. An der Teilung Koreas hat sich seither nichts verändert, auch ein Friedensvertrag steht noch aus.

VOR 100 JAHREN

Giselher Klebe – innovativer deutscher Komponist

Geboren am 28. Juni 1925: Der in Mannheim geborene Sohn einer Violinistin studierte in Berlin Violine, Viola und Komposition und machte zu Beginn der 1950er-Jahre mit dem Werk »Zwitschermaschine« in Anlehnung an ein Bild von Paul Klee erstmals international auf sich aufmerksam. Giselher Klebe setzte insbesondere auf serielle Techniken, wandte sich aber schon früh auch elektronischen Klängen zu, so 1955 in den »Interferenzen« für vier Lautsprecher.
Ab Mitte der 1950er-Jahre befasste sich Klebe, der 1957–90 als Dozent für Komposition und Musiktheorie an der Musikakademie Detmold unterrichtete, mit dem Musiktheater. Es entstanden vor allem von der Zwölftontechnik beeinflusste Literaturopern wie »Die Räuber« (1957) und »Die Ermordung Caesars« (1959). Nach einem Drama Franz Werfels komponierte Klebe 1965 für die Hamburger Staatsoper »Jacobowsky und der Oberst«, wobei er auch tonale Passagen, Windmaschinen und eine chromatische Mundharmonika einbezog. In seinen sinfonischen Szenen »Herzschläge, Furcht, Bitte und Hoffnung« (1969) erweiterte er die instrumentale Bandbreite um eine Beatband. Klebe, der 1999 das Große Bundesverdienstkreuz erhalten hatte, starb 2009 mit 84 Jahren in Detmold. Er hinterließ ein Œuvre von über 140 Kompositionen, darunter mit dem »Weihnachtsoratorium« (1989) u. a. auch geistliche Musik.

Geburtstagskinder vom 23. bis 29. Juni 2025

Am 23. Juni wurden geboren:
James Levine (1943–2021), amerikan. Dirigent
Wilma Rudolph (1940–1994), amerikan. Leichtathletin (Sprint)
Hermann Gmeiner (1919–1986), österreich. Pädagoge (SOS-Kinderdörfer)
Jean Anouilh (1910–1987), frz. Dramatiker
Alfred Charles Kinsey (1894–1956), amerikan. Zoologe und Sexualforscher (»Kinsey-Report«)
Anna Achmatowa (1889–1966), russ. Dichterin
Ernst Rowohlt (1887–1960), dt. Verleger

Am 24. Juni wurden geboren:
HA Schult, eigtl. Hans-Jürgen Schult (*1939), dt. Aktions- und Objektkünstler
Anita Desai (*1937), ind. Schriftstellerin
Claude Chabrol (1930–2010), frz. Filmregisseur
Juan Manuel Fangio (1911–1995), argentin. Automobilrennfahrer
Jack Dempsey (1895–1983), amerikan. Boxer
Carl Diem (1882–1962), dt. Sportwissenschaftler und -schriftsteller

Am 25. Juni wurden geboren:
Wladimir Kramnik (*1975), russ. Schachspieler
Alexej Abrikossow (1928–2017), russ.-amerikan. Physiker, Physiknobelpreisträger 2003
Ingeborg Bachmann (1926–1973), österreich. Schriftstellerin
George Orwell (1903–1950), brit. Schriftsteller
Marie Elisabeth Lüders (1878–1966), dt. Politikerin
Antoni Gaudí (1852–1926), span. Architekt

Am 26. Juni wurden geboren:
Peter Sloterdijk (*1947), dt. Philosoph und Schriftsteller
Sigrid Löffler (*1942), österreich. Publizistin
Willy Messerschmitt (1898–1978), dt. Flugzeugkonstrukteur
Pearl S. Buck (1892–1973), amerikan. Schriftstellerin, Literaturnobelpreisträgerin 1938
William Kelvin (1824–1907), brit. Physiker (Kelvin-Skala)

Am 27. Juni wurden geboren:
Isabelle Adjani (*1955), frz. Schauspielerin
Krzysztof Kieślowski (1941–1996), poln. Filmregisseur
Anna Moffo (1932–2006), italien. Sängerin (Sopran)
Otto Herbert Hajek (1927–2005), dt. Bildhauer und Maler
Eduard Spranger (1882–1963), dt. Kulturphilosoph und Pädagoge
Helen Keller (1880–1968), amerikan. taubblinde Schriftstellerin

Am 28. Juni wurden geboren:
Maria Goeppert-Mayer (1906–1972), dt.-amerikan. Physikerin, Physiknobelpreisträgerin 1963
Luigi Pirandello (1867–1936), italien. Schriftsteller, Literaturnobelpreisträger 1934
Anton Philipp Reclam (1807–1896), dt. Verleger
Jean-Jacques Rousseau (1712–1778), frz.-schweizer. Philosoph und Schriftsteller
Peter Paul Rubens (1577–1640), fläm. Maler

Am 29. Juni wurden geboren:
Anne-Sophie Mutter (*1963), dt. Violinistin
Gitte Haenning (*1946), dän. Sängerin
Oriana Fallaci (1930–2006), italien. Publizistin und Schriftstellerin
Reinhard Mohn (1921–2009), dt. Verleger (Bertelsmann)
Antoine de Saint-Exupéry (1900–1944), frz. Pilot und Schriftsteller

Juni/Juli 27. Woche

Krebs ♋ 21.6. bis 21.7.

30	Montag
1	Dienstag
2	Mittwoch
3	Donnerstag
4	Freitag
5	Samstag
6	**Sonntag**

Aus dem 18. Jh. stammt das Château de Canon in Mézidon Vallée d'Auge, das zusammen mit seiner prächtigen Gartenanlage immer einen Besuch wert ist. Ein französischer und ein englischer Garten sowie eine Abfolge von zehn ummauerten Gärten bieten vielerlei Anregungen.

Der Garten ist ein umschlossener Ort, dazu bestimmt, das Beste zu schützen: Pflanzen, Ideen und den Boden, worin beide wurzeln.

Gilles Clément

Wo	Mo	Di	Mi	Do	Fr	Sa	**So**
27		1	2	3	4	5	**6**
28	7	8	9	10	11	12	**13**
29	14	15	16	17	18	19	**20**
30	21	22	23	24	25	26	**27**
31	28	29	30	31			

VOR 90 JAHREN

XIV. Dalai-Lama – von China unterdrücktes Oberhaupt Tibets

Geboren am 6. Juli 1935: Der XIII. Dalai-Lama war 1933 gestorben, und so machte sich eine Gruppe von Würdenträgern nach alter Tradition auf die Suche nach der Inkarnation des früheren geistlichen Oberhaupts. Man fand sie in dem zweijährigen Lhamo Döndrub, der unter seinem Mönchsnamen Tenzin Gyatso 1940 im Alter von vier Jahren als XIV. Dalai-Lama inthronisiert wurde. Ab 1950 hatte er zusätzlich die weltliche Herrschaft über Tibet inne. Angesichts einer beginnenden Invasion in Osttibet und der drohenden Besetzung des ganzen Landes durch die Volksrepublik China, die Tibet als eigenes Territorium ansieht, kam es 1951 zur Verabschiedung eines 17-Punkte-Abkommens, das Tibet militärisch und in allen externen Angelegenheiten unter chinesische Herrschaft stellte. Die dafür zugesicherte innere Autonomie und Religionsfreiheit wurden durch wachsende Präsenz der chinesischen Volksbefreiungsarmee und die Ansiedlung von Chinesen zunehmend unterlaufen, sodass es 1959 zum Aufstand kam. Der ungleiche Kampf dauerte nur zwei Tage, forderte aber Zehntausende Menschenleben. Zahllose Mönche wurden hingerichtet; der Dalai-Lama floh ins indische Exil, wo er in Dharamsala eine neue Heimstätte fand. In einem 1987 vorgelegten Friedensplan setzte sich das Oberhaupt vergeblich für tibetische Autonomie unter chinesischer Hoheit ein. Der Dalai-Lama, der 1989 mit dem Friedensnobelpreis geehrt wurde, legte die politische Führung 2011 mit 76 Jahren zugunsten von Lobsang Sangay, dem neu gewählten Ministerpräsidenten der Exilregierung, nieder.

VOR 125 JAHREN

Zeppelin LZ 1 startet am Bodensee zu seiner Jungfernfahrt

Am 2. Juli 1900: Ein an eine riesige Zigarre erinnerndes lenkbares Fluggerät aus einer lackgeschützten, gasgefüllten Leinwand um ein starres Aluminium-Stützgerippe mit einer unten angebrachten vorderen Fahrer- und hinteren Passagiergondel: Dieser Anblick bot sich den zahlreichen staunenden Schaulustigen Anfang Juli 1900 über dem Bodensee. Nach 18-minütiger Fahrt war die historische Premiere aufgrund technischer Probleme allerdings schon wieder beendet, gleichwohl hatte an jenem Sommerabend ein neues Kapitel der Luftfahrt begonnen.
Das ungewöhnliche Fortbewegungsmittel war das von zwei Motoren mit je 14,2 PS mit vier Propellern angetriebene Luftschiff Zeppelin 1, kurz: LZ 1, das von Graf Ferdinand von Zeppelin konstruiert und in einer schwimmenden Halle auf dem See gebaut worden war. Beim Jungfernflug steuerte er es dann höchstselbst. Angesichts der offensichtlichen Unzulänglichkeiten des 128 m langen LZ 1 mit einem Durchmesser von 11,6 m konnte sich zu diesem Zeitpunkt allerdings noch niemand vorstellen, dass weiterentwickelte Zeppeline schon ein gutes Jahrzehnt später Passagiere befördern und militärisch im Ersten Weltkrieg genutzt werden würden.

VOR 100 JAHREN

Franca Magnani – Journalistin im Kampf für Frauenrechte

Geboren am 1. Juli 1925: Geprägt vom antifaschistischen Widerstand ihrer Eltern engagierte sich die Römerin schon früh in linksgerichteten Kreisen und begann in den 1950er-Jahren mit ihrer journalistischen Arbeit u. a. für Schweizer Zeitungen und Zeitschriften. Zu den wichtigsten Themen Franca Magnanis gehörten die nur schleppende gesellschaftliche Gleichstellung der Frauen, aber auch die Warnung vor den Gefahren des Neofaschismus. 1964 nahm sie in Rom ihre Tätigkeit als erste ARD-Auslandskorrespondentin auf und berichtete fortan liebevoll-kritisch über die Gesellschaft in ihrer italienischen Heimat. Schließlich geriet die beim Publikum beliebte Magnani jedoch in Konflikt mit den Verantwortlichen des im Studio Rom federführenden Bayerischen Rundfunks, der ihr 1987 die Kündigung aussprach. Die Journalistin wehrte sich jedoch erfolgreich, sodass das Arbeitsgericht in Rom vier Jahre später die Kündigung aufhob. Die 1992 mit dem Bundesverdienstkreuz geehrte Magnani, die auch für andere ARD-Sender tätig war, starb 1996 mit 71 Jahren in ihrer Heimatstadt.

Geburtstagskinder vom 30. Juni bis 6. Juli 2025

Am 30. Juni wurden geboren:
Mike G. Tyson (*1966), amerikan. Boxer
Otto Sander (1941–2013), dt. Schauspieler
Assia Djebar (1936–2015), alger. Schriftstellerin, Historikerin und Filmregisseurin
Peter Alexander (1926–2011), österreich. Schauspieler, Sänger und Entertainer
Dominikus Zimmermann (1685–1766), dt. Baumeister (Wieskirche)

Am 1. Juli wurden geboren:
Carl Lewis (*1961), amerikan. Leichtathlet (Sprint, Weitsprung)
Diana, Princess of Wales (1961–1997), brit. Prinzessin
Cat Stevens (Yusuf Islam) (*1947), brit. Popsänger und Songschreiber
Sydney Pollack (1934–2008), amerikan. Filmregisseur
Estée Lauder (1906–2004), amerikan. Unternehmerin
George Sand, eigtl. Aurore Dupin (1804–1876), frz. Schriftstellerin

Gottfried Wilhelm Leibniz (1646–1716), dt. Philosoph

Am 2. Juli wurden geboren:
Ruth Berghaus (1927–1996), dt. Regisseurin und Theaterleiterin
Wislawa Szymborska (1923–2012), poln. Dichterin, Literaturnobelpreisträgerin 1996
Pierre Cardin (1922–2020), frz. Modeschöpfer
Hermann Hesse (1877–1962), dt.-schweizer. Schriftsteller, Literaturnobelpreisträger 1946
Lily Braun (1865–1916), dt. Schriftstellerin
William Henry Bragg (1862–1942), brit. Physiker, Physiknobelpreisträger 1915
Friedrich Gottlieb Klopstock (1724–1803), dt. Dichter

Am 3. Juli wurden geboren:
Sebastian Vettel (*1987), dt. Automobilrennfahrer

Brigitte Fassbaender (*1939), dt. Sängerin (Mezzosopran) und Intendantin
Tom Stoppard (*1937), brit. Dramatiker
Carlos Kleiber (1930–2004), argentin.-österreich. Dirigent
Stavros Niarchos (1909–1996), griech. Reeder
Franz Kafka (1883–1924), dt.-sprachiger Schriftsteller
Ferdinand Sauerbruch (1875–1951), dt. Chirurg

Am 4. Juli wurden geboren:
Ute Lemper (*1963), dt. Schauspielerin und Sängerin
Heide Simonis (1943–2023), dt. SPD-Politikerin, Ministerpräsidentin Schleswig-Holsteins 1993–2003
Henrietta Swan Leavitt (1868–1921), amerikan. Astronomin
Giuseppe Garibaldi (1807–1882), italien. Freiheitskämpfer und Politiker

George Everest (1790–1866), brit. Ingenieur, Landvermesser des Himalaja
Jean-Pierre Blanchard (1753–1809), frz. Ballonpionier

Am 5. Juli wurden geboren:
Nicolas Kiefer (*1977), dt. Tennisspieler
Josef Haslinger (*1955), österreich. Schriftsteller
Barbara Frischmuth (*1941), österreich. Schriftstellerin
Jean Cocteau (1889–1963), frz. Schriftsteller und Filmregisseur
Clara Zetkin (1857–1933), dt. KPD-Politikerin

Am 6. Juli wurden geboren:
Roger Cicero (1970–2016), dt. Jazzmusiker
George W. Bush (*1946), amerikan. Politiker (Republikaner), Präsident der USA 2001–09
Bill Haley (1925–1981), amerikan. Rock-'n'-Roll-Musiker
Frida Kahlo (1907–1954), mexikan. Malerin

Juli   28. Woche

Krebs 21.6. bis 21.7.

7	Montag
8	Dienstag
9	Mittwoch
10 ○	Donnerstag
11	Freitag
12	Samstag
13	**Sonntag**

Ein wenig Südseeflair verströmen Meer und Strand der Île Vierge an der Pointe de Saint-Hernot, auch wenn statt Palmen Kiefern für den Schatten sorgen. Die Pointe de Saint-Hernot ist Teil des wie ein Ziegenkopf geformtem Cap de la Chèvre auf der Halbinsel Crozon.

Die Welt ist reizend,
viel zu lieben drin.
Sich damit begnügen
ihr innerster Sinn.

Rahel Varnhagen von Ense

Wo	Mo	Di	Mi	Do	Fr	Sa	**So**
27		1	2	3	4	5	**6**
28	7	8	9	10	11	12	**13**
29	14	15	16	17	18	19	**20**
30	21	22	23	24	25	26	**27**
31	28	29	30	31			

VOR 125 JAHREN

Ida Ehre – Grande Dame der Hamburger Theaterwelt

Geboren am 9. Juli 1900: Nach ihrer Ausbildung in Wien feierte die aus dem mährischen Prerau stammende Ida Ehre ab 1919 an mehreren europäischen Bühnen rasch Erfolge als ausdrucksstarke Schauspielerin. Nach der Machtübernahme der Nationalsozialisten erhielt die Jüdin 1933 Berufsverbot; 1943 wurde sie von der Gestapo verhaftet und in Hamburg-Fuhlsbüttel inhaftiert. 1945 eröffnete Ehre die Hamburger Kammerspiele wieder, denen sie als Darstellerin, Regisseurin und Leiterin fortan die Treue hielt. Dort brachte sie zunächst vor allem zeitgenössische Werke auch berühmter ausländischer Autoren wie Max Frisch und Jean-Paul Sartre auf die Bühne.
Mit der Premiere von Wolfgang Borcherts Heimkehrer-Drama »Draußen vor der Tür« sorgte sie 1947 auch für landesweite Schlagzeilen und machte ihre Kammerspiele zu einem der renommiertesten Privattheater Deutschlands. Ab Mitte der 1950er-Jahre wirkte sie auch in zahlreichen Filmen, Fernsehproduktionen und Hörspielen mit. 1983 erhielt Ehre das Große Bundesverdienstkreuz und 1985, vier Jahre vor ihrem Tod, wurde sie zur ersten Ehrenbürgerin Hamburgs ernannt.

VOR 50 JAHREN

Eröffnung des Europa-Parks Rust mit 15 Attraktionen

Am 12. Juli 1975: Die fast 6 Mio. Besucher, die alljährlich den Europa-Park in der Ortenau im Südwesten Deutschlands besuchen, haben dieses Freizeitvergnügen einer Reise zu verdanken: Während eines Aufenthalts in den USA fassten der Unternehmer und Maschinenkonstrukteur Franz Mack und sein Sohn Roland 1972 nämlich den Entschluss, in ihrer badischen Heimat einen Freizeitpark für Jung und Alt aufzubauen. Nach längerer Standortsuche fiel die Wahl auf einen Schlosspark in der Gemeinde Rust, wo der Europa-Park im Juli 1975 erstmals seine Pforten öffnete.
Für den Park steuerte Mack die Attraktionen wie beispielsweise innovative Achterbahnen aus der traditionsreichen familieneigenen Herstellerfirma im Schausteller- und Fahrgeschäftgewerbe praktischerweise gleich selbst bei. Der Erfolg gab ihm recht: Von ursprünglich 16 ha dehnte sich der Park auf mittlerweile 95 ha aus; die Zahl der Attraktionen stieg von 15 auf über 100. Nur bei den Eintrittspreisen dürften sich die Besucher vermutlich in die Anfangszeit des Parks zurückträumen: Statt der inzwischen mehr als 60 Euro kostete das Ticket 1975 ganze fünf D-Mark.

VOR 65 JAHREN

Jochen Behle – Olympia-Held dank deutschen TV-Kommentars

Geboren am 7. Juli 1960: Trotz gelegentlicher guter Platzierungen zählten bundesdeutsche Skilangläufer zu Beginn der 1980er-Jahre nicht zur Weltspitze. Umso aufgeregter und begeisterter zeigte sich der für das ZDF von den Olympischen Winterspielen 1980 in Lake Placid (USA) berichtende Reporter Bruno Moravetz, als der 19-jährige Newcomer Jochen Behle bei den eingeblendeten Zwischenzeiten des 15-km-Laufs immer wieder im Kreis der Führungsgruppe auftauchte und kurzzeitig gar Platz eins übernahm. Einziges Problem: Der Nordhesse aus Korbach war nicht auf dem Fernsehbild zu sehen, was Moravetz mehrfach zu der verzweifelten Frage »Wo ist Behle?« animierte. Der derart Gesuchte belegte schließlich Platz zwölf, Moravetz' Ausruf aber sollte fortan eng mit Behle verbunden bleiben.
Der 24-fache deutsche Meister nahm noch an fünf weiteren Winterspielen teil und trug zum Abschluss 1998 in Nagano (Japan) die deutsche Fahne zur Eröffnungsfeier ins Stadion. Behle, der in seiner Karriere 1989 ein Weltcuprennen in Calgary über 50 km in der klassischen Technik gewann, übernahm 2002 das Amt des Chefbundestrainers und sorgte in der Folgezeit für einen Höhenflug seiner Schützlinge, die sich viermal den Gesamtweltcup sicherten und 2010 bei den Olympischen Spielen im kanadischen Vancouver einmal Gold und viermal Silber holten. Zwei Jahre später beendete der 51-Jährige seine Trainerlaufbahn und fungierte fortan als Co-Kommentator und Experte bei den Langlaufübertragungen des TV-Senders Eurosport.

Geburtstagskinder vom 7. bis 13. Juli 2025

Am 7. Juli wurden geboren:
Erik Zabel (*1970), dt. Straßenradsportler
Sylke Otto (*1969), dt. Rennrodlerin
Ringo Starr (*1940), brit. Schlagzeuger
Marc Chagall (1887–1985), russ.-frz. Maler und Grafiker
Lion Feuchtwanger (1884–1958), dt. Schriftsteller
Gustav Mahler (1860–1911), österreich. Komponist und Dirigent

Am 8. Juli wurden geboren:
Tzipora »Tzipi« Livni (*1958), israel. Politikerin
Elisabeth Kübler-Ross (1926–2004), schweizer.-amerikan. Psychiaterin
Walter Scheel (1919–2016), dt. FDP-Politiker, Außenminister 1969–74, Bundespräsident 1974–79
Ernst Bloch (1885–1977), dt. Philosoph
Käthe Kollwitz (1867–1945), dt. Malerin und Grafikerin
Ferdinand Graf von Zeppelin (1838–1917), dt. Luftschiffkonstrukteur

Am 9. Juli wurden geboren:
Tom Hanks (*1956), amerikan. Schauspieler
David Hockney (*1937), brit. Maler und Grafiker
Hassan II. (1929–1999), König von Marokko ab 1961
Peter Ludwig (1925–1996), dt. Unternehmer, Kunstsammler und Mäzen
Ann Radcliffe (1764–1823), brit. Schriftstellerin

Am 10. Juli wurden geboren:
Alfred Biolek (1934–2021), dt. Fernsehmoderator
Alice Munro (*1931), kanad. Schriftstellerin, Literaturnobelpreisträgerin 2013
Carl Orff (1895–1982), dt. Komponist und Musikpädagoge
Giorgio De Chirico (1888–1978), italien. Maler
Marcel Proust (1871–1922), frz. Schriftsteller
Aphra Behn (10.7.1640 getauft–1689), engl. Schriftstellerin
Johannes Calvin (1509–1564), frz.-schweizer. Reformator

Am 11. Juli wurden geboren:
Giorgio Armani (*1934), italien. Modeschöpfer
Ilse Werner (1921–2005), dt. Schauspielerin
Yul Brynner (1920–1985), schweizer.-amerikan. Schauspieler
Herbert Wehner (1906–1990), dt. SPD-Politiker
O(tto) E(duard) Hasse (1903–1978), dt. Schauspieler
Alfred Binet (1857–1911), frz. Psychologe, Entwickler von Intelligenztests

Am 12. Juli wurden geboren:
Malala Yousafzai (*1997), pakistan. Kinderrechtsaktivistin, Friedensnobelpreisträgerin 2014
Götz Alsmann (*1957), dt. Fernsehmoderator und Jazzmusiker
Pablo Neruda (1904–1973), chilen. Dichter, Literaturnobelpreisträger 1971
Kirsten Flagstad (1895–1962), norweg. Sängerin (Sopran)
Amedeo Modigliani (1884–1920), italien. Maler und Bildhauer

Am 13. Juli wurden geboren:
Milena Moser (*1963), schweizer. Schriftstellerin
Günther Jauch (*1956), dt. Fernsehjournalist und -moderator
Harrison Ford (*1942), amerikan. Schauspieler
Simone Veil (1927–2017), frz. liberale Politikerin
Gustav Freytag (1816–1895), dt. Schriftsteller
Gaius Iulius Caesar (100–44 v. Chr.), röm. Staatsmann und Feldherr

Juli 29. Woche

Krebs 21.6. bis 21.7.

14 Montag

15 Dienstag

16 Mittwoch

17 Donnerstag

18 ☾ Freitag

19 Samstag

20 Sonntag

Direkt am Hafen von Ploumanac'h gelegen, wartet das kleine Häuschen nicht nur mit einem idyllischen Ambiente auf, sondern auch mit einem unvergleichlichen Blick auf das Treiben an dem rege frequentierten Naturhafen.

Manchem glückt es, überall ein Idyll zu finden: und wenn er's nicht findet, so schafft er's sich.

Theodor Fontane

Wo	Mo	Di	Mi	Do	Fr	Sa	So
27		1	2	3	4	5	6
28	7	8	9	10	11	12	13
29	14	15	16	17	18	19	20
30	21	22	23	24	25	26	27
31	28	29	30	31			

VOR 225 JAHREN

Juan José Flores – Militär und Gründer der Republik Ecuador

Geboren am 19. Juli 1800: Das erste Viertel des 19. Jahrhunderts ist als wichtigste Phase der Unabhängigkeitsbestrebungen in die Geschichte Südamerikas eingegangen – so auch in Ecuador. Zwar wurde die erste, 1810 ausgerufene Unabhängigkeit von spanischen Truppen noch revidiert, doch 1822 gelang mit Unterstützung des Freiheitskämpfers Simón Bolívar die Vertreibung der Kolonialherrscher. Ecuador wurde Teil des von Bolívar geführten Großkolumbien, aus dem es sich 1830 nach dem Tod Bolívars löste. Erster Präsident des neuen Landes wurde Juan José Flores, der gemeinsam mit Bolívar gegen die Spanier gekämpft hatte. Der als »Gründer der Republik« gefeierte General musste sich in seiner ersten Amtszeit jedoch innenpolitischer Umsturzversuche und zudem großkolumbianischer Bestrebungen auf eine Wiedereingliederung erwehren. Nachdem sein Gegenspieler Vicente Rocafuerte 1834 das Präsidentenamt übernommen hatte, erhielt Flores den Oberbefehl über das Militär. 1839 erneut zum Staatspräsidenten gewählt, ließ er die 1835 unter Rocafuerte erlassene liberale Verfassung außer Kraft setzen, was 1845 zu einem von Rocafuerte angeführten Aufstand und zu seinem Sturz führte. Flores floh nach Peru und kehrte im Bürgerkrieg 1859/60 als siegreicher Feldherr nach Ecuador zurück und wurde zum Gouverneur von Guayaquil ernannt. Flores starb 1864 mit 64 Jahren auf seinem Schiff im Golf von Guayaquil.

VOR 100 JAHREN

Albrecht Schöne – Germanist von internationalem Rang

Geboren am 17. Juli 1925: Albrecht Schöne stammt aus Barby südöstlich von Magdeburg, seine langjährige Wahlheimat aber ist Göttingen, wo er an der Georg-August-Universität ab 1960 drei Jahrzehnte lang als Professor für Deutsche Philologie im Bereich der Neueren Deutschen Literatur lehrte und forschte. Neben seinem Fachgebiet, der Germanistik, hatte Schöne auch Geschichte, Psychiatrie und Theologie in Freiburg, Basel, Göttingen und Münster studiert. In der westfälischen Metropole hatte er 1958 auch seine erste Stelle als Professor angetreten.
Großes Renommée erwarb sich Schöne, der 1980–85 als erster Deutscher nach 1945 Präsident der Internationalen Vereinigung für Germanische Sprach- und Literaturwissenschaft war, u.a. durch seine Arbeiten über den ebenfalls in Göttingen lehrenden Aufklärer Georg Christoph Lichtenberg sowie zu Johann Wolfgang von Goethe und insbesondere mit seiner 1994 vorgelegten kommentierten Edition der Dichtungen um den »Faust«-Stoff. Der mit zahlreichen internationalen Auszeichnungen bedachte Wissenschaftler erhielt 1992 aus den Händen des Bundespräsidenten Richard von Weizsäcker das Große Bundesverdienstkreuz mit Stern.

VOR 80 JAHREN

Alliierte Siegermächte eröffnen die Potsdamer Konferenz

Am 17. Juli 1945: In Potsdam trafen sich ab Juli 1945 die »Großen Drei« der Kriegskoalition zu einer wegweisenden Konferenz über das weitere Schicksal des Deutschen Reichs, das am 9. Mai bedingungslos kapituliert hatte. Der amerikanische Präsident Harry Truman, der sowjetische Staatschef Josef Stalin und der britische Premier Winston Churchill, der noch während des 16-tägigen Treffens durch den britischen Wahlsieger Clement Richard Attlee ersetzt wurde, versuchten allerdings vergeblich, sich auf eine gemeinsame Linie zu verständigen, was letztlich zur 1949 besiegelten deutschen Teilung beitrug. Die Oder-Neiße-Linie wurde nach dem Willen Stalins als deutsche Ostgrenze festgeschrieben und eine entsprechende Umsiedlung Deutscher aus östlicheren Gebieten auch von den übrigen Konferenzteilnehmern gebilligt.
Weitgehende Einigkeit herrschte über erforderliche Reparationsleistungen sowie die notwendige Entmilitarisierung, Entnazifizierung, Dezentralisierung und Demokratisierung Deutschlands, wobei die ideologischen Gegensätze im Lauf der Konferenz immer offener zutage traten. Die Absicht einer gemeinsamen Wirtschaftspolitik für ganz Deutschland erwies sich daher bald als Makulatur.

Geburtstagskinder vom 14. bis 20. Juli 2025

Am 14. Juli wurden geboren:
Lino Ventura (1919–1987), italien.-frz. Schauspieler
Ingmar Bergman (1918–2007), schwed. Regisseur und Drehbuchautor
Natalia Ginzburg (1916–1991), italien. Schriftstellerin
Isaac B. Singer (1904–1991), amerikan. (jidd.) Schriftsteller, Literaturnobelpreisträger 1978
Gertrude Bell (1868–1926), brit. Archäologin
Gustav Klimt (1862–1918), österreich. Maler und Zeichner
Jules Mazarin (1602–1661), frz. Staatsmann und Kardinal

Am 15. Juli wurden geboren:
Linda Ronstadt (*1946), amerikan. Rock- und Popsängerin
Jocelyn Bell (*1943), brit. Astronomin
Jacques Derrida (1930–2004), frz. Philosoph
Iris Murdoch (1919–1999), angloir. Schriftstellerin
Walter Benjamin (1892–1940), dt. Schriftsteller und Philosoph
Alfred Charles William Northcliffe (1865–1922), brit. Verleger (»The Times«)
Rembrandt, eigtl. Rembrandt Harmensz. van Rijn (1606–1669), niederländ. Maler

Am 16. Juli wurden geboren:
Miguel Induráin Larraya (*1964), span. Radrennfahrer, fünffacher Tour-de-France-Sieger
Anita Brookner (1928–2016), brit. Schriftstellerin und Kunsthistorikerin
Roald Amundsen (1872–1928), norweg. Polarforscher, erster Mensch am Südpol
Mary Eddy (1821–1910), Gründerin der Lehre »Christian Science«

Am 17. Juli wurden geboren:
Angela Merkel (*1954), dt. CDU-Politikerin, erste Bundeskanzlerin Deutschlands 2005–21
Luc Bondy (1948–2015), schweizer. Regisseur
Camilla (*1947), Königin von Großbritannien und Nordirland seit 2022 als Gattin Charles' III.
Milva, eigtl. Maria Ilva Biolcati (1939–2021), italien. Sängerin
Margarete Mitscherlich (1917–2012), dän.-dt. Psychoanalytikerin
Lyonel Feininger (1871–1956), dt.-amerikan. Maler und Grafiker
Friedrich Krupp (1787–1826), dt. Stahlindustrieller

Am 18. Juli wurden geboren:
Jewgeni Jewtuschenko (1932–2017), russ. Dichter
Kurt Masur (1927–2015), dt. Dirigent
Nelson Mandela (1918–2013), südafrikan. Politiker, Friedensnobelpreisträger 1993, Präsident 1994–99
Ricarda Huch (1864–1947), dt. Schriftstellerin

Am 19. Juli wurden geboren:
Wladimir Kaminer (*1967), russ.-dt. Schriftsteller
Rosalyn Yalow (1921–2011), amerikan. Physikerin und Nuklearmedizinerin, Medizinnobelpreisträgerin 1977
Herbert Marcuse (1898–1979), dt.-amerikan. Philosoph (Frankfurter Schule)
Edgar Degas (1834–1917), frz. Maler und Grafiker
Gottfried Keller (1819–1890), schweizer. Schriftsteller

Am 20. Juli wurden geboren:
Natalie Wood (1938–1981), amerikan. Schauspielerin
Otto Schily (*1932), dt. Politiker
Edmund Percival Hillary (1919–2008), neuseeländ. Bergsteiger, Erstbezwinger des Mount Everest
Max Liebermann (1847–1935), dt. Maler und Grafiker
Gregor Johann Mendel (1822–1884), österreich. Mönch und Botaniker (Vererbungslehre)

Juli 30. Woche

Krebs 21.6. bis 21.7.   Löwe 22.7. bis 21.8.

21 Montag

22 Dienstag

23 Mittwoch

24 • Donnerstag

25 Freitag

26 Samstag

27 Sonntag

Nach dem Erzengel Michael wurde Mont-Saint-Michel in der gleichnamigen Bucht benannt. Die rund einen Kilometer vom Festland entfernte Felseninsel mit der Abtei auf der Spitze zählt zu den meistbesuchten Sehenswürdigkeiten Frankreichs.

Eine Reise ist ein Trunk aus der Quelle des Lebens.

Friedrich Hebbel

Wo	Mo	Di	Mi	Do	Fr	Sa	So
27		1	2	3	4	5	6
28	7	8	9	10	11	12	13
29	14	15	16	17	18	19	20
30	21	22	23	24	25	26	27
31	28	29	30	31			

VOR 120 JAHREN

Elias Canetti – deutschsprachiger Literatur-Nobelpreisträger

Geboren am 25. Juli 1905: Der in Russe, Bulgarien, geborene Sohn einer jüdischen Kaufmannsfamilie kam als Kind nach Wien, wo er in Chemie promovierte und in den 1920er-Jahren seine zentralen Themen fand: das Phänomen der Masse und ihr Verhältnis zur Macht sowie die Ursachen des Faschismus. 1930/31 schrieb Elias Canetti mit »Die Blendung« (veröffentlicht 1936) den einzigen Teil einer auf acht Bände geplanten Romanreihe. In diesem Werk, für das er 1981 den Nobelpreis für Literatur erhielt, entlarvte Canetti die wahnhafte Jagd nach Geld und Anerkennung und die offensichtliche Unfähigkeit der Intellektuellen, sich dem heraufziehenden Faschismus entgegenzustellen. Nach Dramen über bürgerliche Heuchelei (»Hochzeit«, 1932) und den Verlust der individuellen Selbsterkenntnis in einem totalitären Staat (»Die Komödie der Eitelkeit«, 1950, entstanden 1934) musste Canetti 1938 vor den Nationalsozialisten nach England fliehen. Dort legte er 1960 nach jahrelangen Studien sein vielschichtiges anthropologisches Werk »Masse und Macht« vor, in dem er die archaischen Kräfte für menschliches Verhalten in der Masse thematisierte. Canetti starb 1994 mit 89 Jahren in Zürich in seiner Schweizer Wahlheimat.

VOR 250 JAHREN

Eugène François Vidocq – Krimineller und Polizeichef

Geboren am 23. Juli 1775: Der Sohn eines Bäckers aus dem nordfranzösischen Arras führte zunächst ein unstetes Leben als Krimineller, wobei Diebstähle, Duelle, Inhaftierungen und zahlreiche Fluchten aus dem Gefängnis an der Tagesordnung waren. Bereits zum Tode verurteilt, bot Eugène François Vidocq der Polizei 1809 seine Dienste als Spitzel und Geheimagent an, und die Ordnungshüter nahmen die Offerte angesichts seiner Kontakte in die Unterwelt an.
Fortan enttarnte Vidocq zahlreiche Straftäter und gründete 1811 eine eigene Sicherheitsbrigade aus zivilen Agenten, die ein Jahr später in die Pariser Polizei eingegliedert und Ende 1813 zur staatlichen Sicherheitspolizei, der »Sûreté Nationale«, erhoben wurde – mit Vidocq als Direktor. Er führte Undercover-Einsätze, Ballistiktests und Dateikartensysteme ein und gilt heute als Begründer der modernen Kriminalistik. 1833 machte sich Vidocq als erster Detektiv überhaupt selbstständig. Der in vielen literarischen Werken, u. a. von Viktor Hugo und Alexandre Dumas, verewigte Vidocq starb 1857 mit 81 Jahren in Paris.

VOR 75 JAHREN

Zirkuselefant Tuffi stürzt aus der Wuppertaler Schwebebahn

Am 21. Juli 1950: Was als grandioser Werbegag geplant war, entpuppte sich im Juli 1950 in Wuppertal als riesige Schnapsidee: Zirkusdirektor Franz Althoff hatte von den Verkehrsbetrieben nämlich die Erlaubnis erhalten, mit einem Elefanten in der dortigen Schwebebahn für seine Zirkusveranstaltung in der Stadt im Bergischen Land zu werben. Zu allem Überfluss war der Wagen, in den die vierjährige, aus Indien stammende Elefantendame Tuffi zusammen mit Althoff zustieg, bereits heillos von neugierig wartenden Journalisten überfüllt. Als das schaukelnde Gefährt dann in einer Kurve auch noch laut zu quietschen begann, reagierte das gestresste Tier panisch: Es durchbrach die Türfront und stürzte aus gut 10 m Höhe in die Wupper. Wie durch ein Wunder blieb Tuffi unverletzt; Althoff und der Leiter der Verkehrsbetriebe wurden später zu geringen Geldstrafen verurteilt.
Der Elefant hatte bereits in anderen Städten für ähnliche Werbeauftritte herhalten müssen, so bei Straßenbahnfahrten, einer Hafenrundfahrt in Duisburg und einem Besuch im Oberhausener Rathaus, wo Tuffi auf einen wertvollen Teppich uriniert haben soll. Der Auftritt in der Wuppertaler Schwebebahn sorgte im Übrigen noch für eine skurrile Randnotiz deutschen Ordnungsdenkens: Um nicht als Schwarzfahrer dazustehen, hatte Althoff vor der Fahrt ordnungsgemäß eine Fahrkarte für sich – und vier für seine Begleiterin gekauft, die 1968 an einen französischen Zirkus abgegeben wurde und schließlich 1989 in Paris im Alter von 43 Jahren starb.

Geburtstagskinder vom 21. bis 27. Juli 2025

Am 21. Juli wurden geboren:
Isabell Werth (*1969), dt. Dressurreiterin
Miriam Cahn (*1949), schweizer. Künstlerin
Norbert Blüm (1935–2020), dt. CDU-Politiker
Brigitte Reimann (1933–1973), dt. Schriftstellerin
Isaac Stern (1920–2001), ukrain.-amerikan. Violinist
Ernest Hemingway (1899–1961), amerikan. Schriftsteller, Literaturnobelpreisträger 1954
Hans Fallada (1893–1947), dt. Schriftsteller
Lovis Corinth (1858–1925), dt. Maler und Grafiker

Am 22. Juli wurden geboren:
Franka Potente (*1974), dt. Schauspielerin
Al Di Meola (*1954), amerikan. Jazzgitarrist
Otto Waalkes (*1948), dt. Komiker
Mireille Mathieu (*1946), frz. Sängerin
Edward Hopper (1882–1967), amerikan. Maler

Am 23. Juli wurden geboren:
Götz George (1938–2016), dt. Schauspieler
Gustav Heinemann (1899–1976), dt. SPD-Politiker, Bundespräsident 1969–74
Haile Selassie I. (1892–1975), äthiop. Kaiser 1930–74
Raymond Chandler (1888–1959), amerikan. Kriminalschriftsteller
Emil Jannings (1884–1950), dt. Schauspieler
Philipp Otto Runge (1777–1810), dt. Maler
Anna Dorothea Therbusch (1721–1782), dt. Malerin

Am 24. Juli wurden geboren:
Jennifer Lopez (*1969), amerikan. Schauspielerin und Popsängerin
Amelia Earhart (1898–1937), amerikan. Pilotin
Frank Wedekind (1864–1918), dt. Schriftsteller

Margarete Steiff (1847–1909), dt. Schneiderin und Spielwarenunternehmerin
Alexandre Dumas der Ältere (1802–1870), frz. Schriftsteller
Simón Bolívar (1783–1830), südamerikan. Politiker

Am 25. Juli wurden geboren:
Paul Watzlawick (1921–2007), österreich. Psychotherapeut
Rosalind Elsie Franklin (1920–1958), brit. Biochemikerin
Alfredo Casella (1883–1947), italien. Komponist
Carl Miele (1869–1938), dt. Industrieller

Am 26. Juli wurden geboren:
Helen Mirren (*1945), brit. Schauspielerin
Mick Jagger (*1943), brit. Rockmusiker
Hannelore Elsner (1942–2019), dt. Schauspielerin

Stanley Kubrick (1928–1999), amerikan. Filmregisseur
Aldous Huxley (1894–1963), brit. Schriftsteller
Carl Gustav Jung (1875–1961), schweizer. Psychoanalytiker
George Bernard Shaw (1856–1950), ir. Schriftsteller, Literaturnobelpreisträger 1925

Am 27. Juli wurden geboren:
Barbara Rudnik (1958–2009), dt. Schauspielerin
Pina Bausch (1940–2009), dt. Tänzerin und Choreografin
Bourvil, eigtl. André Raimbourg (1917–1970), frz. Schauspieler
Hilde Domin (1909–2006), dt. Schriftstellerin
Ernst May (1886–1970), dt. Architekt

Juli/August 31. Woche

Löwe 22.7. bis 21.8.

28	Montag
29	Dienstag
30	Mittwoch
31	Donnerstag
1	☽ Nationalfeiertag (CH) Freitag
2	Samstag
3	Sonntag

Le Faou mit seiner historischen Altstadt gilt als Tor zur Halbinsel Crozon. Die kleine Gemeinde im Departement Finistère ist Sitz der Parkverwaltung des 112 000 ha großen Parc naturel régional d'Armorique.

Ein Bilderbuch ist diese Welt,
das manchem
herzlich wohlgefällt.
Der blätternd
Bild um Bild genießt,
vom Text nicht eine Zeile liest.
Paul Heyse

Wo	Mo	Di	Mi	Do	Fr	Sa	So
31					1	2	3
32	4	5	6	7	8	9	10
33	11	12	13	14	15	16	17
34	18	19	20	21	22	23	24
35	25	26	27	28	29	30	31

VOR 20 JAHREN

Die Irisch-Republikanische Armee schwört bewaffnetem Kampf ab

Am 28. Juli 2005: Für Kriege im Namen von Religionen gibt es viele Beispiele, so auch in Nordirland, wo es zwischen der protestantischen probritischen Bevölkerungsmehrheit und der irisch-katholischen Minderheit seit den 1960er-Jahren zu teils bürgerkriegsähnlichen Auseinandersetzungen kam. Hauptkontrahenten in diesem Konflikt mit Terroranschlägen, bei denen mehrere Tausend Menschen den Tod fanden, waren die Irisch-Republikanische Armee (IRA) und die protestantische Ulster Defense Association (UDA). Auf dem Höhepunkt der blutigen Kämpfe 1972 in Londonderry marschierten Truppen aus Großbritannien ein, das kurzzeitig die Exekutivgewalt in Nordirland übernahm.

Um die Situation zu befrieden, akzeptierte die Republik Irland für eine Übergangszeit die britische Hoheit in Nordirland und erhielt ein Mitspracherecht bei der Verwaltung der Region. 1993 kam es zur Downing Street Declaration: Die Regierungen Großbritanniens und Irlands luden alle Konfliktparteien zu Verhandlungen ein, sofern sie der Gewalt abschworen. Daraufhin erklärten beide Untergrundorganisationen und die Sinn Féin, der politische Arm der IRA, 1994 einen allerdings brüchigen Waffenstillstand, der 1998 in das Karfreitagsabkommen zwischen beiden Regierungen und den nordirischen Parteien mündete. Das Abkommen sollte die Gewalt beenden, doch das gegenseitige Misstrauen blieb weiterhin groß. Ende Juli 2005 beendete die IRA schließlich offiziell den bewaffneten Kampf, die nordirischen paramilitärischen Gruppen folgten dem Beispiel wenig später.

VOR 120 JAHREN

Dag Hammarskjöld – zweiter Generalsekretär der UNO

Geboren am 29. Juli 1905: Der in Jönköping geborene Sohn des schwedischen Ministerpräsidenten Hjalmar Hammarskjöld studierte Philosophie, Rechtswissenschaften und Nationalökonomie und war in der Folgezeit u. a. als Staatssekretär im Finanzministerium, Diplomat, stellvertretender Außenminister und Finanzminister tätig. 1953 wurde Dag Hammarskjöld zum UN-Generalsekretär gewählt.

1957 in seinem Amt bestätigt, stärkte Hammarskjöld den Einfluss der UNO gegenüber den Weltmächten, drängte die Macht der Kolonialmächte zurück und gab den »Dritte-Welt-Staaten« eine Stimme. Als Krisenmanager sorgte er in China für die Freilassung amerikanischer Gefangener des Koreakriegs und entschärfte 1956 die Sueskrise. Weitere Soldaten entsandte er 1960 in den Kongo, wo nach dem Unabhängigkeitskampf gegen die belgischen Kolonialmacht in der abtrünnigen Region Katanga neue Konflikten ausgebrochen waren. Bei einem Flugzeugabsturz über der Region kam der 56-Jährige 1961 ums Leben, drei Monate später wurde ihm der Friedensnobelpreis zuerkannt.

VOR 100 JAHREN

Baruch Samuel Blumberg – Erforschung der Hepatitis B

Geboren am 28. Juli 1925: Bis hinein in die 1960er-Jahre erkrankten zahllose Menschen an einer Leberinfektion, ohne dass die Ursache oder gar ein Erreger identifiziert werden konnte. Bei Blutuntersuchungen auf der Suche nach Genvarianten bei australischen Ureinwohnern entdeckte Baruch Samuel »Barry« Blumberg 1965 per Zufall ein unbekanntes Protein. Der amerikanische Biochemiker und Mediziner aus New York, der mehrere Jahre für die US-Gesundheitsbehörde geforscht hatte, setzte nun alles daran, diesem Protein auf die Spur zu kommen.

Bei seinen Forschungen nutzte Blumberg auch das Blut einer Mitarbeiterin, die durch das Protein an Hepatitis B erkrankte. Gemeinsam mit dem US-Immunologen Irving Millman entwickelte er daraufhin Ende der 1960er-Jahre sowohl einen Test auf Hepatitis B als auch einen Impfstoff gegen die Infektionskrankheit. Durch den Test konnte fortan ausgeschlossen werden, dass sich Patienten bei Blutspenden mit Hepatitis B infizierten. Für seine Leistungen wurde Blumberg 1976 zusammen mit Millman mit dem Medizinnobelpreis ausgezeichnet. Im Alter von 85 Jahren starb er 2011 im kalifornischen Mountain View.

Geburtstagskinder vom 28. Juli bis 3. August 2025

Am 28. Juli wurden geboren:
Jacqueline Kennedy-Onassis (1929–1994), amerikan. Publizistin und Präsidentengattin
Jacques Piccard (1922–2008), schweizer. Tiefseeforscher
Karl Popper (1902–1994), österreich.-brit. Philosoph und Wissenschaftstheoretiker
Marcel Duchamp (1887–1968), frz. Maler und Objektkünstler
Beatrix Potter (1866–1943), brit. Kinderbuchautorin und Illustratorin
Ludwig Feuerbach (1804–1872), dt. Philosoph

Am 29. Juli wurden geboren:
Ulrich Tukur (*1957), dt. Schauspieler
Harry Mulisch (1927–2010), niederländ. Schriftsteller
Mikis Theodorakis (1925–2021), griech. Komponist
Elisabeth von Thadden (1890–1944), dt. Widerstandskämpferin

Ernst Reuter (1889–1953), dt. SPD-Politiker, Regierender Bürgermeister von Berlin 1950–53

Am 30. Juli wurden geboren:
Jürgen Klinsmann (*1964), dt. Fußballspieler und -trainer
Kate Bush (*1958), brit. Popsängerin
Françoise Barré-Sinoussi (*1947), frz. Virologin, Medizinnobelpreisträgerin 2008
Patrick Modiano (*1945), frz. Schriftsteller, Literaturnobelpreisträger 2014
Henry Moore (1898–1986), brit. Bildhauer und Grafiker
Henry Ford I. (1863–1947), amerikan. Automobilindustrieller
Emily Brontë (1818–1848), brit. Schriftstellerin

Am 31. Juli wurden geboren:
Joanne K. Rowling (*1965), brit. Schriftstellerin

Geraldine Chaplin (*1944), amerikan. Schauspielerin
Oleg Popow (1930–2016), russ. Clown
Kurt Sontheimer (1928–2005), dt. Politologe
Louis de Funès (1914–1983), frz. Filmkomiker
Milton Friedman (1912–2006), amerikan. Volkswirtschaftler, Wirtschaftsnobelpreisträger 1976
Jean Dubuffet (1901–1985), frz. Maler und Bildhauer

Am 1. August wurden geboren:
Sam Mendes (*1965), brit. Regisseur
Yves Saint Laurent (1936–2008), frz. Modeschöpfer
Ernst Jandl (1925–2000), österreich. Schriftsteller
Marga von Etzdorf (1907–1933), dt. Fliegerin
Herman Melville (1819–1891), amerikan. Schriftsteller

Am 2. August wurden geboren:
Isabel Allende (*1942), chilen. Schriftstellerin
Peter O'Toole (1932–2013), ir. Schauspieler
Luigi Colani (1928–2019), dt. Designer
James Baldwin (1924–1987), amerikan. Schriftsteller
Myrna Loy (1905–1993), amerikan. Schauspielerin
Leopold Gmelin (1788–1853), dt. Chemiker

Am 3. August wurden geboren:
Leon Uris (1924–2003), amerikan. Schriftsteller
P(hyllis) D(orothy) James (1920–2014), brit. Kriminalschriftstellerin
Haakon VII. (1872–1957), König von Norwegen ab 1905
Friedrich Wilhelm III. (1770–1840), preuß. König 1797–1840

August 32. Woche

Löwe 22.7. bis 21.8.

- **4** Montag
- **5** Dienstag
- **6** Mittwoch
- **7** Donnerstag
- **8** Freitag
- **9** ○ Samstag
- **10** Sonntag

Land und Meer, grün und blau treffen am Omaha Beach in der Normandie aufeinander. Der Strand ging durch die Landung der amerikanischen Truppen während des Zweiten Weltkriegs in die Geschichte ein.

Das Geheimnis des Glücks ist die Freiheit, deren Geheimnis aber ist der Mut.

Perikles

Wo	Mo	Di	Mi	Do	Fr	Sa	So
31					1	2	3
32	4	5	6	7	8	9	10
33	11	12	13	14	**15**	16	17
34	18	19	20	21	22	23	24
35	25	26	27	28	29	30	31

VOR 75 JAHREN

Rosi Mittermaier – zweimal Gold bei Olympia 1976

Geboren am 5. August 1950: Die in München geborene deutsche Skirennläuferin wuchs auf einer Alm im oberbayerischen Reit im Winkl als Tochter eines Skilehrers auf und stieg Mitte der 1960er-Jahre in den seinerzeit neuen Ski-Weltcup ein. Ihre Stärken bewies Rosa Katharina »Rosi« Mittermaier in den technischen Disziplinen Slalom und Riesenslalom, wobei sie aber – außer bei einigen Weltcuprennen – bei Weltmeisterschaften und den Olympischen Winterspielen 1968 und 1972 leer ausging.

1976 in Innsbruck sollte sich das allerdings grundlegend ändern: Ohne jemals zuvor eine Weltcup-Abfahrt gewonnen zu haben, holte sich Mittermaier in der Speed-Disziplin sensationell Olympia-Gold, dem sie eine weitere Goldmedaille im Slalom und eine Silbermedaille im Riesenslalom folgen ließ – wobei die Platzierungen gleichzeitig als WM-Ergebnis gewertet wurden. Fortan in ihrer Heimat als Star gefeiert, gewann »Gold-Rosi« im selben Jahr den Gesamt-Weltcup und gab daraufhin das Ende ihrer Karriere bekannt. Mittermaier, die 1980 den Slalomspezialisten Christian Neureuther geheiratet hatte, starb Anfang 2023 im Alter von 72 Jahren in Garmisch-Partenkirchen.

VOR 80 JAHREN

US-Atombombenabwurf auf japanische Stadt Hiroshima

Am 6. August 1945: Mit der deutschen Kapitulation hatte der Zweite Weltkrieg am 8. Mai 1945 in Europa sein Ende gefunden, nicht so jedoch im Pazifikraum. Obwohl die militärische Lage Japans gegen die Kriegsgegner USA, Großbritannien und China aussichtslos schien, weigerte sich Kaiser Hirohito, die Niederlage einzugestehen, zumal sie nach dem Willen der Alliierten mit einer Verkleinerung, Entmilitarisierung und Demokratisierung des asiatischen Landes einhergegangen wäre.

Daraufhin gab US-Präsident Harry S. Truman einen folgenreichen Befehl, der am 6. August 1945 zum Abwurf einer Atombombe auf Hiroshima führte. Fast 80 000 Menschen kamen dabei ums Leben, die Großstadt wurde nahezu vollständig zerstört. Nichtsdestotrotz erklärte Japan die überfällige Kapitulation nicht, woraufhin Truman drei Tage später eine weitere Atombombe über Nagasaki abwerfen ließ. Auch hier waren die Folgen derart verheerend, dass das Kaiserreich am 15. August durch seine Kapitulation den Krieg beendete. Die japanische Regierung bezifferte die Zahl der Toten 1990 auf fast 300 000, unter den Folgen der Bomben leidet die Bevölkerung noch heute.

VOR 175 JAHREN

Guy de Maupassant – mit Novellen zu weltweitem Ruhm

Geboren am 5. August 1850: Das Œuvre des in Tourville-sur-Arques in der Normandie geborenen französischen Schriftstellers Guy de Maupassant ist von einem pessimistischen Grundton durchzogen, da er den Menschen als unzulänglich, triebhaft, gar animalisch ansah und dementsprechend auch die Gesellschaft als von »allmächtiger Dummheit« beherrscht hielt. Gleichwohl ist sein stets gegenwartsbezogenes Werk von erzählerischer Leichtigkeit geprägt, was bei Kritikern und Intellektuellen seiner Heimat oftmals auf Ablehnung stieß. In seiner nur gut zehnjährigen Schaffensphase verfasste Maupassant fast 300 Novellen, für die er zumindest im Ausland gefeiert wurde und in den USA gar als ein Wegbereiter der Short Story gilt. Zwar wird Maupassant wegen seiner genauen Beobachtungen und der eher nüchternen Erzählweise häufig dem Naturalismus zugerechnet, doch gehören auch schwankhafte Novellen, Schauernovellen sowie fantastische und (tragische) Liebesgeschichten zu seinem Werk.

Aus den Publikationen Maupassants, der auch Theaterstücke und sechs Romane, darunter »Bel-Ami« (1885), veröffentlichte, ragt die 1884 erschienene Erzählung »Der Schmuck« um Moral und Elend des Bürgertums heraus. Der aus lothringischem Adel stammende Maupassant, der sich auch als Journalist und Autor von Reiseberichten hervortat, starb 1893 im Alter von nur 42 Jahren in geistiger Umnachtung in Passy bei Paris.

Geburtstagskinder vom 4. bis 10. August 2025

Am 4. August wurden geboren:
Barack Obama (*1961), amerikan. Politiker (Demokraten), Präsident der USA 2009–17, Friedensnobelpreisträger 2009
José Luis Rodríguez Zapatero (*1960), span. sozialistischer Politiker, Ministerpräsident 2004–11
Laura Biagiotti (1943–2017), italien. Modeschöpferin und Unternehmerin
Guillermo Mordillo (1932–2019), argentin. Zeichner und Cartoonist
Louis Armstrong (1901–1971), amerikan. Jazztrompeter und -sänger
Knut Hamsun (1859–1952), norweg. Schriftsteller, Literaturnobelpreisträger 1920

Am 5. August wurden geboren:
David Baldacci (*1960), amerikan. Schriftsteller
Neil Alden Armstrong (1930–2012), amerikan. Astronaut, erster Mensch auf dem Mond 1969
Per Wahlöö (1926–1975), schwed. Schriftsteller
John Huston (1906–1987), amerikan. Filmregisseur

Am 6. August wurden geboren:
Andy Warhol (1928–1987), amerikan. Pop-Art-Künstler
Robert Mitchum (1917–1997), amerikan. Schauspieler
Lucille Ball (1911–1989), amerikan. Schauspielerin
Alexander Fleming (1881–1955), brit. Bakteriologe, Entdecker des Penicillins, Medizinnobelpreisträger 1945
Hans Moser (1880–1964), österreich. Schauspieler

Am 7. August wurden geboren:
Charlize Theron (*1975), südafrikan. Schauspielerin
Jimmy Wales (*1966), amerikan. Unternehmer (Wikipedia)
Elinor Ostrom (1933–2012), amerikan. Politikwissenschaftlerin, Wirtschaftsnobelpreisträgerin 2009
Joachim Ringelnatz (1883–1934), dt. Schriftsteller und Maler
Mata Hari (1876–1917), niederländ. Tänzerin
Emil Nolde (1867–1956), dt. Maler

Am 8. August wurden geboren:
Roger Federer (*1981), schweizer. Tennisspieler
Ralf König (*1960), dt. Comic-Künstler
Birgit Vanderbeke (1956–2021), dt. Schriftstellerin
Jostein Gaarder (*1952), norweg. Schriftsteller
Dustin Hoffman (*1937), amerikan. Schauspieler
Robert Siodmak (1900–1973), dt.-amerikan. Filmregisseur

Am 9. August wurden geboren:
Audrey Tautou (*1978), frz. Schauspielerin
Whitney Houston (1963–2012), amerikan. Sängerin
Romano Prodi (*1939), italien. Politiker, Ministerpräsident 1996–98 und 2006–08
Jean Piaget (1896–1980), schweizer. Psychologe

Am 10. August wurden geboren:
Juan Manuel Santos (*1951), kolumbian. Politiker, Friedensnobelpreisträger 2016
Arnett Cobb (1918–1989), amerikan. Jazzsaxofonist
Wolfgang Paul (1913–1993), dt. Physiker, Physiknobelpreisträger 1989
Jorge Amado (1912–2001), brasilian. Schriftsteller
Milena Jesenská (1896–1944), tschech. Journalistin und Schriftstellerin
Alfred Döblin (1878–1957), dt. Schriftsteller

August 33. Woche

Löwe 22.7. bis 21.8.

- **11** Montag
- **12** Dienstag
- **13** Mittwoch
- **14** Donnerstag
- **15** Mariä Himmelfahrt SL, teilw. BY
  Freitag
- **16** ☾ Samstag
- **17** Sonntag

Apfelbäume sind aus der Normandie nicht wegzudenken, jedes Jahr finden zahlreiche Apfelfeste statt. Zu den bekanntesten heimischen Produkten aus der vielseitigen Frucht zählen Cidre, ein Apfelschaumwein, und Calvados, ein Apfelbranntwein.

Hat man dir gesagt,
das Leben sei kurz?
Vergiss es. Es ist so lang,
dass du noch tausend
Apfelbäume pflanzen kannst.
Christiane Hörbiger

Wo	Mo	Di	Mi	Do	Fr	Sa	So
31					1	2	3
32	4	5	6	7	8	9	10
33	11	12	13	14	15	16	17
34	18	19	20	21	22	23	24
35	25	26	27	28	29	30	31

VOR 75 JAHREN

Steve Wozniak – Konstrukteur der ersten Apple Personal Computer

Geboren am 11. August 1950: Wenn man im Silicon Valley als Sohn eines Elektroingenieurs zur Welt kommt, dann ist eine berufliche Tätigkeit in der Computer- und IT-Branche bereits vorgezeichnet – so auch bei Steve Wozniak. Nachdem der Amerikaner 1975 beim Elektronikkonzern Atari angeheuert und für Hewlett-Packard einen Taschenrechner entwickelt hatte, konstruierte er Mitte der 1970er-Jahre mit dem Apple I, der noch mit einem Holzgehäuse ausgestattet war, einen der ersten Personal Computer. Gemeinsam mit Steve Jobs rief er daraufhin 1976 die Firma Apple ins Leben und stellte 1977 den Apple II vor. Gegenüber Konkurrenzprodukten zeichneten sich diese PCs durch ihre einfachere Bedienbarkeit aus, was maßgeblich zu ihrem schnellen internationalen Erfolg beitrug.

Wozniaks kreativer Tatendrang als wegweisender Konstrukteur und Erfinder wurde 1981 durch den Absturz seines Kleinflugzeugs nachhaltig gestört. Zwar besserte sich die dadurch verursachte zwischenzeitliche Amnesie, doch die Zusammenarbeit funktionierte fortan nicht mehr. 1985 verließ »The Woz« die Unternehmensleitung und widmete sich fortan einer computerbasierten Bildung von Schülern. Der mit der National Medal of Technology ausgezeichnete Pionier baute in der Folgezeit u. a. ein Technikmuseum und ein weiteres Museum in San José auf, in dem Kinder auf technische Entdeckungsreise gehen können. Wozniak, der im Jahr 2000 in die nationale Ruhmeshalle der Erfinder aufgenommen wurde, entwickelte in der Folgezeit auch GPS-Produkte im eigenen Unternehmen.

VOR 65 JAHREN

Mit Echo 1 startet der erste Nachrichtensatellit ins All

Am 12. August 1960: Mit dem von Cape Canaveral durch eine Delta-Trägerrakete ins Weltall geschossenen Ballonsatelliten Echo 1 begannen die USA im August 1960 ein neues Zeitalter der Nachrichtentechnologie. Mit heutigen Satelliten hatte die damalige, von der amerikanischen Weltraumbehörde NASA entwickelte Konstruktion allerdings noch wenig gemein: Der von einer nur wenige Mikrometer dünnen Kunststofffolie gebildete Ballon, der von nur wenig dickerem Aluminium ummantelt war, wurde in eine Höhe von 1500 km transportiert und benötigte für seinen künftigen Weg um die Erde gut zwei Stunden. Seinen anfänglichen Durchmesser von 30 m verlor der seinerzeit von der Erde aus sichtbare Satellit nach und nach allerdings ebenso wie seine Positionshöhe. Nach sechs Jahren verglühte er in der Erdatmosphäre.

Echo 1, der auch zur Ausmessung und Abbildung der Erdoberfläche eingesetzt wurde, empfing Daten des Radio- und Funkverkehrs und reflektierte sie durch seine Aluminiumhülle entsprechend weiter. Für den Fernmeldeverkehr über größere Entfernungen hinweg bedeutete der Ballonsatellit daher eine wegweisende Neuerung.

VOR 75 JAHREN

Iris Berben – politisch engagierte deutsche Schauspielerin

Geboren am 12. August 1950: Die gebürtige Westfälin aus Detmold, die sich Ende der 1960er-Jahre in der außerparlamentarischen Opposition engagierte, feierte 1965 als alleinige Darstellerin in dem nur zweieinhalbminütigen Experimentalfilm »Noch und Nöcher« von Natias Neutert ihre auf Filmfestivals viel beachtete Karriere als Schauspielerin. In der Folgezeit stieg Berben zu einer der gefragtesten deutschen Darstellerinnen auf, die seither in mehr als 40 Kinofilmen und ab 1969 in über 80 Fernsehfilmen, -mehrteilern und -serien vor der Kamera stand. Ihr komisches Talent bewies sie dabei u. a. in den 1980er-Jahren in der Comedy-Show »Sketchup«.

Berben, die u. a. in Heinrich Breloers Romanverfilmung »Buddenbrooks« (2008) ein größeres Publikum begeisterte, machte sich auch als Synchron- und Hörbuchsprecherin einen Namen. Auf gesellschaftspolitischer Ebene engagiert sich die der SPD nahestehende Mimin insbesondere gegen Rechtsextremismus und Antisemitismus, wofür sie der Zentralrat der Juden in Deutschland 2002 mit seiner höchsten Auszeichnung, dem Leo-Baeck-Preis, bedachte.

Geburtstagskinder vom 11. bis 17. August 2025

Am 11. August wurden geboren:
Diether Krebs (1947–2000), dt. Schauspieler
Peter Eisenman (*1932), amerikan. Architekt
Käthe Haack (1897–1986), dt. Schauspielerin
Enid Blyton (1896–1968), brit. Schriftstellerin
Friedrich Ludwig »Turnvater« Jahn (1778–1852), dt. Pädagoge und Politiker
Heinrich V. (1086–1125), letzter röm.-dt. König (ab 1106) bzw. Kaiser aus der Salierdynastie

Am 12. August wurden geboren:
Pete Sampras (*1971), amerikan. Tennisspieler
François Hollande (*1954), frz. Politiker, Staatspräsident 2012–17
Mark Knopfler (*1949), brit. Gitarrist und Sänger
Thea Rasche (1899–1971), dt. Fliegerin und Journalistin
Erwin Schrödinger (1887–1961), österreich. Physiker, Physiknobelpreisträger 1933

Am 13. August wurden geboren:
Moritz Bleibtreu (*1971), dt. Schauspieler
Kristalina Georgiewa (*1953), bulgar. Wirtschaftswissenschaftlerin und Politikerin, Direktorin des IWF seit 2019
Fidel Castro (1926–2016), kuban. Politiker, Ministerpräsident 1959–2008
Alfred Hitchcock (1899–1980), brit. Filmregisseur
Karl Liebknecht (1871–1919), dt. kommunistischer Politiker

Am 14. August wurden geboren:
Halle Berry (*1968), amerikan. Schauspielerin
Ulla Meinecke (*1953), dt. Rocksängerin und Liedermacherin
Wim Wenders (*1945), dt. Filmregisseur
Wolf Wondratschek (*1943), dt. Schriftsteller
Giorgio Strehler (1921–1997), italien. Theaterregisseur und Kritiker
Erwin Strittmatter (1912–1994), dt. Schriftsteller
John Galsworthy (1867–1933), brit. Schriftsteller, Literaturnobelpreisträger 1932

Am 15. August wurden geboren:
Abiy Ahmed (*1976), äthiop. Politiker, Ministerpräsident seit 2018, Friedensnobelpreisträger 2019
John Cranko (1927–1973), brit. Tänzer, Choreograf und Ballettdirektor
Shimon Peres (1923–2016), israel. Politiker, Friedensnobelpreisträger 1994
Gerty Cori (1896–1957), amerikan. Biochemikerin, Medizinnobelpreisträgerin 1947
Walter Scott (1771–1832), brit. Schriftsteller
Napoleon I. (1769–1821), frz. Feldherr und Politiker, Kaiser der Franzosen 1804–15

Am 16. August wurden geboren:
Madonna (*1958), amerikan. Popsängerin
Reiner Kunze (*1933), dt. Schriftsteller
Thomas Edward Lawrence, gen. Lawrence von Arabien (1888–1935), brit. Archäologe und Schriftsteller
Augusto Giacometti (1877–1947), schweizer. Maler und Bildhauer

Am 17. August wurden geboren:
Sean Penn (*1960), amerikan. Schauspieler und Regisseur
Herta Müller (*1953), rumäniendt. Schriftstellerin, Literaturnobelpreisträgerin 2009
Nelson Piquet (*1952), brasilian. Automobilrennfahrer
Robert De Niro (*1943), amerikan. Schauspieler
Lotte Jacobi (1896–1990), dt.-amerikan. Fotografin
Caroline Haslett (1895–1957), brit. Ingenieurin

August 34. Woche

Löwe 22.7. bis 21.8.   Jungfrau 22.8. bis 21.9.

18	Montag
19	Dienstag
20	Mittwoch
21	Donnerstag
22	Freitag
23	Samstag
24	**Sonntag**

Kleine Buchten mit Steilklippen und Stränden säumen die Küste bei Camaret-sur-Mer an der Anse de Camaret. Schöne Ausblicke bieten sie alle, ob bei Ebbe oder bei Flut.

Es ist nicht wichtig,
was du betrachtest,
sondern was du siehst.
Henry David Thoreau

Wo	Mo	Di	Mi	Do	Fr	Sa	So
31					1	2	3
32	4	5	6	7	8	9	10
33	11	12	13	14	15	16	17
34	18	19	20	21	22	23	24
35	25	26	27	28	29	30	31

VOR 275 JAHREN

Antonio Salieri – Kapellmeister, Komponist und Pädagoge

Geboren am 18. August 1750: Aufgrund seines musikalischen Schaffens genoss der gebürtige Venezianer aus Legnago in seiner Heimat und im deutschsprachigen Raum großes Ansehen, das allerdings später durch zahlreiche Mythen und Legenden nachhaltig getrübt wurde. Das vorherrschende Bild Antonio Salieris als Neider und Widersacher Wolfgang Amadeus Mozarts haben Historiker mittlerweile jedoch weitgehend widerlegt.
Salieri war ein gefragter Gesangs- und Kompositionslehrer, der neben Ludwig van Beethoven, Franz Liszt und Franz Schubert auch Mozarts Sohn Franz Xaver unterrichtete. Er schuf mehrere kirchenmusikalische Kompositionen und Instrumentalwerke sowie mehr als 40 Bühnenwerke, wobei nicht zuletzt seine gefeierten Arbeiten zum deutschen Singspiel (»Der Rauchfangkehrer«, 1781) zu nennen sind. Der langjährige Kapellmeister der Wiener Oper und der kaiserlichen Hofmusikkapelle leitete zudem die Singschule der österreichischen Hauptstadt, wo er auch das Konservatorium der Gesellschaft der Musikfreunde mitbegründete. Mit vielen Ehrungen bedacht, starb Salieri 1825 mit 74 Jahren in Wien.

VOR 125 JAHREN

Vijaya Pandit – Freiheitskämpferin und Menschenrechtlerin

Geboren am 18. August 1900: Die im nordindischen Allahabad geborene Tochter des Präsidenten des Indischen Nationalkongresses und Schwester Jawaharlal Nehrus engagierte sich als Anhängerin des gewaltlosen Freiheitskämpfers Mahatma Gandhi ab den 1930er-Jahren in der Unabhängigkeitsbewegung gegen die britischen Kolonialherrscher, weshalb Vijaya Lakshmi Pandit wegen zivilen Ungehorsams mehrfach inhaftiert wurde. Als erste Frau Indiens erhielt sie 1937 als Ministerin für lokale Selbstverwaltung und Gesundheit einen Kabinettsposten.
Nach der Unabhängigkeit 1947 fungierte sie als Botschafterin u. a. in den USA und der UdSSR sowie als Delegierte bei den Vereinten Nationen, deren Generalversammlung sie 1953 als gewählte Präsidentin vorstand. In Indien hatte die Vorkämpferin für die Rechte von Frauen in den 1960er-Jahren als Abgeordnete einen Parlamentsplatz inne. Als Gegnerin der Notstandspolitik ihrer Nichte, der Regierungschefin Indira Gandhi, schloss sie sich in den 1970er-Jahren einer oppositionellen Partei an. Pandit, die ihr Land ab 1979 bei der UN-Menschenrechtskommission vertrat, starb 1990 im Alter von 90 Jahren im nordindischen Dehra Dun.

VOR 75 JAHREN

Technisches Hilfswerk zum Zivil- und Katastrophenschutz gegründet

Am 22. August 1950: Wie lässt sich der Schutz der zivilen Bevölkerung in der wiederaufzubauenden Bundesrepublik Deutschland künftig gewährleisten? Mit dieser Frage beschäftigten sich im August 1950 der Bundesinnenminister Gustav Heinemann und der Bauingenieur Otto Lummitzsch. Ergebnis ihrer Gespräche war der Auftrag für einen Ordnungsdienst, der sich fortan um den Zivil- und Katastrophenschutz kümmern sollte. Dieses »Technische Hilfswerk« (THW) wurde noch im selben Monat mit Lummitzsch als Direktor gegründet und 1953 vom Innenministerium zur Bundesanstalt erklärt.
Als wesentliche humane Aufgabe der Ehrenamtlichen des THW wurde der Schutz der Bevölkerung und Not leidender Menschen festgeschrieben. Diese Vorgabe setzen die zahllosen Helferinnen und Helfer seither nicht nur in Deutschland, sondern seit 1953 auch bei Katastrophen in anderen Ländern und Regionen der Erde um. Eine besonders große Bewährungsprobe war die Sturmflut 1962 in Hamburg; auch ein Jahr später beim Grubenunglück in Lengede waren die Fachleute des THW vor Ort. Das Hilfswerk stellt bei seinen humanitären Einsätzen u. a. die Infrastruktur beispielsweise bei der Trinkwasser- oder Stromversorgung wieder her, hilft bei der Beseitigung von Schäden und der Rettung von Betroffenen. Darüber hinaus widmen sich die ehrenamtlichen Helferinnen und Helfer auch dem langfristigen Wiederaufbau zerstörter Gebiete, nicht zuletzt bei den Überschwemmungen 1997 an der Oder und 2021 im Westen Deutschlands.

Geburtstagskinder vom 18. bis 24. August 2025

Am 18. August wurden geboren:
Harald Schmidt (*1957), dt. Schauspieler und Entertainer
Robert Redford (*1936), amerikan. Schauspieler und Regisseur
Roman Polanski (*1933), poln.-frz. Filmregisseur
Elsa Morante (1912–1985), italien. Schriftstellerin
Tilla Durieux (1880–1971), dt. Schauspielerin
Franz Joseph I. (1830–1916), Kaiser von Österreich ab 1848 und König von Ungarn ab 1867

Am 19. August wurden geboren:
Bill Clinton (*1946), amerikan. Politiker (Demokraten), Präsident der USA 1993–2001
Jerzy Andrzejewski (1909–1983), poln. Schriftsteller
Gabrielle »Coco« Chanel (1883–1971), frz. Modeschöpferin
Orville Wright (1871–1948), amerikan. Flugpionier
Adele Sandrock (1863–1937), dt.-niederländ. Schauspielerin
Marie Gräfin Dubarry (1743–1793), Mätresse des frz. Königs Ludwig XV.

Am 20. August wurden geboren:
Hans Meiser (*1946), dt. Fernsehjournalist
Rajiv Gandhi (1944–1991), ind. Politiker, Ministerpräsident 1984–89
Alice und Ellen Kessler (*1936), dt. Entertainerinnen
Arno Surminski (*1934), dt. Schriftsteller
Rudolf Bultmann (1884–1976), dt. ev. Theologe
Raymond Poincaré (1860–1934), frz. Politiker, Staatspräsident 1913–20

Am 21. August wurden geboren:
Usain Bolt (*1986), jamaikan. Leichtathlet (Sprint)
Alfons »Ali« Mitgutsch (1935–2022), dt. Grafiker, Illustrator und Kinderbuchautor
Count Basie (1904–1984), amerikan. Jazzpianist und Bandleader
Christian Schad (1894–1982), dt. Maler und Grafiker
Lili Boulanger (1893–1918), frz. Komponistin
Aubrey Beardsley (1872–1898), brit. Zeichner
Giuseppe Antonio Guarneri (1698–1744), italien. Geigenbauer

Am 22. August wurden geboren:
Karlheinz Stockhausen (1928–2007), dt. Komponist
Henri Cartier-Bresson (1908–2004), frz. Fotograf
Deng Xiaoping (1904–1997), chines. Politiker
Dorothy Parker (1893–1967), amerikan. Schriftstellerin
Claude Debussy (1862–1918), frz. Komponist

Am 23. August wurden geboren:
River Phoenix (1970–1993), amerikan. Schauspieler
Ephraim Kishon (1924–2005), israel. Schriftsteller und Journalist
Gene Kelly (1912–1996), amerikan. Tänzer, Schauspieler, Regisseur und Choreograf
Arthur Adamov (1908–1970), russ.-frz. Dramatiker
Ludwig XVI. (1754–1793), 1774–92 letzter König von Frankreich vor der Revolution

Am 24. August wurden geboren:
Paulo Coelho (*1947), brasilian. Schriftsteller
Joshua Sobol (*1939), israel. Dramatiker
A(ntonia) S(usan) Byatt (*1936), brit. Schriftstellerin
Jorge Luis Borges (1899–1986), argentin. Schriftsteller
Jean Rhys (1890–1979), anglokarib. Schriftstellerin
Wilhelm I. (1772–1843), erster König der Niederlande 1815–40

August 35. Woche

Jungfrau 22.8. bis 21.9.

25 Montag

26 Dienstag

27 Mittwoch

28 Donnerstag

29 Freitag

30 Samstag

31 Sonntag

Von dem Priorat in Saint-Hymer, dessen Ursprünge ins 14. Jh. zurückgehen, stammt der Name der Auberge du Prieuré. Die mintgrünen Fensterläden und Blumenkästen verleihen dem historischen Gasthof eine fröhliche Ausstrahlung.

Brot und Wasser stillen den Hunger jedes Menschen, aber unsere Kultur hat die Gastronomie erfunden.

Honoré de Balzac

Wo	Mo	Di	Mi	Do	Fr	Sa	So
31					1	2	3
32	4	5	6	7	8	9	10
33	11	12	13	14	**15**	16	17
34	18	19	20	21	22	23	24
35	25	26	27	28	29	30	**31**

VOR 125 JAHREN

Hans Adolf Krebs – Vorreiter der biochemischen Forschung

Geboren am 25. August 1900: Der Arztsohn aus Hildesheim promovierte 1925 in Medizin und arbeitete dann bis 1930 am Kaiser-Wilhelm-Institut in Berlin, wo er sich mit den physiologischen Vorgängen unter der Fragestellung befasste, wie Nahrung in Energie und in Aufbauprozesse des Körpers umgesetzt wird. Zu Beginn der 1930er-Jahre entdeckte der inzwischen habilitierte Hans Adolf Krebs mit seinem Kollegen Kurt Henseleit den Harnstoffzyklus. Dabei entschlüsselten sie die biochemischen Prozesse, durch die das aus stickstoffhaltiger Nahrung gespaltene giftige Ammonium u.a. zu ungiftigem Harnstoff synthetisiert wird.
1933 floh Krebs als Jude vor den Nationalsozialisten nach England, wo er seine Forschungen in Cambridge und Sheffield fortsetzte. In seiner neuen Heimat gelang ihm 1937 seine wohl wichtigste Leistung: die Entdeckung des auch nach ihm benannten Citratzyklus. Mithilfe des biochemischen Kreislaufs wuchs das allgemeine Verständnis über die Prozesse des Zellstoffwechsels und den Energiehaushalt des Körpers. Für diese Forschungsarbeit wurde Krebs 1953 mit dem Nobelpreis für Physiologie oder Medizin ausgezeichnet. Bis zu seiner Emeritierung 1967 setzte der Wissenschaftler seine Studien in Oxford fort, wo er Stoffwechselzyklen von Pflanzen und Mikroorganismen erforschte. Im Alter von 81 Jahren starb Krebs 1981 in der renommierten Universitätsstadt.

VOR 70 JAHREN

Helge Schneider – Multikünstler mit dadaistischem Humor

Geboren am 30. August 1955: Der gebürtige Westfale aus Mülheim an der Ruhr ist mit seinem Schaffen keinem bestimmten Genre der Kunst und Unterhaltung zuzuordnen. So ist Helge Schneider mit seinen Auftritten als Klamauksänger (»Katzeklo«, 1993) ebenso erfolgreich wie als Jazzmusiker, der etliche Musikinstrumente spielt. Insgesamt veröffentlichte er bislang über ein Dutzend Studioalben, von denen »Sommer, Sonne, Kaktus!« (2013) Platz eins der deutschen Charts erreichte. Der Komiker und Kabarettist, der später auch mit dem Regisseur Christoph Schlingensief zusammenarbeitete, schrieb auch persiflierende Hörspiele und drehte als Schauspieler und Regisseur teils grotesk-humorvolle Kinofilme wie den Western »Texas – Doc Schneider hält die Welt in Atem« (1993). Ähnliche Komik charakterisiert auch seine Buchpublikationen, die wie die Kommissar-Schneider-Krimireihe viel Ruhrpottkolorit vermitteln. Seine erste Theaterarbeit, »Mendy – das Wusical«, verfasste er 2003 mit Andrea Schumacher für das Schauspielhaus Bochum. Der vielseitige Künstler, der seine Cover häufig selbst illustriert, stand 2015 im Mittelpunkt eines Dokumentarfilms über sein Schaffen.

VOR 70 JAHREN

Das »Guinnessbuch der Rekorde« feiert seine Premiere

Am 27. August 1955: Es gibt wohl kaum einen Menschen, der sich nicht schon einmal über einen Rekord aus dem Guinnessbuch amüsiert oder gewundert hat, lassen sich in dem mittlerweile ebenso voluminösen wie erfolgreichen Werk doch etliche skurrile, staunenswerte und sogar unglaubliche Höchstleistungen nachlesen.
Noch weit weniger gewichtig kam die erste Ausgabe im August 1955 daher. Sie geht auf eine Initiative Hugh Beavers, des damaligen Geschäftsführers der Guinness-Brauerei zurück. Als er in einer Jagdgesellschaft angesichts der mauen Trefferquote auf vorbeifliegende Vögel die Frage aufwarf, welches Federwild wohl das schnellste in Europa sei, konnte ihm niemand eine Antwort geben – und auch in den zurate gezogenen Lexika war kein erhellender Hinweis zu finden. Da Beaver annahm, dass wohl viele Menschen Fragen nach Rekordleistungen hätten, gab er ein entsprechendes Buch in Auftrag, das unter der Regie der britischen Brüder und Verleger Norris und Ross McWhirter zunächst in Irland veröffentlicht wurde. Von dort aus traten die bald jährlich produzierten und aktualisierten Auflagen ihren Siegeszug um die Welt an.

Geburtstagskinder vom 25. bis 31. August 2025

Am 25. August wurden geboren:
Fatih Akin (*1973), türk.-dt. Filmregisseur
Claudia Schiffer (*1970), dt. Fotomodell
Sandra Maischberger (*1966), dt. Journalistin und Fernsehmoderatorin
Sönke Wortmann (*1959), dt. Filmregisseur
Sean Connery (1930–2020), brit. Schauspieler
Leonard Bernstein (1918–1990), amerikan. Komponist und Dirigent
Iwan IV., der Schreckliche (1530–1584), erster russ. Zar 1547–84

Am 26. August wurden geboren:
Ludger Beerbaum (*1963), dt. Springreiter
Wolfgang Sawallisch (1923–2013), dt. Dirigent
Katherine Johnson (1918–2020), amerikan. Mathematikerin
Mutter Teresa (1910–1997), alban.-ind. Ordensgründerin, Friedensnobelpreisträgerin 1979

Peggy Guggenheim (1898–1979), amerikan. Kunstsammlerin
Michel Joseph de Montgolfier (1740–1810), frz. Ballonpionier, erste Ballonfahrt 1783

Am 27. August wurden geboren:
Sebastian Kurz (*1986), österreich. ÖVP-Politiker, Bundeskanzler 2017–19 und 2020/21
Kerstin Ekman (*1933), schwed. Schriftstellerin
Jasir Arafat (1929–2004), palästinens. Politiker, PLO-Führer, Friedensnobelpreisträger 1994
Heidi Kabel (1914–2010), dt. Volksschauspielerin
Lyndon B. Johnson (1908–1973), amerikan. Politiker, Präsident der USA 1963–69
Carl Bosch (1874–1940), dt. Chemiker, Chemienobelpreisträger 1931
Georg Wilhelm Friedrich Hegel (1770–1831), dt. Philosoph

Am 28. August wurden geboren:
Janet Frame (1924–2004), neuseeländ. Schriftstellerin
Charles Boyer (1899–1978), frz.-amerikan. Schauspieler
Karl Böhm (1894–1981), österreich. Dirigent
Edward Coley Burne-Jones (1833–1898), brit. Maler und Zeichner
Constant Troyon (1810–1865), frz. Maler
Johann Wolfgang von Goethe (1749–1832), dt. Dichter, Naturwissenschaftler und Staatsmann

Am 29. August wurden geboren:
Michael Jackson (1958–2009), amerikan. Popmusiker
Richard Attenborough (1923–2014), brit. Schauspieler und Regisseur
Ingrid Bergman (1915–1982), schwed. Schauspielerin
Hermann Löns (1866–1914), dt. Schriftsteller

Maurice Maeterlinck (1862–1949), belg. Schriftsteller, Literaturnobelpreisträger 1911
John Locke (1632–1704), engl. Philosoph

Am 30. August wurden geboren:
Peter Maffay (*1949), dt. Rocksänger und Komponist
Leonor Fini (1907–1996), italien. Malerin
Ernest Rutherford (1871–1937), brit. Physiker, Chemienobelpreisträger 1908
Mary Wollstonecraft Shelley (1797–1851), brit. Schriftstellerin (»Frankenstein«)

Am 31. August wurden geboren:
Richard Gere (*1949), amerikan. Schauspieler
Van Morrison (*1945), ir. Rockmusiker
Wilhelmina (1880–1962), Königin der Niederlande 1890–1948
Alma Mahler-Werfel (1879–1964), österreich.-amerikan. Künstlerin
Maria Montessori (1870–1952), italien. Ärztin und Pädagogin

September 36. Woche

Jungfrau 22.8. bis 21.9.

1 Montag

2 Dienstag

3 Mittwoch

4 Donnerstag

5 Freitag

6 Samstag

7 ○ Sonntag

Fischfang ist schon seit Jahrhunderten einer der bedeutendsten Wirtschaftszweige von Douarnenez, das zu den größten Fischereihäfen Frankreichs gehört. Doch auch der Tourismus gewinnt zunehmend an Bedeutung, was sich an den zahlreichen Cafés und Restaurants entlang der Kais ablesen lässt.

Der Fisch, den man fängt, ist immer der größte.
Chinesisches Sprichwort

Wo	Mo	Di	Mi	Do	Fr	Sa	So
36	1	2	3	4	5	6	7
37	8	9	10	11	12	13	14
38	15	16	17	18	19	20	21
39	22	23	24	25	26	27	28
40	29	30					

VOR 70 JAHREN

Claus Kleber – Moderator und Leiter des »heute journal«

Geboren am 2. September 1955: Der Ingenieurssohn aus Reutlingen verfasste schon als Schüler erste journalistische Artikel und setzte diese Tätigkeit auch während seines Jurastudiums beim Südwestfunk in Tübingen und Baden-Baden fort. Nach dem Abschluss des zweiten Staatsexamens 1983 wurde Claus Kleber 1985 SWF-Studioleiter in Konstanz, bevor er ein Jahr später nach seiner Promotion als ARD-Korrespondent aus den USA berichtete, die er schon bei Studienaufenthalten kennengelernt hatte. Eine seiner schwierigsten Aufgaben war dabei die Berichterstattung über die Terroranschläge auf das World Trade Center 2001.

2003 heuerte Kleber als Moderator des »heute-journal« beim ZDF an, wobei er das Nachrichtenmagazin bis 2009 auch leitete. Nach fast 3000 Sendungen gab der 66-Jährige, der auch als Buchautor und mit Reportagen und Dokumentationen hervorgetreten ist, Ende 2021 seine Tätigkeit als Anchorman auf. Seine Verbundenheit mit den USA beweist Kleber auch durch sein Engagement für den Verein Atlantik-Brücke, der sich eine enge Kooperation zwischen den Vereinigten Staaten und Deutschland auf die Fahnen geschrieben hat.

VOR 150 JAHREN

Edgar Rice Burroughs – amerikanischer »Vater« Tarzans

Geboren am 1. September 1875: Wer sagt denn, dass man sich nur mit gehobener Literatur einen weltweiten Namen machen kann? Der aus Chicago stammende Schriftsteller Edgar Rice Burroughs beweist das Gegenteil: Er avancierte mit seinen Abenteuerbüchern, in denen sich Science-Fiction und Fantasy vermischen, in seiner Heimat zu einem der populärsten Autoren seiner Zeit.

Die weltweit wohl berühmteste Figur aus Burroughs' Feder dürfte der im Urwald bei Affen aufgewachsene Tarzan sein. Burroughs verfasste insgesamt 24 Romane über seinen Helden, die in zahlreiche Sprachen übersetzt wurden. Darüber hinaus schuf er mit John Carter, dem Helden der Geschichten um »John Carter vom Mars«, einen weiteren gefeierten Protagonisten – wobei der Mars, der bei ihm »Barsoom« heißt, allerdings von verschiedensten intelligenten Bewohnern bevölkert ist. Burroughs, der über 70 Bücher verfasst hat, starb 1950 mit 74 Jahren im kalifornischen Encino. 2003 wurde er postum in die Science Fiction Hall of Fame aufgenommen.

VOR 40 JAHREN

Das Wrack der »Titanic« wird vor der Küste Neufundlands gefunden

Am 1. September 1985: Auf ihrer Jungfernfahrt vom englischen Southampton nach New York an die Ostküste der USA kollidierte die »Titanic« Mitte April 1912 zu mitternächtlicher Stunde mit einem Eisberg und versank in den Fluten des Atlantiks. Die Passage auf dem seinerzeit größten Schiff der Welt, das Experten aufgrund seiner modernen Technik und Bauweise für unsinkbar gehalten hatten, kostete rund 1500 Passagiere das Leben.

Versuche, das berühmte Wrack aufzufinden, waren in den folgenden Jahrzehnten stets gescheitert, bis sich 1985 der Franzose Jean-Louis Michel und der Amerikaner Robert Ballard auf ihre Expeditionstour begaben. Dank modernster Ortungsgeräte gelang es ihnen, die Überreste der »Titanic« vor der Küste Neufundlands in gut 3800 m Tiefe aufzuspüren. In der Folgezeit machten sich zahlreiche Taucher daran, das Wrack zu erkunden und insgesamt rund 5500 Schiffsteile und Artefakte zurück ans Tageslicht zu befördern. Dabei stellte sich allerdings alsbald die Frage nach den Eigentums- und Bergungsrechten des Wracks, die ein Gericht im Bundesstaat Virginia 1994 dem amerikanischen Unternehmen RMS Titanic zusprach. Das Wrack selbst wurde 2012 von der UNESCO zum schützenswerten Unterwasserkulturerbe erklärt. Angesichts der natürlichen Bedingungen in der Tiefe 300 km südöstlich von Neufundland ist es nach Meinung der Fachleute aber nur noch eine Frage von Jahrzehnten, bis Wasser und Bakterien die Überreste des Ozeandampfers inklusive der Eisenbestandteile vollständig zersetzt haben werden.

Geburtstagskinder vom 1. bis 7. September 2025

Am 1. September wurden geboren:
Gloria Estefan (*1957), kuban.-amerikan. Sängerin
António Lobo Antunes (*1942), portugies. Schriftsteller
Annie Ernaux (*1940), frz. Schriftstellerin, Literaturnobelpreisträgerin 2022
Allan Jones (*1937), brit. Pop-Art-Künstler
Seiji Ozawa (*1935), japan. Dirigent
Vittorio Gassman (1922–2000), italien. Schauspieler
Hertha Sponer (1895–1968), dt. Physikerin

Am 2. September wurden geboren:
Robert Habeck (*1969), dt. Politiker (Bündnis 90/Die Grünen) und Schriftsteller
Salma Hayek (*1966), mexikan. Schauspielerin
Else Meidner (1901–1987), dt. Grafikerin und Malerin
Séraphine (1864–1942), frz. Malerin
Ernst Curtius (1814–1896), dt. Archäologe, Leiter der ersten Ausgrabungen in Olympia

Caroline von Schelling (1763–1809), dt. Schriftstellerin

Am 3. September wurden geboren:
Nikolaus Schneider (*1947), dt. ev. Theologe, EKD-Ratsvorsitzender 2010–14
Dagmar Schipanski (1943–2022), dt. Physikerin und CDU-Politikerin
Fritz J. Raddatz (1931–2015), dt. Schriftsteller und Publizist
Alison Lurie (1926–2020), amerikan. Schriftstellerin
Ferdinand Porsche (1875–1951), dt. Automobilkonstrukteur
Diane de Poitiers (1499–1566), Mätresse König Heinrichs II. von Frankreich

Am 4. September wurden geboren:
Beyoncé, eigtl. B. Knowles (*1981), amerikan. Sängerin
Ivan Illich (1926–2002), österreich.-amerikan. kath. Theologe und Zivilisationskritiker
Henry Ford II. (1917–1987), amerikan. Automobilunternehmer

Oskar Schlemmer (1888–1943), dt. Maler und Bildhauer
Anton Bruckner (1824–1896), österreich. Komponist

Am 5. September wurden geboren:
Freddie Mercury, eigtl. Farrokh Bulsara (1946–1991), brit. Rockmusiker
Werner Herzog (*1942), dt. Filmregisseur
Albert Mangelsdorff (1928–2005), dt. Jazzposaunist
Giacomo Meyerbeer (1791–1864), dt. Komponist
Caspar David Friedrich (1774–1840), dt. Maler und Grafiker
Henriette Herz (1764–1847), dt. Salonière
Ludwig XIV., gen. der Sonnenkönig (1638–1715), König von Frankreich 1643–1715

Am 6. September wurden geboren:
Andrea Camilleri (1925–2019), italien. Schriftsteller, Drehbuchautor und Regisseur

Franz Josef Strauß (1915–1988), dt. CSU-Politiker, Ministerpräsident Bayerns 1978–88
Julien Green (1900–1998), amerikan.-frz. Schriftsteller
Jane Addams (1860–1935), amerikan. Sozialreformerin, Friedensnobelpreisträgerin 1931
Moses Mendelssohn (1729–1786), dt. Philosoph

Am 7. September wurden geboren:
Baudouin I. (1930–1993), König der Belgier 1951–93
Laura Ashley (1925–1985), brit. Modedesignerin
Elia Kazan (1909–2003), griech.-amerikan. Regisseur
Janet Taylor Caldwell (1900–1985), amerikan. Schriftstellerin
Albert Bassermann (1867–1952), dt. Schauspieler
Elisabeth I. (1533–1603), Königin von England 1558–1603

September   37. Woche

Jungfrau 22.8. bis 21.9.

8	Montag
9	Dienstag
10	Mittwoch
11	Donnerstag
12	Freitag
13	Samstag
14	☾ Tag des offenen Denkmals Sonntag

Die vor rund 1000 Jahren gegründete Benediktinerabtei Notre-Dame du Bec in Le Bec-Hellouin wurde während der Französischen Revolution säkularisiert. Erst 1948 zog mit den Olivetanern, einem Zweigorden der Benediktiner, wieder religiöses Leben in die beeindruckende Anlage ein.

Das ganze Leben ist ein ewiges Wiederanfangen.
Hugo von Hofmannsthal

Wo	Mo	Di	Mi	Do	Fr	Sa	So
36	1	2	3	4	5	6	7
37	8	9	10	11	12	13	14
38	15	16	17	18	19	20	21
39	22	23	24	25	26	27	28
40	29	30					

VOR 85 JAHREN

Linda Gray – leidgeprüfte Mimin in der US-Fernsehkultserie »Dallas«

Geboren am 12. September 1940: Die aus dem kalifornischen Santa Monica stammende Schauspielerin stand zwar schon 1963 erstmals vor einer Filmkamera, kam aber zunächst nicht über Komparsinnenjobs hinaus. So gab sie in Mike Nichols Erfolgsfilm »Die Reifeprüfung« (1967) das Beindouble für die Hauptdarstellerin Anne Bancroft alias Mrs. Robinson. Ab Mitte der 1970er-Jahre war Linda Gray immer wieder in einzelnen Episoden verschiedenster Fernsehserien zu sehen, ehe sie 1977 in der amerikanischen Serie »All That Glitters« eine feste Rolle bekam. Dadurch wurden die Produzenten der TV-Serie »Dallas« auf die 37-Jährige aufmerksam, die seit dem Start 1978 zum festen Ensemble der Erfolgsreihe rund um die Ölmagnatenfamilie Ewing gehörte. Gray spielte Sue Ellen, die Ehefrau des charmanten, aber skrupellosen J. R. Ewing, dessen Intrigen, Demütigungen und Eskapaden sie nach und nach in Depression und Alkoholsucht stürzen. 1989 kehrte Gray der bis 1991 ausgestrahlten Serie den Rücken, gehörte aber wieder zum Team der ab 2012 gesendeten Fortsetzung. Durch den Erfolg wurde die Schauspielerin in der Folgezeit auch regelmäßig für Kinofilme besetzt, so 1991 in der amerikanischen Komödie »Oscar – Vom Regen in die Traufe« und zuletzt 2019 in der Komödie »Grand-Daddy Day Care«. Die 1982 in Deutschland mit dem Medien- und Fernsehpreis Bambi ausgezeichnete Amerikanerin zeichnete als Miteigentümerin einer Produktionsfirma auch als Produzentin und als Regisseurin verantwortlich.

VOR 100 JAHREN

Peter Sellers – der chaotische Inspektor Clouseau

Geboren am 8. September 1925: Der Sohn eines Pianisten aus dem südenglischen Portsmouth fand in den 1950er-Jahren als vielfältiger Hörfunk-Stimmenimitator landesweite Anerkennung, wodurch auch die Filmbranche auf ihn aufmerksam wurde. Im Kurzfilm »The Running Jumping & Standing Still Film« (1959), der eine Oscar-Nominierung erhielt, fungierten Peter Sellers und sein amerikanischer Kollege Richard Lester als Hauptdarsteller und Regisseure. Die erste von zwei Nominierungen für Sellers selbst folgte 1965 für seine Darstellung eines verrückten Wissenschaftlers im Stanley-Kubrick-Film »Dr. Seltsam oder: Wie ich lernte, die Bombe zu lieben«.
In den Komiker-Olymp aber stieg Sellers ab 1963 durch seine Rolle des Inspektors Clouseau auf. Als chaotischer und total überforderter Ordnungshüter sorgt er in sechs Blake-Edwards-Filmen um den »Rosaroten Panther« auf seiner nahezu besessenen Jagd nach einem als »Phantom« bekannten mysteriösen Meisterdieb für heilloses Durcheinander. Der Schauspieler starb 1980 infolge eines Herzinfarkts mit 54 Jahren in London.

VOR 175 JAHREN

Kalifornien wird der 31. Bundesstaat der USA

Am 9. September 1850: Das jahrtausendelang von Ureinwohnern bewohnte Gebiet an der Pazifikküste wurde 1542 durch den Seefahrer Juan Rodrígo Cabrillo als »Kalifornien« für Spanien in Besitz genommen. Nachdem die Region in der ersten Hälfte des 19. Jahrhunderts zu Mexiko gehört hatte, kam es 1846 zum Mexikanisch-Amerikanischen Krieg, der knapp zwei Jahre später mit einem Sieg der USA endete. Im anschließenden Vertrag von Guadalupe Hidalgo musste Mexiko dem Verkauf größerer Gebiete zustimmen, darunter auch Kaliforniens.
In den folgenden Monaten wurde Kalifornien vom US-Militär und einer Übergangsregierung verwaltet, ehe es im September 1850 offiziell zum 31. Bundesstaat der Vereinigten Staaten wurde. Der neue Staat mit der vier Jahre später bestimmten Hauptstadt Sacramento bekannte sich als einer der wenigen Südstaaten der USA gegen die Sklaverei, was während des Sezessionskriegs 1861–65 eine Rolle spielte. Eine Motivation zur Eingliederung Kaliforniens in die USA war nicht zuletzt die Tatsache, dass infolge des 1848 ausgebrochenen Goldrauschs reiche Goldvorkommen bekannt waren, was eine zahlreiche Zuwanderung zur Folge hatte.

Geburtstagskinder vom 8. bis 14. September 2025

Am 8. September wurden geboren:
Pink, eigtl. Alecia Beth Moore (*1979), amerikan. Sängerin
Wibke Bruhns (1938–2019), dt. Fernsehjournalistin und -moderatorin
Christoph von Dohnányi (*1929), dt. Dirigent
Antonín Dvořák (1841–1904), tschech. Komponist
Eduard Mörike (1804–1875), dt. Schriftsteller
Richard I. Löwenherz (1157–1199), König von England 1189–99

Am 9. September wurden geboren:
Max Reinhardt (1873–1943), österreich. Schauspieler und Regisseur
Leo Tolstoi (1828–1910), russ. Schriftsteller
Clemens Brentano (1778–1842), dt. Dichter
Luigi Galvani (1737–1798), italien. Arzt und Naturforscher
Armand-Jean du Plessis, Herzog von Richelieu (1585–1642), frz. Staatsmann und Kardinal
Aurelian (214–275), röm. Kaiser 270–275

Am 10. September wurden geboren:
Chris(topher) Columbus (*1958), amerikan. Filmregisseur und Drehbuchautor
Andrej Makine (*1957), russ.-frz. Schriftsteller
Karl Lagerfeld (1933–2019), dt. Modeschöpfer
Elsa Schiaparelli (1890–1973), italien.-frz. Modeschöpferin
Franz Werfel (1890–1945), österreich. Schriftsteller
Hilda Doolittle, gen. H. D. (1886–1961), amerikan. Schriftstellerin

Am 11. September wurden geboren:
Franz Beckenbauer (*1945), dt. Fußballspieler, Teamchef der Nationalmannschaft 1984–90
Theodor W. Adorno (1903–1969), dt. Philosoph und Soziologe
D(avid) H(erbert) Lawrence (1885–1930), brit. Schriftsteller
Asta Nielsen (1881–1972), dän. Schauspielerin
Marianne Werefkin (1860–1938), russ.-schweizer. Malerin
Carl Zeiss (1816–1888), dt. Mechaniker und Unternehmer

Am 12. September wurden geboren:
Stanislaw Lem (1921–2006), poln. Schriftsteller
Lore Lorentz (1920–1994), dt. Kabarettistin
Jesse Owens (1913–1980), amerikan. Leichtathlet (Sprint, Weitsprung)
Irène Joliot-Curie (1897–1956), frz. Physikerin, Chemienobelpreisträgerin 1935
Maurice Chevalier (1888–1972), frz. Chansonsänger und Schauspieler
Anselm Feuerbach (1829–1880), dt. Maler

Am 13. September wurden geboren:
Jacqueline Bisset (*1944), brit. Schauspielerin
Oscar Arias Sánchez (*1941), costa-rican. Politiker, Friedensnobelpreisträger 1987
Arnold Schönberg (1874–1951), österreich. Komponist
Marie von Ebner-Eschenbach (1830–1916), österreich. Schriftstellerin
Clara Schumann, geb. Wieck (1819–1896), dt. Pianistin und Komponistin

Am 14. September wurden geboren:
Amy Winehouse (1983–2011), brit. Soulsängerin
Martina Gedeck (*1961), dt. Schauspielerin
Rolf Liebermann (1910–1999), schweizer. Komponist und Opernintendant
Iwan Pawlow (1849–1936), russ. Physiologe, Medizinnobelpreisträger 1904
Theodor Storm (1817–1888), dt. Schriftsteller
Alexander von Humboldt (1769–1859), dt. Naturforscher und Geograf

September 38. Woche

Jungfrau 22.8. bis 21.9.

15 Montag

16 Dienstag

17 Mittwoch

18 Donnerstag

19 Freitag

20 Weltkindertag TH
Samstag

21 • Sonntag

Nahezu kerzengerade strecken sich die Buchen an dieser doppelreihigen Allee in Plestin-les-Grèves in die Höhe. Die Gemeinde liegt zwischen den Flüssen Yar und Douron im Departement Côtes-d'Armor.

Ich liebe die graden Alleen
mit ihrer stolzen Flucht.
Ich meine sie münden
zu sehen in blauer
Himmelsbucht.

Christian Morgenstern

Wo	Mo	Di	Mi	Do	Fr	Sa	So
36	1	2	3	4	5	6	7
37	8	9	10	11	12	13	14
38	15	16	17	18	19	20	21
39	22	23	24	25	26	27	28
40	29	30					

VOR 150 JAHREN

Matthias Erzberger – deutscher Politiker und Reformer

Geboren am 20. September 1875: Der Württemberger aus Buttenhausen bei Reutlingen hatte sich als Zentrumsabgeordneter des Reichstags ab 1903 einen Namen als Aufklärer gemacht, der Skandale während der Kolonialzeit aufdeckte. Zum Ende des Ersten Weltkriegs unterzeichnete Matthias Erzberger im Auftrag der deutschen Reichsregierung 1918 den Waffenstillstand von Compiègne – eine Tatsache, die ihm fortan aus rechtsnationalistischen Kreisen üble Anfeindungen und persönliche Verleumdungen einbrachte.

1919 in der jungen Demokratie zum Finanzminister gewählt, machte sich Erzberger daran, ein riesiges Reformwerk in der Steuer- und Finanzpolitik in die Wege zu leiten. Diese nach ihm benannte Reform bestimmt in einigen Teilen noch heute die Finanzverfassung und das Steuerrecht. Trotz dieses bedeutenden Reformwerks rissen die Angriffe gegen Erzberger jedoch nicht ab: Von Rechtsextremen initiierte Attacken führten letztendlich im März 1920 zu seinem Rücktritt. Anderthalb Jahre später wurde der 45-jährige Politiker von der rechtsextremen Terrororganisation Consul in der Nähe von Bad Griesbach im Schwarzwald erschossen.

VOR 75 JAHREN

Beginn der Hilpert-Ära am Deutschen Theater Göttingen

Am 16. September 1950: Das 1890 eröffnete Theater in der südniedersächsischen Universitätsstadt stieg ab 1950 in die Riege der renommiertesten bundesdeutschen Schauspielhäuser auf, was eng mit dem Namen des 1950 ernannten Leiters verbunden war – Heinz Hilpert. Der neue Intendant, der 1931 in Berlin Carl Zuckmayers Dreiakter »Der Hauptmann von Köpenick« uraufgeführt hatte, begeisterte in Göttingen in Kooperation mit seinem Spielleiter Eberhard Müller-Elmau nicht zuletzt durch seinen ausgeklügelt-vielfältigen Spielplan und insbesondere mit Premieren zweier weiterer Werke Zuckmayers.

Als Intendant blieb Hilpert dem Theater bis 1966 erhalten und war ihm darüber hinaus noch kurzzeitig bis zu seinem Tod 1967 in Göttingen als freier Regisseur verbunden. Abgelöst wurde der 76-Jährige vom Intendanten Günther Fleckenstein, der verstärkt auch auf junge deutsche Autoren setzte und so auch politische Stücke auf die Bühne brachte – allen voran 1980 die Uraufführung von Rolf Hochhuths viel diskutiertem Werk »Juristen« über die Rolle des baden-württembergischen Ministerpräsidenten Hans Filbinger (CDU) als Marinerichter in der Zeit des Nationalsozialismus.

VOR 100 JAHREN

Charlie Byrd – virtuoser Gitarrist in Jazz, Bossa nova und Klassik

Geboren am 16. September 1925: An guten amerikanischen Jazzgitarristen bestand zu Beginn der 1960er-Jahre kein Mangel, doch nur wenige beschäftigten sich, wie Charlie Byrd, intensiv mit brasilianischer Musik. Den Ende der 1950er-Jahre in dem südamerikanischen Land entstandenen rhythmisch-jazzigen Bossa nova machte der aus Suffolk, Virginia, stammende Musiker in den USA populär, wobei er ihn vielfach mit Klängen aus seiner Heimat verband. Gemeinsam mit seinem berühmten Landsmann, dem Saxofonisten Stan Getz, nahm er 1962 das Album »Jazz Samba« auf, das zu einem der meistverkauften Jazzalben der Historie avancierte. Byrd, der bei seinen zahlreichen Konzerten sowohl mit akustischen als auch mit elektrischen Gitarren spielte und dabei zumeist ohne Verstärker auskam, leistete auch in einem anderen musikalischen Bereich Besonderes: Er war ein herausragender Klassikgitarrist, der Jazz und Klassik zu einer Einheit zu verschmelzen trachtete und dadurch als Pionier in die Geschichte einging. Für seine Musik ließ sich Byrd von Klängen aus der ganzen Welt und vor allem auch vom Blues inspirieren und sorgte ab Mitte der 1970er-Jahre auch durch sein Zusammenspiel mit den Jazzgitarristen Herb Ellis und Johnny Rae für Begeisterung. Gemeinsam legten sie 1974 das Album »Three Guitars« vor. Mit 74 Jahren starb Byrd 1999 in Annapolis, Maryland.

Geburtstagskinder vom 15. bis 21. September 2025

Am 15. September wurden geboren:
Letizia (*1972), Königin von Spanien ab 2014 als Gattin Felipes VI.
Jessye Norman (1945–2019), amerikan. Sängerin (Sopran)
Helmut Schön (1915–1996), dt. Fußballtrainer, Bundestrainer des Deutschen Fußball-Bundes 1964–78
Will Quadflieg (1914–2003), dt. Schauspieler
Agatha Christie (1890–1976), brit. Kriminalschriftstellerin
Ettore Bugatti (1881–1947), italien.-frz. Automobilkonstrukteur

Am 16. September wurden geboren:
David Copperfield (*1956), amerikan. Illusionist und Entertainer
Oskar Lafontaine (*1943), dt. Politiker, Ministerpräsident des Saarlandes 1985–98
Esther Vilar (*1935), dt. Publizistin
Peter Falk (1927–2011), amerikan. Schauspieler
Lauren Bacall (1924–2014), amerikan. Schauspielerin
Hans (Jean) Arp (1887–1966), dt.-frz. Schriftsteller, Maler und Bildhauer
Karen Horney (1885–1952), dt.-amerikan. Psychoanalytikerin

Am 17. September wurden geboren:
Anastacia (*1968), amerikan. Popsängerin
Reinhold Messner (*1944), italien. (Südtiroler) Bergsteiger
Chaim Herzog (1918–1997), israel. Politiker, Staatspräsident 1983–93
Robert Lembke (1913–1989), dt. Journalist und Fernsehmoderator
Franz Grothe (1908–1982), dt. Komponist
Käthe Kruse (1883–1968), dt. Kunsthandwerkerin (Puppen)

Am 18. September wurden geboren:
Anna Jurjewna Netrebko (*1971), russ. Sängerin (Sopran)
Josef Tal, eigtl. J. Gruenthal (1910–2008), israel. Komponist
Greta Garbo (1905–1990), schwed. Schauspielerin
Léon Foucault (1819–1868), frz. Physiker (foucaultscher Pendelversuch)
Heinrich Laube (1806–1884), dt. Schriftsteller und Publizist
Trajan (53–117), röm. Kaiser 98–117

Am 19. September wurden geboren:
Richard Rogler (*1949), dt. Kabarettist und Schauspieler
Jeremy Irons (*1948), brit. Schauspieler
Wolfram Siebeck (1928–2016), dt. Journalist und Feinschmecker
Emil Zátopek (1922–2000), tschech. Leichtathlet (Langstreckenlauf)
William G. Golding (1911–1993), brit. Schriftsteller, Literaturnobelpreisträger 1983
Willy Birgel (1891–1973), dt. Schauspieler

Am 20. September wurden geboren:
Sabine Christiansen (*1957), dt. Fernsehjournalistin und Moderatorin
Javier Marías (1951–2022), span. Schriftsteller
Sophia Loren (*1934), italien. Schauspielerin
Alexander Mitscherlich (1908–1982), dt. Psychoanalytiker und Publizist
Hans Scharoun (1893–1972), dt. Architekt
Upton Sinclair (1878–1968), amerikan. Schriftsteller, Journalist und Sozialreformer

Am 21. September wurden geboren:
Stephen King (*1947), amerikan. Schriftsteller
Leonard Cohen (1934–2016), kanad. Sänger, Komponist und Schriftsteller
Larry Hagman (1931–2012), amerikan. Schauspieler
Françoise Giroud (1916–2003), frz. Journalistin, Schriftstellerin und Politikerin

September 39. Woche

Waage ♎ 22.9. bis 22.10.

22	Herbstanfang Montag
23	Dienstag
24	Mittwoch
25	Donnerstag
26	Freitag
27	Samstag
28	Sonntag

Mitte des 19. Jh. gegründet, wurde Deauville bald zum Inbegriff eines eleganten Seebads. Zu seinen Aushängeschildern gehört das 1912 erbaute Luxushotel Barrière Le Normandy, in dem Coco Chanel ein Jahr später eine Modeboutique eröffnete.

Es gibt eine Zeit für die Arbeit. Und es gibt eine Zeit für die Liebe. Mehr Zeit hat man nicht.
Coco Chanel

Wo	Mo	Di	Mi	Do	Fr	Sa	So
36		1	2	3	4	5	6	7
37	8	9	10	11	12	13	14
38	15	16	17	18	19	20	21
39	22	23	24	25	26	27	28
40	29	30					

VOR 35 JAHREN

DDR tritt vor dem Beitritt zur BRD aus dem Warschauer Pakt aus

Am 24. September 1990: Infolge der Westintegration und des Beitritts der Bundesrepublik Deutschland 1955 in die NATO hatte die UdSSR zusammen mit den anderen sozialistischen Staaten Osteuropas unmittelbar im Anschluss einen »Vertrag über Freundschaft, Zusammenarbeit und gegenseitigen Beistand« ins Leben gerufen. Dieses als »Warschauer Pakt« bekannte Militärbündnis bildete fortan im Kalten Krieg den Widerpart zum Nordatlantikpakt, wobei beide Seiten bis in die 1980er-Jahre auf massives Wettrüsten setzten. Nachdem Michail Gorbatschow als neuer KPdSU-Generalsekretär ab Mitte der 1980er-Jahre eine umfassende Reformpolitik in seinem Land eingeleitet hatte, änderte sich auch die Kooperation im Warschauer Pakt. Anders als die Machthaber vor ihm gestand Gorbatschow den sozialistischen Staaten das Recht auf Eigenständigkeit zu, was alsbald zu demokratischen Umwälzungen in den Mitgliedstaaten führte – 1989 auch in der DDR. Als sich im Zuge der friedlichen Revolution in der DDR abzeichnete, dass das Land gemäß Art. 23 GG der Bundesrepublik beitreten werde, stellte sich alsbald die Frage nach der Bündniszugehörigkeit. Gorbatschow stellte auch hier die entscheidenden Weichen, indem er dem deutschen Volk die alleinige Entscheidung über seine Bündniszugehörigkeit zubilligte. Im September 1990 unterzeichneten DDR-Verteidigungsminister Rainer Eppelmann und der sowjetische General Pjotr Luschew als Oberkommandierender des Warschauer Pakts in Ostberlin die Austrittsurkunde der DDR.

VOR 120 JAHREN

Ernst Baier – Olympiasieger im Eiskunstlaufen 1936

Geboren am 27. September 1905: Wenn der gebürtige Sachse aus Zittau mit seiner Partnerin Maxi Herber zwischen 1934 und 1941 im Eiskunstlauf der Paare an der Start ging, dann gab es für andere Paare kaum etwas zu gewinnen: Die siebenfachen deutschen Meister sicherten sich in dieser Zeit fünf Titel bei Europameisterschaften und vier Goldmedaillen bei Weltmeisterschaften. Höhepunkt ihrer Karriere aber waren die Olympischen Winterspiele 1936 in Garmisch-Partenkirchen, bei denen Herber/Baier mit zuvor ungekannter Präzision und Synchronität bei den Sprüngen Gold vor den österreichischen Geschwistern Ilse und Erik Pausin gewannen.
Doch damit nicht genug der Erfolge für Baier, der auch im Einzel an den Start ging und sich bei Olympia 1936 Silber holte. Dabei musste er sich nur dem Österreicher Karl Schäfer beugen. Gemeinsam mit Herber, die er 1940 geheiratet hatte, gründete der zweifache Vizeweltmeister und dreimalige Vizeeuropameister im Einzel zu Beginn der 1950er-Jahre ein Eisballett und später eine Eisrevue. Baier, der neben dem Eislauf ein Architekturstudium abgeschlossen hatte, starb 2001 mit 95 Jahren in Garmisch-Partenkirchen.

VOR 100 JAHREN

Robert Edwards – Pionier der Reproduktionsmedizin

Geboren am 27. September 1925: Dank des britischen Biologen und Genetikers aus Batley, West Yorkshire, haben ungewollt kinderlose Paare seit Ende der 1970er-Jahre eine Chance auf Nachwuchs. Robert Edwards wird mit dem Gynäkologen Patrick Steptoe, der 1969 für die erste Befruchtung einer Eizelle außerhalb des Körpers verantwortlich gezeichnet hatte, als »Vater der Retortenbabys« gefeiert. Als Pionier der künstlichen Befruchtung hatte er entscheidend dazu beigetragen, dass 1978 Louise Brown als erstes Baby zur Welt kam, das nach Entnahme reifer Eizellen durch Befruchtung im Labor und anschließendes Einsetzen des Eis in den Uterus entstanden war.
Zusammen mit Steptoe gründete Edwards 1980 in Cambridgeshire eine Fruchtbarkeitsklinik, in der er fortan zahlreiche Menschen behandelte – was aber insbesondere von kirchlicher Seite und von vielen Wissenschaftlern teils heftige Kritik hervorrief. Edwards, der 2010 für die In-vitro-Fertilisation den Nobelpreis für Physiologie oder Medizin erhalten hatte, starb 2013 im Alter von 87 Jahren bei Cambridge.

Geburtstagskinder vom 22. bis 28. September 2025

Am 22. September wurden geboren:
Ronaldo, eigtl. Luiz Nazário de Lima (*1976), brasilian. Fußballspieler
Fay Weldon (1931–2023), brit. Schriftstellerin
Hans Scholl (1918–1943), dt. Widerstandskämpfer gegen das NS-Regime (Weiße Rose)
Hans Albers (1891–1960), dt. Schauspieler
Michael Faraday (1791–1867), brit. Physiker und Chemiker

Am 23. September wurden geboren:
Bruce Springsteen (*1949), amerikan. Rockmusiker
Romy Schneider (1938–1982), österreich.-dt. Schauspielerin
Ray Charles (1930–2004), amerikan. Jazzmusiker
Suzanne Valadon (1865–1938), frz. Malerin
Robert Bosch (1861–1942), dt. Industrieller
Augustus (63 v. Chr.–14 n. Chr.), erster röm. Kaiser ab 27 v. Chr.

Am 24. September wurden geboren:
Pedro Almodóvar (*1949), span. Filmregisseur
Manfred Wörner (1934–1994), dt. CDU-Politiker, NATO-Generalsekretär 1988–94
Francis Scott Fitzgerald (1896–1940), amerikan. Schriftsteller
Grigori Potemkin (1739–1791), russ. Politiker und Feldmarschall (Potemkinsche Dörfer)
Horace Walpole (1717–1797), brit. Schriftsteller
Albrecht Wenzel Eusebius von Wallenstein (1583–1634), kaiserlicher Feldherr

Am 25. September wurden geboren:
Barbara Dennerlein (*1964), dt. Jazzorganistin
Ales Bialiatski (*1962), belarus. Menschenrechtsaktivist, Friedensnobelpreisträger 2022
Zucchero, eigtl. Adelmo Fornaciari (*1955), italien. Rockmusiker

Michael Douglas (*1944), amerikan. Schauspieler
Dmitri Schostakowitsch (1906–1975), russ. Komponist
William Faulkner (1897–1962), amerikan. Schriftsteller, Literaturnobelpreisträger 1949

Am 26. September wurden geboren:
Serena Williams (*1981), amerikan. Tennisspielerin
Winnie Mandela (1936–2018), südafrikan. Politikerin
Berthold Beitz (1913–2013), dt. Manager (Krupp)
George Gershwin (1898–1937), amerikan. Komponist
Paul VI., eigtl. Giovanni Battista Montini (1897–1978), Papst 1963–78
T(homas) S(tearns) Eliot (1888–1965), amerikan.-brit. Schriftsteller, Literaturnobelpreisträger 1948

Am 27. September wurden geboren:
Tanja Kinkel (*1969), dt. Schriftstellerin
Maria Schrader (*1965), dt. Schauspielerin und Regisseurin
Johann Lafer (*1957), österreich. Koch
Arthur Penn (1922–2010), amerikan. Regisseur
Grazia Deledda (1871–1936), italien. Schriftstellerin, Literaturnobelpreisträgerin 1926
Cosimo de' Medici, gen. Cosimo der Alte (1389–1464), Stadtherr von Florenz

Am 28. September wurden geboren:
Donna Leon (*1942), amerikan. Schriftstellerin
Edmund Stoiber (*1941), dt. CSU-Politiker, Ministerpräsident Bayerns 1993–2007
Brigitte Bardot (*1934), frz. Schauspielerin
Siegfried Unseld (1924–2002), dt. Verleger (Suhrkamp)
Max Schmeling (1905–2005), dt. Boxer
Caravaggio, eigtl. Michelangelo Merisi (1571–1610), italien. Maler

September/Oktober   40. Woche

Waage ♎ 22.9. bis 22.10.

29 Montag

30 Dienstag

1 Mittwoch

2 Donnerstag

3 Tag der Deutschen Einheit
Freitag

4 Welttierschutztag
Samstag

5 Erntedankfest
Sonntag

Nicht mehr Tag und noch nicht Nacht – zur blauen Stunde ist ein Spaziergang am Strand von Kerfissien mit den aus dem Wasser ragenden Felsen ein sehr besonderes Erlebnis. Kerfissien liegt ganz im Westen von Cléder, das für seine schönen Strände bekannt ist.

Für mich ist jede Stunde des Tages und der Nacht ein unbeschreibliches perfektes Wunder.
Walt Whitman

Wo	Mo	Di	Mi	Do	Fr	Sa	So
40			1	2	3	4	5
41	6	7	8	9	10	11	12
42	13	14	15	16	17	18	19
43	20	21	22	23	24	25	26
44	27	28	29	30	31		

VOR 90 JAHREN

Ingrid Noll – erfolgreiche deutsche Krimi-Autorin

Geboren am 29. September 1935: Ingrid Noll als Spätberufene zu bezeichnen ist angesichts ihrer Karriere keineswegs abwegig. Schließlich präsentierte die in Schanghai geborene Arzttochter, die erst als Jugendliche nach Deutschland kam und mittlerweile in Weinheim bei Heidelberg lebt, ihren Debütroman »Der Hahn ist tot« erst 1991 mit 55 Jahren. Seither veröffentlicht die Autorin alle ein bis zwei Jahre neue Werke, die mit einer reichlichen Prise schwarzen Humors in der Regel zu Bestsellern aufsteigen und in zahlreiche Sprachen übersetzt werden.

Gleich ihr zweiter Kriminalroman, »Die Häupter meiner Lieben« (1993), wurde mit dem renommierten Friedrich-Glauser-Preis ausgezeichnet und 1999 erfolgreich verfilmt. Ebenso wie auch in anderen Werken Nolls stehen dabei durchaus sympathische Frauen im Mittelpunkt, die sich störender Männer oder seltener auch Frauen auf elegante, allerdings recht gewaltsame Weise entledigen. Zu Erfolgen an der Kinokasse entwickelten sich auch die Bestseller »Die Apothekerin« (1994) und »Kalt ist der Abendhauch« (1996).

VOR 75 JAHREN

Susan Greenfield – Suche nach Geheimnissen des Gehirns

Geboren am 1. Oktober 1950: Wie funktioniert unser Gehirn und infolge welcher Konstellationen kommt es zu Erkrankungen der wichtigsten Schaltzentrale unseres Körpers? Mit diesen Fragen setzt sich Susan Greenfield seit über vier Jahrzehnten auseinander. Die gebürtige Londonerin, die in Oxford in Pharmakologie promovierte, machte sich dabei insbesondere bei der Ursachenforschung von Erkrankungen wie Morbus Alzheimer und Morbus Parkinson auch international einen Namen.

Nach Jahren als Professorin in London und Oxford wurde die langjährige Leiterin der Royal Institution, einer renommierten Lehr- und Forschungseinrichtung, 2001 als Life Peer (Baroness auf Lebenszeit) in den Adelsstand und damit zum Mitglied des britischen Oberhauses erhoben. Die Universitätsdirektorin in Edinburgh (2005–13) und Mitbegründerin eines Biotech-Unternehmens (2013) hat es sich neben ihrer wissenschaftlichen Arbeit zur Aufgabe gemacht, als Buchautorin die Erkenntnisse der Forschung allgemein verständlich zu erklären und so ein breiteres Bewusstsein für die Wissenschaften zu wecken.

VOR 65 JAHREN

Die Comic-Familie Feuerstein feiert ihre Fernsehpremiere

Am 30. September 1960: Man nehme zwei typische amerikanische Mittelschichtfamilien der 1950er-Jahre mitsamt Kleinstadthäuschen, Garten und Auto, verlege das gesamte Geschehen in die Steinzeit und würze es mit liebenswert-skurrilen Charakteren und lustigen Einfällen rund um Haus, Hof und Arbeit – und fertig ist eine populäre TV-Sendung mit 166 jeweils 30-minütigen Episoden, die nun schon ihren 65. Geburtstag begeht.

Im Mittelpunkt der kleinen Alltagsgeschichten um die Familie Feuerstein aus der Feder der Zeichentrickfilmer und Produzenten Joseph Barbera und William Hanna steht der großmäulige und reichlich unbeherrschte Fred, der in einem Steinbruch arbeitet und durch seinen Leichtsinn immer wieder in brenzlige Situationen gerät. Das klassische Familienbild ergänzt die für Haushalt und Töchterchen Pebbles zuständige Ehefrau Wilma, die – in schicke Tierkleidung gewandet – die Eskapaden ihres reumütigen Mannes immer wieder verzeiht. Fehlen darf natürlich auch nicht das obligatorische Haustier, das steinzeitgerecht ein Dinosaurier ist und die heimische Arbeit ebenso erleichtert wie der tierische Müllschlucker, die Mammutspülmaschine und der Schildkrötenrasenmäher. Die Nachbarn der Feuersteins sind das Ehepaar Barney und Betty Geröllheimer mit Söhnchen Bambam, die im Wesentlichen Leben und Schicksal ihrer Freunde teilen. Bleibt noch zu erwähnen, dass alle Möbel und Accessoires natürlich aus Stein oder aus Holz gefertigt sind und die Autos durch Laufen mit den eigenen Füßen angetrieben werden.

Geburtstagskinder vom 29. September bis 5. Oktober 2025

Am 29. September wurden geboren:
Julia Gillard (*1961), austral. Labor-Politikerin, erste Premierministerin Australiens 2010–13
Lech Wałęsa (*1943), poln. Gewerkschafter und Politiker, Staatspräsident 1990–95, Friedensnobelpreisträger 1983
Silvio Berlusconi (*1936), italien. Medienunternehmer und Politiker
Michelangelo Antonioni (1912–2007), italien. Filmregisseur
Walther Rathenau (1867–1922), dt. Industrieller und Politiker, Reichsaußenminister 1922

Am 30. September wurden geboren:
Jurek Becker (1937–1997), dt. Schriftsteller
Udo Jürgens (1934–2014), österreich. Schlagersänger und -komponist
Dorothee Sölle (1929–2003), dt. ev. Theologin und Literaturwissenschaftlerin
Elie Wiesel (1928–2016), amerikan. Schriftsteller, Friedensnobelpreisträger 1986

Truman Capote (1924–1984), amerikan. Schriftsteller
Deborah Kerr (1921–2007), brit. Schauspielerin

Am 1. Oktober wurden geboren:
Theresa May (*1956), brit. konservative Politikerin, Premierministerin 2016–19
Günter Wallraff (*1942), dt. Schriftsteller
Peter Stein (*1937), dt. Theaterregisseur
James »Jimmy« Earl Carter (*1924), amerikan. Politiker (Demokraten), Präsident der USA 1977–81, Friedensnobelpreisträger 2002
Walter Matthau (1920–2000), amerikan. Schauspieler
Vladimir Horowitz (1903–1989), russ.-amerikan. Pianist
Karl VI. (1685–1740), röm.-dt. Kaiser 1711–40

Am 2. Oktober wurden geboren:
Maria Ressa (*1963), philippin. Journalistin und Autorin, Friedensnobelpreisträgerin 2021

Sting, eigtl. Gordon Matthew Sumner (*1951), brit. Popmusiker
Oswalt Kolle (1928–2010), dt. Publizist
Uta Ranke-Heinemann (1927–2021), dt. kath. Theologin
Graham Greene (1904–1991), brit. Schriftsteller
Mahatma Gandhi (1869–1948), ind. Freiheitskämpfer
Paul von Hindenburg (1847–1934), dt. Generalfeldmarschall, Reichspräsident 1925–34

Am 3. Oktober wurden geboren:
Clive Owen (*1964), brit. Schauspieler
Steve Reich (*1936), amerikan. Komponist
Thomas Wolfe (1900–1938), amerikan. Schriftsteller
Louis Aragon (1897–1982), frz. Schriftsteller
Carl von Ossietzky (1889–1938), dt. Publizist, Friedensnobelpreisträger 1935
Eleonora Duse (1858–1924), italien. Schauspielerin

Am 4. Oktober wurden geboren:
Christoph Waltz (*1956), dt.-österreich. Schauspieler
Buster Keaton (1895–1966), amerikan. Schauspieler und Regisseur
Luis Trenker (1892–1990), Südtiroler Schauspieler, Regisseur und Schriftsteller
Lucas Cranach der Jüngere (1515–1586), dt. Maler

Am 5. Oktober wurden geboren:
Kate Winslet (*1975), brit. Schauspielerin
A. R. Penck, eigtl. Ralf Winkler (1939–2017), dt. Maler und Bildhauer
Václav Havel (1936–2011), tschech. Schriftsteller und Politiker, Staatspräsident 1993–2003
Ida Rubinstein (1888–1960), russ. Tänzerin und Schauspielerin
Denis Diderot (1713–1784), frz. Schriftsteller und Philosoph

Oktober 41. Woche

Waage ♎ 22.9. bis 22.10.

6 Montag

7 ○ Dienstag

8 Mittwoch

9 Donnerstag

10 Freitag

11 Samstag

12 Sonntag

Das Dorf Guimiliau verfügt über einen der bedeutendsten, für die Bretagne typischen umfriedeten Pfarrbezirke. Sein Calvaire aus dem 16. Jh. – eine Kreuzigungsgruppe – zählt mit rund 200 Figuren zu den größten.

Eine Sache ist ziemlich groß, wenn Entfernung und Zeit sie nicht schmälern können.
Zora Neale Hurston

Wo	Mo	Di	Mi	Do	Fr	Sa	So
40			1	2	3	4	5
41	6	7	8	9	10	11	12
42	13	14	15	16	17	18	19
43	20	21	22	23	24	25	26
44	27	28	29	30	31		

VOR 50 JAHREN

Renate Lingor – zweifache Welt- und Europameisterin im Fußball

Geboren am 11. Oktober 1975: Wie für viele Fußballerinnen ihrer Generation startete auch die sportliche Karriere Renate Lingors in Jungenteams, bevor die gebürtige Karlsruherin als 15-Jährige 1991 zum badischen Frauenfußball-Bundesligaverein SC Klinge Seckach stieß. Die großen nationalen Erfolge stellten sich für die begnadete Technikerin und Mittelfeldregisseurin aber erst nach 1997 beim 1. FFC Frankfurt ein: Mit den Hessinnen gewann Lingor bis zum Ende ihrer Karriere 2008 je siebenmal die deutsche Meisterschaft und den DFB-Pokal. Zudem durfte sie sich dreimal über den Sieg im UEFA-Cup freuen: 2002 gab Frankfurt dem schwedischen Klub Umeå IK mit 2:0 das Nachsehen, 2004 steuerte Lingor drei Treffer beim 4:0 und 3:2 im Hin- und Rückspiel des Finalduells gegen Turbine Potsdam bei. 2008 war sie in den Endspielen erneut gegen Umeå verletzungsbedingt nicht mit von der Partie.

Noch erfolgreicher gestaltete sich Lingors Karriere im Nationaltrikot. Nachdem die 19-Jährige 1995 ihr Debüt gefeiert hatte, nahm sie ein Jahr später an ihren ersten von insgesamt vier Olympischen Spielen teil, bei denen sie 2000, 2004 und 2008 drei Bronzemedaillen sammelte. 2001 und 2005 gehörte die 149-fache Nationalspielerin zu jenen Teams, die gegen Schweden bzw. Norwegen die EM-Endspiele gewannen. 2003 und 2007 führte Lingor die DFB-Auswahl jeweils zum WM-Titel. 2019 wurde sie in die Hall of Fame aufgenommen.

VOR 170 JAHREN

Arthur Nikisch – Dirigent der Berliner Philharmoniker

Geboren am 12. Oktober 1855: Der in Ungarn geborene Arthur Nikisch machte sich in Wien zunächst als Geiger einen Namen, ehe er 1878 erster Kapellmeister am Leipziger Stadttheater wurde (sein zweiter Kapellmeister war Gustav Mahler). Nachdem er u. a. in Chicago Erfahrungen als Chefdirigent des Symphony Orchestra gesammelt hatte, wurde er 1895 Kapellmeister des Leipziger Gewandhausorchesters. Im selben Jahr übernahm er als Nachfolger Hans von Bülows überdies das Amt des Chefdirigenten der Berliner Philharmoniker. Nikisch gab der künstlerischen Ausdruckskraft der einzelnen Musiker breiteren Raum und erweiterte zudem die programmatische Vielfalt der Philharmoniker, wobei er u. a. Werke von Anton Bruckner und Peter Tschaikowski aufführen ließ. Mit über 600 Konzerten und insbesondere durch zahlreiche Orchesterreisen steigerte er den weltweiten Ruf seiner Philharmoniker, mit denen er 1913 erstmals eine Sinfonie auf Schallplatte aufnahm: die 5. Sinfonie Ludwig van Beethovens. Nach 27 Jahren an der Spitze des Orchesters endete Nikischs Zeit als Chefdirigent in Berlin und als Gewandhauskapellmeister in Leipzig durch seinen grippebedingten Tod 1922 jäh.

VOR 15 JAHREN

Gründung des Foto- und Videonetzwerks Instagram

Am 6. Oktober 2010: Ein werbefinanziertes soziales Netzwerk, mit dessen Hilfe sich vor allem Fotos und Videos verschicken und im Freundeskreis teilen lassen – mit dieser Grundidee begeisterten der brasilianische Software-Entwickler und Unternehmer Mike Krieger und sein US-Kollege Kevin Systrom insbesondere Jugendliche und junge Erwachsene. Anfang Oktober 2010 präsentierten sie ihr »Instagram« getauftes Netzwerk der Öffentlichkeit – und der Erfolg gab ihnen Recht: Anderthalb Jahre später machte Facebook den Instagram-Eignern ein Angebot von einer Milliarde US-Dollar und übernahm das Netzwerk mit seinerzeit 30 Mio. registrierten Benutzern.

In der Folgezeit wurde Instagram um zahlreiche Funktionen erweitert, so um die Möglichkeit, personalisierte Websites anzulegen, Nutzer-Kurzvideos zu veröffentlichen und mit Audiospuren zu unterlegen, geschäftliche Profile anzulegen sowie per Audio-Streaming Musikvideos, Liedertexte und Fotos zu präsentieren. 2019 wurde bei Instagram, das vielfach wegen möglicher Überwachung der Nutzer kritisiert wird, eine Anmeldepflicht für die Nutzung der Profile und Beiträge eingeführt.

Geburtstagskinder vom 6. bis 12. Oktober 2025

Am 6. Oktober wurden geboren:
Louis Begley, eigtl. Ludwik Begleiter (*1933), poln.-amerikan. Schriftsteller
Thor Heyerdahl (1914–2002), norweg. Ethnologe und Altertumsforscher
Meret Oppenheim (1913–1985), dt.-schweizer. Malerin
Carole Lombard (1908–1942), amerikan. Schauspielerin
Wolfgang Liebeneiner (1905–1987), dt. Schauspieler und Regisseur
Le Corbusier (1887–1965), frz.-schweizer. Architekt und Städteplaner
Jenny Lind (1820–1887), schwed. Sängerin (Sopran)

Am 7. Oktober wurden geboren:
Raimund Harmstorf (1939–1998), dt. Schauspieler
Thomas Keneally (*1935), austral. Schriftsteller
Desmond Mpilo Tutu (1931–2021), südafrikan. anglikanischer Bischof, Friedensnobelpreisträger 1984
Annemarie Renger (1919–2008), dt. SPD-Politikerin
Niels Bohr (1885–1962), dän. Physiker, Physiknobelpreisträger 1922

Am 8. Oktober wurden geboren:
Tabea Zimmermann (*1966), dt. Bratschistin
Jakob Arjouni (1964–2013), dt. Schriftsteller
Ursula von der Leyen (*1958), dt. CDU-Politikerin, Präsidentin der EU-Kommission seit 2019
Helmut Qualtinger (1928–1986), österreich. Schriftsteller, Kabarettist und Schauspieler
César Milstein (1927–2002), argentin. Molekularbiologe, Medizinnobelpreisträger 1984
Juan Domingo Perón (1895–1974), argentin. General und Politiker, Präsident 1946–55 und 1973/74

Am 9. Oktober wurden geboren:
David Cameron (*1966), brit. konservativer Politiker, Premierminister 2010–16
Jody Williams (*1950), amerikan. Pazifistin, Friedensnobelpreisträgerin 1997
John Lennon (1940–1980), brit. Popmusiker
Wolfgang Staudte (1906–1984), dt. Filmregisseur
Heinrich George (1893–1946), dt. Schauspieler
Helene Deutsch (1884–1982), österreich.-amerikan. Psychoanalytikerin

Am 10. Oktober wurden geboren:
Carolyn R. Bertozzi (*1966), amerikan. Chemikerin, Chemienobelpreisträgerin 2022
Karl Clauss Dietel (1934–2022), dt. Produktdesigner
Harold Pinter (1930–2008), brit. Dramatiker und Regisseur, Literaturnobelpreisträger 2005
Alberto Giacometti (1901–1966), schweizer. Bildhauer und Grafiker
Giuseppe Verdi (1813–1901), italien. Komponist

Am 11. Oktober wurden geboren:
Saul Friedländer (*1932), israel. Historiker
Liselotte Pulver (*1929), schweizer. Schauspielerin
Jerome Robbins (1918–1998), amerikan. Choreograf
Karl Hofer (1878–1955), dt. Maler und Grafiker
Gertrud von Le Fort (1876–1971), dt. Schriftstellerin

Am 12. Oktober wurden geboren:
Marion Jones (*1975), amerikan. Leichtathletin (Sprint, Weitsprung)
Luciano Pavarotti (1935–2007), italien. Sänger (Tenor)
Wolfgang Fortner (1907–1987), dt. Komponist und Dirigent
Ding Ling (1904–1986), chines. Schriftstellerin
Edith Stein (1891–1942), dt. Karmelitin und Philosophin

Oktober 42. Woche

Waage ♎ 22.9. bis 22.10.

| 13 ☾ Montag |
| 14 Dienstag |
| 15 Mittwoch |
| 16 Donnerstag |
| 17 Freitag |
| 18 Samstag |
| 19 Sonntag |

Im Norden der Halbinsel Cotentin führt ein Küstenweg durch die Landschaft am Cap Lévi. Der gleichnamige Leuchtturm wurde 1948 in Betrieb genommen, nachdem sein Vorgänger während des Zweiten Weltkriegs zerstört worden war.

Das Licht strahlt nicht, wenn alles erhellt ist, es sticht nur in der Dunkelheit hervor.

Erich Maria Remarque

Wo	Mo	Di	Mi	Do	Fr	Sa	So
40			1	2	3	4	5
41	6	7	8	9	10	11	12
42	13	14	15	16	17	18	19
43	20	21	22	23	24	25	26
44	27	28	29	30	31		

VOR 200 JAHREN

Ludwig I. besteigt den Königsthron in Bayern

Am 13. Oktober 1825: Der in der ersten Hälfte des 19. Jahrhunderts bestehende Konflikt um eine liberale oder konservativ-restaurative Ordnung prägte auch die Regentschaft Ludwigs I. Der König von Bayern hatte den Thron und auch die moderne liberale Verfassung von seinem 1825 verstorbenen Vater Maximilian I. übernommen, setzte bald jedoch auf eine eher reaktionär-restaurative Politik. Unter Ludwigs Regentschaft, der als Förderer der Kunst und Wissenschaft galt, stieg München zum kulturellen Zentrum auf. Das Bild der Stadt wurde überdies durch zahlreiche repräsentative klassizistische Bauwerke, die Ludwig errichten ließ, verändert.

Auf außenpolitischem Gebiet ist Ludwigs Einsatz für die griechische Unabhängigkeitsbewegung gegen das Osmanische Reich hervorzuheben. Seinen Einfluss nutzte der Monarch, um seinen Sohn Otto 1832 als griechischen König durchzusetzen. Als Ludwig infolge der bürgerlichen Revolution von 1848 gezwungen war, liberale Forderungen zu akzeptieren und seine Affäre mit der irischen Tänzerin Lola Montez hohe Wellen schlug, verzichtete der 61-Jährige zugunsten seines Sohnes Maximilian II. auf die Krone.

VOR 100 JAHREN

Angela Lansbury – Berühmtheit mit Morden als Hobby

Geboren am 16. Oktober 1925: Wenn eine Schauspielerin sechsmal den Golden Globe sowie den Tony Award für Theater und Musical erhält, darüber hinaus dreimal für den Oscar nominiert wird und den begehrten Preis schließlich 2014 für ihr Lebenswerk erhält, dann darf man getrost von einer der bedeutendsten Miminnen ihrer Zeit sprechen. Die Britin Angela Lansbury erwarb sich diese Ehren durch ihre ausdrucksstarken Darstellungen, wobei ihre Bandbreite vom aufgeweckten Hausmädchen in George Cukors Psychothriller »Das Haus der Lady Alquist« (1944) über zahlreiche Broadway-Auftritte und Filmkomödien bis zur selbstzweifelnden Mutter im Filmdrama »Die Muschelsucher« (1989) reicht.

In ihrer bekanntesten Rolle aber verkörperte Lansbury 1984–96 in der amerikanischen Fernsehserie »Mord ist ihr Hobby« die Hobbydetektivin Jessica Fletcher, die in 264 Episoden auf Mörderjagd geht. Noch unmittelbar vor ihrem Tod 2022 in Los Angeles stand die 2014 geadelte Wahlamerikanerin mit 96 Jahren in »Glass Onion: A Knives Out Mystery« vor der Kamera. Im selben Jahr erhielt sie den Tony Award für ihr Lebenswerk.

VOR 85 JAHREN

Cliff Richard – erfolgreicher Sänger aus Großbritannien im Adelsstand

Geboren am 14. Oktober 1940: Als Harry Webb wurde er in Britisch-Indien geboren, unter seinem Künstlernamen Cliff Richard machte der Brite ab den späten 1950er-Jahren Karriere als Sänger. Anfänglich noch vom Rock 'n' Roll geprägt, setzte er mit seiner Band The Shadows bald auf einen ruhigeren Pop- und Schlagersound. Dieser Wechsel bescherte ihm das Image eines liebenswerten Sunnyboys, das durch Hits wie »Living Doll« (1959) untermauert wurde. In Deutschland wurde er 1963 durch sein auf Deutsch dargebotenes Lied »Rote Lippen soll man küssen« populär. Fünf Jahre später landete er mit seinem Nr.-1-Titel »Congratulations« beim Eurovision Song Contest auf Rang zwei hinter der Spanierin Massiel. Bei seinem zweiten Auftritt 1973 erreichte er mit der eingängigen Freundschaftshymne »Power to All Our Friends« den dritten Platz.

Auch in der Folgezeit landete der zunehmend religiöse Musiker, der auch als Schauspieler in Film und Fernsehen sowie als christlicher Prediger auftrat, weitere spitzenplatzierte Chart-Hits, so 1988 seine Version des Weihnachtslieds »Mistletoe and Wine« und elf Jahre später »The Millennium Prayer«. In den fast sieben Jahrzehnten seiner Karriere verkaufte Richard als einer der erfolgreichsten britischen Sänger mehr als 250 Mio. Tonträger und wurde 1995 von Elisabeth II. in den Ritterstand erhoben. 2009/10 kehrten Richard und seine Band The Shadows für eine Tour zum 50. Bühnenjubiläum noch einmal gemeinsam auf die Bühne und für das Album »Reunited« ins Studio zurück.

Geburtstagskinder vom 13. bis 19. Oktober 2025

Am 13. Oktober wurden geboren:
Paul Simon (*1941), amerikan. Sänger
Christine Nöstlinger (1936–2018), österreich. Schriftstellerin
Margaret Thatcher (1925–2013), brit. konservative Politikerin, erste Premierministerin Großbritanniens 1979–90
Yves Montand (1921–1991), frz. Chansonsänger und Schauspieler
Kurt Schumacher (1895–1952), dt. SPD-Politiker
Rudolf Virchow (1821–1902), dt. Mediziner und liberaler Politiker

Am 14. Oktober wurden geboren:
Roger Moore (1927–2017), brit. Schauspieler
Hannah Arendt (1906–1975), dt.-amerikan. Schriftstellerin und Politologin
Heinrich Lübke (1894–1972), dt. CDU-Politiker, Bundespräsident 1959–69
E(dward) E(stlin) Cummings (1894–1962), amerikan. Schriftsteller

Dwight D. Eisenhower (1890–1969), amerikan. Politiker (Republikaner), Präsident der USA 1953–61
Katherine Mansfield (1888–1923), neuseeländ. Schriftstellerin

Am 15. Oktober wurden geboren:
David Trimble (1944–2022), nordir. Politiker, Friedensnobelpreisträger 1998
Mario Puzo (1920–1999), amerikan. Schriftsteller
Friedrich Nietzsche (1844–1900), dt. Philosoph
Friedrich Wilhelm IV. (1795–1861), preuß. König 1840–61
Madeleine de Scudéry (1607–1701), frz. Schriftstellerin und Salonière

Am 16. Oktober wurden geboren:
Corinna Harfouch (*1954), dt. Schauspielerin
Günter Grass (1927–2015), dt. Schriftsteller, Literaturnobelpreisträger 1999

Eugene O'Neill (1888–1953), amerikan. Dramatiker, Literaturnobelpreisträger 1936
David Ben Gurion (1886–1973), israel. Mapai-Politiker, Ministerpräsident 1948–53 und 1955–63
Oscar Wilde (1854–1900), ir. Schriftsteller
Adolph Freiherr von Knigge (1752–1796), dt. Schriftsteller

Am 17. Oktober wurden geboren:
Christoph Marthaler (*1951), schweizer. Bühnenregisseur und Komponist
Rita Hayworth (1918–1987), amerikan. Schauspielerin
Arthur Miller (1915–2005), amerikan. Dramatiker
Alexander Sutherland Neill (1883–1973), brit. Pädagoge (Summerhill)
Alfred Polgar (1873–1955), österreich. Schriftsteller und Kritiker
Georg Büchner (1813–1837), dt. Schriftsteller

Am 18. Oktober wurden geboren:
Martina Navratilova (*1956), tschech.-amerikan. Tennisspielerin
Klaus Kinski (1926–1991), dt. Schauspieler
Melina Mercouri (1925–1994), griech. Schauspielerin und Politikerin
Lotte Lenya (1898–1981), österreich. Sängerin und Schauspielerin
Eugen, Prinz von Savoyen-Carignan (1663–1736), österreich. Feldherr und Staatsmann

Am 19. Oktober wurden geboren:
John le Carré (1931–2020), brit. Schriftsteller
Hilde Spiel (1911–1990), österreich. Schriftstellerin und Kritikerin
Miguel Ángel Asturias (1899–1974), guatemaltek. Schriftsteller, Literaturnobelpreisträger 1967
Annie Smith Peck (1850–1935), amerikan. Bergsteigerin

Die neuen Kalender sind da!

Traumhafte Reiseziele in Deutschland und weltweit entdecken, die atemberaubende Schönheit der Natur erleben – hier findet jeder den passenden Terminkalender für die Wand.

Wochenplaner 2026

Amerika 978-3-8400-3578-4
Auf dem Lande 978-3-8400-3625-5
Bäume 978-3-8400-3664-4
Berge 978-3-8400-3575-3
Bretagne und Normandie 978-3-8400-3764-1
Deutsche Küsten 978-3-8400-3662-0
Deutschland 978-3-8400-3606-4
Eisenbahnen 978-3-8400-3645-3
Gartenparadiese 978-3-8400-3609-5
Heimische Tiere 978-3-8400-3627-9
Heimische Vögel 978-3-8400-3660-6
Irland 978-3-8400-3618-7
Italien 978-3-8400-3763-4
Kanada 978-3-8400-3629-3
Katzen 978-3-8400-3623-1
Kräuter und Gewürze 978-3-8400-3651-4
Küchenkalender 978-3-8400-3610-1
Mittelmeer 978-3-8400-3619-4
Naturschätze Deutschlands 978-3-8400-3688-0
Pferde 978-3-8400-3624-8
Schottland 978-3-8400-3630-9
Skandinavien 978-3-8400-3576-0
Südtirol 978-3-8400-3677-4
Sylt 978-3-8400-3628-6
Trauminseln 978-3-8400-3608-8
Traumziele 978-3-8400-3577-7
Unsere Tierwelt 978-3-8400-3685-9
Wunder der Meere 978-3-8400-3743-6
Wunder der Natur 978-3-8400-3579-1

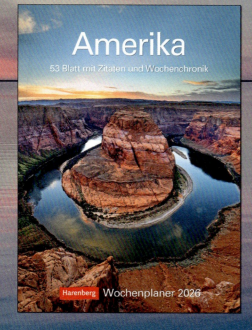

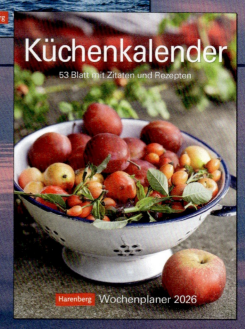

Unser gesamtes Kalenderprogramm finden Sie unter
www.harenberg-kalender.de

Eine Gewähr für das Erscheinen der Kalendertitel besteht nicht. Layoutänderungen vorbehalten.

Oktober 43. Woche

Waage 22.9. bis 22.10.   Skorpion 23.10. bis 21.11.

20 Montag

21 Dienstag

22 Mittwoch

23 Donnerstag

24 Freitag

25 Samstag

26 Nationalfeiertag (A) · Ende Sommerzeit
Sonntag

Mit seinen herbstlich rot gefärbten Blättern macht der Wilde Wein an dieser Hausfassade in Saint-Thégonnec (Departement Finistère) den üppig blühenden Geranien und den blauen Fensterläden Konkurrenz. Wilder Wein benötigt keine Rankhilfe, er hält sich mithilfe von Haftscheiben an der Wand fest.

Wie schön die Blätter
älter werden.
Voller Licht und Farbe
sind ihre letzten Tage.
John Burroughs

Wo	Mo	Di	Mi	Do	Fr	Sa	So
40			1	2	3	4	5
41	6	7	8	9	10	11	12
42	13	14	15	16	17	18	19
43	20	21	22	23	24	25	26
44	27	28	29	30	31		

VOR 80 JAHREN

Die wegweisende Charta der Vereinten Nationen tritt in Kraft

Am 24. Oktober 1945: Wie lassen sich militärische Konflikte wie der Zweite Weltkrieg, die die Erde im atomaren Zeitalter an den Rand der Vernichtung führen, künftig vermeiden? Mit dieser Frage beschäftigten sich der amerikanische Präsident Franklin D. Roosevelt und der britische Premier Winston Churchill bereits 1941. Ihre gemeinsam erarbeitete Atlantik-Charta steckte den Rahmen für eine Politik der Friedenssicherung ab und sah dafür auch eine entsprechende Organisation vor. Die in der Folgezeit um Ziele und Strukturen konkretisierte und von vielen Staaten gebilligte Charta bildete die Grundlage für die Gründung der Vereinten Nationen: Unmittelbar unter dem Eindruck des Zweiten Weltkriegs, der nach sechs Jahren zu Ende ging und in zahlreichen Regionen der Erde Tod, Leid und Zerstörung gebracht hatte, verabschiedeten im Juni 1945 in San Francisco insgesamt 50 Gründungsmitglieder die UN-Charta, die nach der Ratifizierung durch die meisten dieser Staaten schließlich am 24. Oktober 1945 in Kraft trat.

Die 111 Artikel umfassende Charta legte als eine Art Verfassung der Weltgemeinschaft in Artikel 1 das grundsätzliche Ziel fest, den Frieden und die Sicherheit weltweit durch wirksame Kollektivmaßnahmen zu bewahren und internationale Streitigkeiten gleichberechtigter Völker fortan durch friedliche Mittel beizulegen. Wie die Weltgeschichte bald darauf lehrte, wurden die hehren Ansprüche der Gründerväter und -mütter in der Zeit des Kalten Krieges allerdings bald von der Realität eingeholt.

VOR 100 JAHREN

Konrad Wolf – Spielfilme aus dem Alltag der DDR

Geboren am 20. Oktober 1925: Der Filmregisseur aus dem schwäbischen Hechingen entstammte einer Familie engagierter Kommunisten, die 1933 nach Frankreich und später nach Moskau emigrierte. Konrad Wolf eroberte mit der Roten Armee Berlin und studierte 1949–54 an der Moskauer Filmhochschule, bevor er in der DDR als Regisseur bei der DEFA arbeitete.
Wolf, der jüngere Bruder des Chefs des DDR-Auslandsgeheimdiensts Markus Wolf, befasste sich in seinen Werken insbesondere mit dem Alltag in der DDR und dem Verhältnis zur UdSSR und ihren Menschen. Neben der Literaturverfilmung »Der geteilte Himmel« (1964) nach einer Erzählung der Schriftstellerin Christa Wolf und der Aufarbeitung seiner Kriegserfahrungen in dem Film »Ich war neunzehn« (1968) drehte Wolf 1979 mit dem Außenseiterinnendrama »Solo Sunny« einen seiner größten Erfolge. Der mit zahlreichen Auszeichnungen seines Staates bedachte langjährige (1965–82) Präsident der Akademie der Künste der DDR, der als linientreues SED-Mitglied die Ausbürgerung des Liedermachers Wolf Biermanns 1976 verteidigte, starb 1982 mit 56 Jahren in Ostberlin an Krebs.

VOR 175 JAHREN

Hermann Müller-Thurgau – innovativer Weinbauexperte

Geboren am 21. Oktober 1850: Der Schweizer Winzersohn Hermann Müller, der sich nach seinem Heimatkanton »Müller-Thurgau« nannte, war seit 1876 als Pflanzenphysiologe und Botaniker in der Forschungsanstalt Geisenheim im Rheingau tätig, die sich insbesondere mit dem Obst- und Weinbau befasste. Ab 1891 leitete er in Wädenswil im Kanton Zürich die deutsch-schweizerische Versuchsanstalt für Obst-, Wein- und Gartenbau.
In erster Linie experimentierte Müller-Thurgau ab 1882 nach eigenen Angaben mit einer Kreuzung aus Riesling und Silvanersetzlingen sowie mutmaßlich auch anderen Sorten, wobei das überzeugende Resultat als neue Rebsorte unter seinem Namen international bekannt wurde. Daneben beschäftigte er sich mit Wachstumsbedingungen und Krankheiten von Reben und stellte mit seinen Forschungen auch die Kellereiarbeit der Winzer bei der Weinreifung und alkoholischen Gärung auf eine neue Grundlage. Auch mit seinen Überlegungen zur Herstellung unvergorener Fruchtsäfte setzte er Maßstäbe. Müller-Thurgau, der seine Erkenntnisse in zahlreichen Schriften publizierte, starb 1927 mit 76 Jahren in Wädenswil.

Geburtstagskinder vom 20. bis 26. Oktober 2025

Am 20. Oktober wurden geboren:
Kamala Harris (*1964), amerikan. Politikerin (Demokraten)
Elfriede Jelinek (*1946), österreich. Schriftstellerin, Literaturnobelpreisträgerin 2004
Christiane Nüsslein-Volhard (*1942), dt. Biologin, Medizinnobelpreisträgerin 1995
Jean-Pierre Melville (1917–1973), frz. Filmregisseur
Grete Schickedanz (1911–1994), dt. Unternehmerin (Quelle)
Christopher Wren (1632–1723), engl. Baumeister, Astronom und Mathematiker

Am 21. Oktober wurden geboren:
Leo Kirch (1926–2011), dt. Medienunternehmer
Dizzy Gillespie, eigtl. John Birks (1917–1993), amerikan. Jazzmusiker
Georg Solti (1912–1997), ungar.-brit. Dirigent
Claire Waldoff (1884–1957), dt. Kabarettistin, Sängerin und Schauspielerin
Alfred Nobel (1833–1896), schwed. Chemiker und Industrieller, Erfinder des Dynamits, Nobelpreisstifter
Alphonse de Lamartine (1790–1869), frz. Dichter und liberaler Politiker

Am 22. Oktober wurden geboren:
Catherine Deneuve (*1943), frz. Schauspielerin
Robert Rauschenberg (1925–2008), amerikan. Maler und Grafiker
Doris Lessing (1919–2013), brit. Schriftstellerin, Literaturnobelpreisträgerin 2007
Auguste Viktoria (1858–1921), dt. Kaiserin und preuß. Königin als Gattin Wilhelms II. 1888–1918
Sarah Bernhardt (1844–1923), frz. Schauspielerin
Franz Liszt (1811–1886), ungar.-dt. Pianist und Komponist

Am 23. Oktober wurden geboren:
Pelé, eigtl. Edson Arantes do Nascimento (1940–2022), brasilian. Fußballspieler
Leszek Kolakowski (1927–2009), poln. Philosoph
Pierre Larousse (1817–1875), frz. Verleger und Lexikograf
Adalbert Stifter (1805–1868), österreich. Schriftsteller

Am 24. Oktober wurden geboren:
Gilbert Bécaud (1927–2001), frz. Chansonsänger
Horst Stern (1922–2019), dt. Journalist und Schriftsteller
Karlfried Graf Dürckheim (1896–1988), dt. Psychotherapeut
Alexandra David-Néel (1868–1969), frz. Tibetforscherin
Anna Amalia (1739–1807), Herzogin von Sachsen-Weimar-Eisenach

Am 25. Oktober wurden geboren:
Birgit Prinz (*1977), dt. Fußballspielerin
Esther Duflo (*1972), frz.-amerikan. Wirtschaftswissenschaftlerin, Wirtschaftsnobelpreisträgerin 2019
Anne Tyler (*1941), amerikan. Schriftstellerin
Beate Uhse (1919–2001), dt. Unternehmerin
Pablo Picasso (1881–1973), span. Maler, Grafiker und Bildhauer
Georges Bizet (1838–1875), frz. Komponist

Am 26. Oktober wurden geboren:
Hillary Rodham Clinton (*1947), amerikan. Politikerin (Demokraten) und Juristin, Außenministerin 2009–13
François Mitterrand (1916–1996), frz. sozialistischer Politiker, Staatspräsident 1981–95
Don Siegel (1912–1991), amerikan. Filmregisseur
Mahalia Jackson (1911–1972), amerikan. Gospel- und Bluessängerin
Beryl Markham (1902–1986), brit. Flugpionierin

Oktober/November 44. Woche

Skorpion 23.10. bis 21.11.

27	Montag
28	Dienstag
29	Mittwoch
30	Donnerstag
31	**Reformationstag** BB, HB, HH, MV, NI, SH, SN, ST, TH Freitag
1	**Allerheiligen** BW, BY, NW, RP, SL Samstag
2	Allerseelen Sonntag

Aus hellem Stein und rot bzw. grün glasierten Kacheln setzt sich das Schachbrettmuster zusammen, das dem Château Saint-Germain-de-Livet sein auffälliges Aussehen verleiht. Ein breiter Wassergraben umgibt das aus dem 15. und 16. Jh. stammende Schloss.

Jede neue Situation verlangt eine neue Architektur.
Jean Nouvel

Wo	Mo	Di	Mi	Do	Fr	Sa	**So**
44						1	**2**
45	3	4	5	6	7	8	**9**
46	10	11	12	13	14	15	**16**
47	17	18	**19**	20	21	22	**23**
48	24	25	26	27	28	29	**30**

VOR 85 JAHREN

Lula da Silva – dreimaliger Staatspräsident Brasiliens

Geboren am 27. Oktober 1945: Der Gewerkschafter Luiz Inácio Lula da Silva, der zu Beginn der 1980er-Jahre zu den Gründern der brasilianischen Arbeiterpartei (PT) gehörte, machte rasch politische Karriere und zog 1986 in die Abgeordnetenkammer seines Landes ein. Der aus dem nordöstlichen Bundesstaat Pernambuco stammende Politiker, der in seiner Heimat nur »Lula« genannt wird, gewann 2002 erstmals die Präsidentschaftswahlen und nahm Anfang 2003 seine Amtsgeschäfte auf. Nach seiner Wiederwahl 2006 legte er ein umfangreiches Sozialprogramm zugunsten armer Familien und gegen das weitreichende Problem des Hungers in Brasilien auf.

Unter der Präsidentschaft (2019–22) des rechtsextremen Jair Bolsonaro wurde der populäre Lula der Geldwäsche und Korruption bezichtigt und 2017 in einem international kritisierten Prozess zu zwölf Jahren Haft verurteilt. Das Urteil gegen Lula, der somit nicht wie geplant 2018 bei den Präsidentschaftswahlen gegen Bolsonaro antreten konnte, wurde 2021 vom Obersten Gericht aufgehoben. Bei den Wahlen 2022 setzte sich der 77-jährige Lula da Silva gegen Bolsonaro durch und trat so Anfang 2023 zu seiner dritten Amtszeit an.

VOR 500 JAHREN

Martin Luther stellt seine erste deutsche Messe vor

Am 29. Oktober 1525: Nach der Überzeugung der christlichen Würdenträger des Mittelalters hatte die Feier der Messe im Gottesdienst in lateinischer Sprache zu erfolgen. Martin Luther brach mit dieser Regel und stellte Ende Oktober 1525 in Wittenberg seine erste Messe in deutscher Sprache vor. Beim Volk stieß die Innovation auf Begeisterung, konnten nun doch auch Menschen ohne Lateinkenntnisse die Gottesdienste problemlos verfolgen. Kirchenhistoriker haben allerdings nachgewiesen, dass es bereits vor Luther deutsche Liturgien gegeben hat. Seine damalige Messe darf aber nach wie vor als wegweisend angesehen werden. Bereits 1521/22 hatte der Reformator während seines geheimen Aufenthalts auf der Wartburg das Neue Testament der Bibel ins Deutsche übersetzt und so der gesamten Bevölkerung zugänglich gemacht, zumal er sich dabei der Sprache der einfachen Menschen bediente. Auch sonst machte sich Luther nachhaltig um die deutsche Sprache verdient: Er bereicherte sie um zahlreiche neue Wörter und Redewendungen und gilt heutigen Germanisten als maßgeblicher Wegbereiter des Hochdeutschen.

VOR 75 JAHREN

Annette Humpe – die »Grande Dame« der deutschen Popmusik

Geboren am 28. Oktober 1950: Nachdem die gebürtige Hagenerin mit ihrer Schwester Inga als »Neonbabies« erste Achtungserfolge in Pop und New Wave gefeiert hatte, stieg Annette Humpe in den frühen 1980er-Jahren mit Hits wie »Blaue Augen«, »Berlin« und »Monotonie« gemeinsam mit ihrer Band Ideal zu gefeierten Stars der Neuen Deutschen Welle auf. Als sich Ideal schon 1983 auflöste, wandte sich die zumeist an starkem Lampenfieber leidende Sängerin und Keyboarderin weitgehend ihrer künftigen Tätigkeit als Musikproduzentin und Komponistin zu – sieht man von einem Intermezzo mit ihrer Schwester in der Gruppe DÖF (1983/84) und der Formation Humpe & Humpe Mitte der 1980er-Jahre ab.

Fortan schrieb oder produzierte Humpe für zahlreiche Stars der deutschen Musikszene, so beispielsweise für Rio Reiser, Die Prinzen, Nena und Udo Lindenberg. Nachdem sie sich um die Jahrtausendwende eine Auszeit genommen hatte, kehrte sie 2004 als Sängerin des mit Adel Tawil realisierten Projekts Ich + Ich in die Öffentlichkeit zurück. Ihr mehr als eine Million Mal verkauftes Album »Vom selben Stern« (2007) hielt sich über ein Jahr in den deutschen Charts und eroberte zudem ebenso Platz eins wie zwei Jahre später das Album »Gute Reise«. Die 2011 mit dem Echo Pop für ihr Lebenswerk ausgezeichnete Künstlerin erhielt 2018 das Bundesverdienstkreuz.

Geburtstagskinder vom 27. Oktober bis 2. November 2025

Am 27. Oktober wurden geboren:
Vanessa Mae (*1978), brit. Violinistin
Sylvia Plath (1932–1963), amerikan. Schriftstellerin
Roy Lichtenstein (1923–1997), amerikan. Maler und Grafiker
Dylan Thomas (1914–1953), brit. Schriftsteller
Theodore Roosevelt (1858–1919), amerikan. Politiker (Republikaner), Präsident der USA 1901–09, Friedensnobelpreisträger 1906
James Cook (1728–1779), brit. Seefahrer und Entdecker

Am 28. Oktober wurden geboren:
Julia Roberts (*1967), amerikan. Schauspielerin
Bill Gates (*1955), amerikan. Computerunternehmer
Horst Antes (*1936), dt. Maler, Bildhauer und Grafiker
Anna Elizabeth Dickinson (1842–1932), amerikan. Frauenrechtlerin

Georges Jacques Danton (1759–1794), frz. Revolutionär
Erasmus von Rotterdam (1466/69–1536), niederländ. Humanist und Theologe

Am 29. Oktober wurden geboren:
Winona Ryder (*1971), amerikan. Schauspielerin
Ellen Johnson Sirleaf (*1938), liberian. Politikerin, erste Staatspräsidentin Liberias 2006–18, Friedensnobelpreisträgerin 2011
Niki de Saint Phalle (1930–2002), frz. Bildhauerin und Malerin
Eddie Constantine (1917–1993), amerikan.-frz. Schauspieler und Sänger

Am 30. Oktober wurden geboren:
Dmitri Muratow (*1961), russ. Journalist, Friedensnobelpreisträger 2021
Diego Armando Maradona (1960–2020), argentin. Fußballspieler
Claude Lelouch (*1937), frz. Filmregisseur

Louis Malle (1932–1995), frz. Filmregisseur
Paul Valéry (1871–1945), frz. Schriftsteller
Hermann Fürst von Pückler-Muskau (1785–1871), dt. Reiseschriftsteller und Landschaftsgärtner
Angelica Kauffmann (1741–1807), schweizer. Malerin

Am 31. Oktober wurden geboren:
Peter Jackson (*1961), neuseeländ. Filmregisseur
Andrea Breth (*1952), dt. Regisseurin und Theaterleiterin
Zaha Hadid (1950–2016), irak.-brit. Architektin und Designerin
Fritz Walter (1920–2002), dt. Fußballspieler
Helmut Newton (1920–2004), dt.-austral. Fotograf
Jan Vermeer, gen. Vermeer van Delft (31.10.1632 getauft–1675), niederländ. Maler

Am 1. November wurden geboren:
Reinhild Hoffmann (*1943), dt. Choreografin
Edgar Reitz (*1932), dt. Filmregisseur und Produzent
Günter de Bruyn (1926–2020), dt. Schriftsteller
Ilse Aichinger (1921–2016), österreich. Schriftstellerin
Anton Flettner (1885–1961), dt. Ingenieur und Erfinder (Flettner-Rotor)
Minna Cauer (1842–1922), dt. Frauenrechtlerin

Am 2. November wurden geboren:
Patrice Chéreau (1944–2013), frz. Regisseur
Richard Serra (*1939), amerikan. Bildhauer
Luchino Visconti (1906–1976), italien. Filmregisseur
Marie Antoinette (1755–1793), Königin von Frankreich als Gattin Ludwigs XVI.

November 45. Woche

Skorpion 23.10. bis 21.11.

3	Montag
4	Dienstag
5	Mittwoch ○
6	Donnerstag
7	Freitag
8	Samstag
9	**Sonntag**

Die aufgehende Sonne taucht die Steinreihen von Lagatjar auf der Halbinsel Crozon in ein besonderes Licht. Heute stehen noch 72 der ehemals vermutlich über 400 Steine aus weißem Quarzit. Sie stammen aus keltischer Zeit und wurden um 2500 v. Chr. errichtet.

Die Welt ist mit so vielen Dingen gefüllt, dass wir alle glücklich wie Könige sein sollten.
Robert Louis Stevenson

Wo	Mo	Di	Mi	Do	Fr	Sa	**So**
44						1	**2**
45	3	4	5	6	7	8	**9**
46	10	11	12	13	14	15	**16**
47	17	18	**19**	20	21	22	**23**
48	24	25	26	27	28	29	**30**

VOR 65 JAHREN

Demokrat John F. Kennedy wird zum Präsidenten der USA gewählt

Am 8. November 1960: Mit großer Spannung fieberte die Welt den Präsidentschaftswahlen in den USA entgegen. Da der überaus populäre Dwight D. Eisenhower nach zwei erfolgreichen Wahlen 1952 und 1956 nicht mehr antreten durfte, warf aufseiten der Republikaner Richard Nixon, der sich als Vizepräsident unter Eisenhower profiliert hatte, seinen Hut in den Ring. Die Demokraten schickten den Senator aus Massachusetts ins Rennen, den 43-jährigen John F. Kennedy, womit die Partei durchaus ein Wagnis einging. Schließlich galt der Kandidat im Vergleich zu Nixon als politisch unerfahren, und überdies war er Katholik, eine Tatsache, die bei vielen protestantischen Amerikanern nicht unbedingt auf Zustimmung stieß. Vor dem Nominierungsparteitag und auch im Wahlkampf verstand es Kennedy jedoch, viele Bedenken auszuräumen und sich als Hoffnungsträger für modernere Vereinigte Staaten zu etablieren. Auch bei den erstmals durchgeführten TV-Duellen beider Kandidaten nutzte Kennedy sein Charisma, um insbesondere bei der jüngeren Bevölkerung zu punkten. Das Wahlergebnis im November 1960 fiel denkbar knapp aus: Bei den absoluten Stimmen betrug Kennedys Vorsprung nur 0,1 %, im entscheidenden Gremium der Wahlleute, die nach dem US-Wahlsystem letztendlich den Präsidenten bestimmen, erhielt der Demokrat jedoch 303 Stimmen – und damit 33 mehr als zum Sieg erforderlich. Der erste katholische Präsident der USA trat sein Amt im Januar 1961 an, im November 1963 wurde Kennedy in Dallas, Texas, erschossen.

VOR 120 JAHREN

Rolf Wagenführ – führender Wirtschafts- und Sozialstatistiker

Geboren am 5. November 1905: Etliche Planungsdaten in Wirtschaft und Politik werden auf der Basis statistischer Erhebungen gewonnen und prognostiziert, wobei die Bedeutung derartiger Statistiken im 20. Jahrhundert auch im weltweiten Kontext kontinuierlich gestiegen ist – und mit ihr die Zahl der Verfahren und Methoden, um solche Statistiken zu erstellen. Einer der maßgeblichen Wegbereiter derartiger Statistiken war Rolf Wagenführ. Der Thüringer aus Langewiesen bei Ilmenau legte zahlreiche Publikationen zum Vergleich internationaler Statistiken vor und stellte die Wirtschafts- und Sozialstatistik mit seinen Arbeiten auf eine neue Grundlage.
Wagenführ, der ab 1942 als Leiter einen Teil der zentralen Planstatistik im Rüstungsministerium verantwortet hatte, stieg ab 1946 in der britischen Besatzungszone und nach 1949 in der Bundesrepublik zum führenden Statistiker auf. Der langjährige Professor für Statistik in Heidelberg fungierte 1958–66 als erster Generaldirektor des Statistischen Amts der Europäischen Gemeinschaften. Wagenführ, der 1967 mit dem Großen Bundesverdienstkreuz geehrt worden war, starb 1975 mit 69 Jahren in Heidelberg.

VOR 125 JAHREN

Adi Dassler – Unternehmer im Zeichen der drei Streifen

Geboren am 3. November 1900: Der im mittelfränkischen Herzogenaurach geborene und aufgewachsene Sohn eines Schuhmachers führte den väterlichen Betrieb ab den 1920er-Jahren fort und setzte dabei auf die Herstellung von Turnschuhen. Gemeinsam mit seinem Bruder Rudolf brachte Adolf »Adi« Dassler auch Fußballschuhe mit Stollen und Laufschuhe mit Spikes auf den Markt, wobei ihre Produkte bald auch in der internationalen Sportwelt auf Beachtung stießen.
Nachdem sich die Brüder in den 1940er-Jahren lebenslang zerstritten hatten, rief Rudolf Dassler 1948 in Herzogenaurach die Sportartikelfirma Puma ins Leben, während Adi Dassler 1949 nur wenige Hundert Meter weiter die adidas AG mit den berühmten drei Streifen als Markenzeichen gründete. Zur Fußball-WM 1954 stattete er die siegreiche deutsche Nationalelf erstmals mit Schraubstollenschuhen aus, eine Neuerung, die sich rasch durchsetzte. Adolf Dassler starb 1978 im Alter von 77 Jahren in seiner fränkischen Heimat, sein Sohn Horst führte die Unternehmensgeschäfte erfolgreich weiter.

Geburtstagskinder vom 3. bis 9. November 2025

Am 3. November wurden geboren:
Dieter Wellershoff (1925–2018), dt. Schriftsteller
Charles Bronson (1921–2003), amerikan. Schauspieler
Marika Rökk (1913–2004), ungar.-dt. Tänzerin, Schauspielerin und Sängerin
André Malraux (1901–1976), frz. Schriftsteller und Politiker
Karl Baedeker (1801–1859), dt. Verleger
Benvenuto Cellini (1500–1571), italien. Goldschmied, Medailleur und Bildhauer

Am 4. November wurden geboren:
Luis Figo (*1972), portugies. Fußballspieler
Christina »Tina« Theune-Meyer (*1953), dt. Fußballtrainerin
Bettina Wegner (*1947), dt. Liedermacherin
Robert Mapplethorpe (1946–1989), amerikan. Fotograf
Thomas Klestil (1932–2004), österreich. Politiker, Bundespräsident 1992–2004
Klabund (1890–1928), dt. Schriftsteller

Am 5. November wurden geboren:
Hanns-Josef Ortheil (*1951), dt. Schriftsteller
Uwe Seeler (1936–2022), dt. Fußballspieler
Rudolf Augstein (1923–2002), dt. Publizist (»Der Spiegel«)
Vivien Leigh (1913–1967), brit. Schauspielerin
Warwara Stepanowa (1894–1958), russ. Malerin
Hans Sachs (1494–1576), dt. Meistersinger

Am 6. November wurden geboren:
James Jones (1921–1977), amerikan. Schriftsteller
Julius Hackethal (1921–1997), dt. Mediziner
Erik Ode (1910–1983), dt. Regisseur und Schauspieler
Robert Musil (1880–1942), österreich. Schriftsteller

Antoine Joseph Sax (1814–1894), belg. Instrumentenbauer, Erfinder des Saxofons
Julia Agrippina die Jüngere (15–59), röm. Kaiserin als vierte Gattin des Claudius, Gründerin von Köln

Am 7. November wurden geboren:
Gwyneth Jones (*1936), brit. Sängerin (Sopran)
Albert Camus (1913–1960), frz. Schriftsteller, Literaturnobelpreisträger 1957
Konrad Lorenz (1903–1989), österreich. Verhaltensforscher, Medizinnobelpreisträger 1973
Lise Meitner (1878–1968), österreich.-schwed. Atomphysikerin
Marie Curie (1867–1934), poln.-frz. Chemikerin, Physiknobelpreisträgerin 1903, Chemienobelpreisträgerin 1911

Am 8. November wurden geboren:
Kazuo Ishiguro (*1954), japan.-brit. Schriftsteller, Literaturnobelpreisträger 2017
Alain Delon (*1935), frz. Schauspieler
Christiaan Barnard (1922–2001), südafrikan. Herzchirurg
Hermann Zapf (1918–2015), dt. Schriftkünstler
Peter Weiss (1916–1982), dt. Schriftsteller
Margaret Mitchell (1900–1949), amerikan. Schriftstellerin

Am 9. November wurden geboren:
Sven Hannawald (*1974), dt. Skispringer
Bille August (*1948), dän. Filmregisseur
Imre Kertész (1929–2016), ungar. Schriftsteller, Literaturnobelpreisträger 2002
Anne Sexton (1928–1974), amerikan. Dichterin
Hermann Weyl (1885–1955), dt.-amerikan. Mathematiker (Feldtheorie)

November 46. Woche

Skorpion 23.10. bis 21.11.

10 Montag

11 Martinstag
Dienstag

12 ☾ Mittwoch

13 Donnerstag

14 Freitag

15 Samstag

16 Volkstrauertag
Sonntag

Wie viele Orte in der Normandie ist auch die Steilküste bei Pointe du Hoc, wo sich das Grün fast wie ein Vorhang über die Kliffkante legt, mit der Landung der amerikanischen Truppen im Juni 1944 verbunden.

So wie im Vergangenen die Zukunft reift, so glimmt in der Zukunft das Vergangene nach.
Anna Achmatowa

Wo	Mo	Di	Mi	Do	Fr	Sa	So
44						1	2
45	3	4	5	6	7	8	9
46	10	11	12	13	14	15	16
47	17	18	19	20	21	22	23
48	24	25	26	27	28	29	30

VOR 975 JAHREN

Heinrich IV. – römisch-deutscher König und Kaiser

Geboren am 11. November 1050: Nach dem Tod seines Vaters Heinrich III. wurde der Salier mit sechs Jahren römisch-deutscher König, dessen Amtsgeschäfte zunächst seine Mutter Agnes von Poitou führte. Mit 16 Jahren eigenständig, drängte er den Einfluss der aufbegehrenden Fürsten seines Reichs zurück, wobei er die Sachsen erst 1073–75 durch einen Krieg unter seine Herrschaft zurückzwang.

Als Heinrich im Investiturstreit um die Vorherrschaft der kirchlichen oder weltlichen Macht von Papst Gregor VII. exkommuniziert und abgesetzt wurde, unternahm er 1077 seinen Bußgang nach Canossa, durch den der Bann aufgehoben wurde. Trotzdem setzten die Reichsfürsten zwei Gegenkönige ein. Da sich die Fehde mit Gregor fortsetzte, eroberte Heinrich 1084 Rom und ließ Clemens III. zum Gegenpapst ausrufen, der ihn zum Kaiser krönte. Um die salische Macht zu sichern, ließ Heinrich seinen ältesten Sohn Konrad 1087 zum König krönen, der aber 1101 starb. 1105 von seinem Sohn Heinrich V. zur Abdankung gezwungen, starb er 1106 mit 55 Jahren in Lüttich.

VOR 25 JAHREN

Deutscher Bundestag beschließt Lebenspartnerschaftsgesetz

Am 10. November 2000: Heiraten dürfen nur heterosexuelle Paare, homosexuelle Partner besitzen dieses Recht nicht – das war die Gesetzeslage in Deutschland bis ins 21. Jahrhundert. Einen wichtigen Schritt auf dem Weg zur Gleichstellung in der Bundesrepublik, wo Homosexualität nach Paragraf 175 des Strafgesetzbuchs bis 1994 formell noch als Straftat galt, markierte das von der rot-grünen Bundesregierung befürwortete »Gesetz über die Eingetragene Lebenspartnerschaft«, das im November 2000 vom Bundestag nach heftigen Diskussionen verabschiedet wurde.

Das Gesetz erlaubte eine eingetragene Partnerschaft, die seinerzeit der Ehe jedoch nicht gleichgestellt war. Unterschiede gab es u. a. beim Adoptionsrecht und bei der gemeinsamen steuerlichen Veranlagung, die weiterhin nur der traditionellen Ehe vorbehalten blieb. Gleichwohl versuchten Bayern und Sachsen das neue Gesetz juristisch zu verhindern, womit sie jedoch vor dem Bundesverfassungsgericht scheiterten. Damit bestand zwar die Möglichkeit, den eheähnlichen Bund einzugehen, doch bis zur Verabschiedung der gleichberechtigten »Ehe für alle« durch den Bundestag sollte es noch bis 2017 dauern.

VOR 70 JAHREN

Roland Emmerich – deutscher Filmregisseur in Hollywood

Geboren am 10. November 1955: Deutsche Filmregisseure und -produzenten, die in Hollywood zu den Größten ihres Fachs zählen, sind vergleichsweise rar gesät. Roland Emmerich gehört zu dieser illustren Gruppe. Der gebürtige Stuttgarter sorgte bereits mit seiner Abschlussarbeit an der Münchner Hochschule für Fernsehen und Film für Aufsehen: Sein Science-Fiction-Streifen »Das Arche Noah Prinzip« schaffte es 1984 sogar in den Wettbewerb der Berlinale. Mitte der 1980er-Jahre ließ sich Emmerich mit seiner Schwester in Los Angeles nieder, wo sie eine Produktionsfirma ins Leben riefen.

In Hollywood drehte der deutsche Regisseur, der zumeist auch die Drehbücher zu seinen Werken schreibt, in der Folgezeit mehrere Science-Fiction- und Katastrophenfilme, die er in der Regel mit aufwendigen Spezialeffekten in Szene setzte. Nach seinem Durchbruch 1992 mit dem actionreichen »Universal Soldier« gelang Emmerich mit »Independence Day« (1996) sein bis dahin kommerziell erfolgreichster Film. Die bildgewaltige Mischung aus Science-Fiction und Action, die einen Angriff Außerirdischer auf die Erde beschreibt, erhielt 1997 den Oscar für die besten visuellen Effekte. Seit den 1990er-Jahren war Emmerich, seit 1999 Träger des Bundesverdienstkreuzes Erster Klasse, verstärkt als Produzent aktiv, was ihn aber nicht hinderte, in Werken wie den Katastrophenfilmen »The Day After Tomorrow« (2004), »2012« (2009) und »Moonfall« (2022) weiterhin Regie zu führen, wobei er u. a. auch die Folgen des Klimawandels thematisierte.

Geburtstagskinder vom 10. bis 16. November 2025

Am 10. November wurden geboren:
Jens Lehmann (*1969), dt. Fußballtorhüter
Richard Burton (1925–1984), brit. Schauspieler
Arnold Zweig (1887–1968), dt. Schriftsteller
Friedrich von Schiller (1759–1805), dt. Dichter
William Hogarth (1697–1764), engl. Maler und Kupferstecher
Martin Luther (1483–1546), dt. Reformator

Am 11. November wurden geboren:
Leonardo DiCaprio (*1974), amerikan. Schauspieler
Hans Magnus Enzensberger (1929–2022), dt. Schriftsteller
Alfred Hermann Fried (1864–1921), österreich. Pazifist, Friedensnobelpreisträger 1911
Fjodor Dostojewski (1821–1881), russ. Schriftsteller
Heinrich IV. (1050–1106), röm.-dt. König und Kaiser (Gang nach Canossa 1077)

Am 12. November wurden geboren:
Alexandra Maria Lara (*1978), rumän.-dt. Schauspielerin
Neil Young (*1945), kanad. Rockmusiker
Lucia Popp (1939–1993), slowak.-österreich. Sängerin (Sopran)
Grace Kelly (1929–1982), als Gracia Patricia Fürstin von Monaco
Michael Ende (1929–1995), dt. Schriftsteller
Loriot, eigtl. Vicco von Bülow (1923–2011), dt. satirischer Zeichner, Schauspieler und Regisseur
Auguste Rodin (1840–1917), frz. Bildhauer

Am 13. November wurden geboren:
Whoopi Goldberg (*1955), amerikan. Schauspielerin
Peter Härtling (1933–2017), dt. Schriftsteller
Mary Wigman (1886–1973), dt. Tänzerin, Choreografin und Tanzpädagogin
Helene Stöcker (1869–1943), dt. Frauenrechtlerin und Pazifistin
Robert Louis Stevenson (1850–1894), brit. Schriftsteller
Dorothea Christiana Erxleben (1715–1762), erste dt. Ärztin

Am 14. November wurden geboren:
Condoleezza Rice (*1954), amerikan. Politikerin (Republikaner), Außenministerin 2004–09
Charles III. (*1948), König von Großbritannien und Nordirland sowie Oberhaupt des Commonwealth seit 2022
Hussein II. (1935–1999), König von Jordanien 1952–99
Astrid Lindgren (1907–2002), schwed. Kinderbuchautorin
Jawaharlal Nehru (1889–1964), ind. Politiker, Premierminister 1947–64
Claude Monet (1840–1926), frz. Maler

Am 15. November wurden geboren:
Joy Fleming, eigtl. Erna Strube (1944–2017), dt. Sängerin
Daniel Barenboim (*1942), argentin.-israel. Pianist und Dirigent russischer Herkunft
Claus Graf Schenk von Stauffenberg (1907–1944), dt. Offizier und Widerstandskämpfer gegen das NS-Regime
Georgia O'Keeffe (1887–1986), amerikan. Malerin

Am 16. November wurden geboren:
Lothar Späth (1937–2016), dt. CDU-Politiker und Unternehmer, Ministerpräsident von Baden-Württemberg 1978–91
José Saramago (1922–2010), portugies. Schriftsteller, Literaturnobelpreisträger 1998
Paul Hindemith (1895–1963), dt. Komponist
Tiberius (42 v.Chr.–37 n.Chr.), röm. Kaiser 14–37

November 47. Woche

Skorpion 23.10. bis 21.11.   Schütze 22.11. bis 20.12.

17	Montag
18	Dienstag
19	**Buß- und Bettag** SN Mittwoch
20	Donnerstag
21	Freitag
22	Samstag
23	**Totensonntag**

Boote, Strand, Meer, faszinierende Felsformationen und ein Himmel, der das Meer zu spiegeln scheint – die Küstenlandschaft bei Trégastel bietet dem Auge reichlich Abwechslung. Trégastel liegt an der Côte de Granit Rose, die für ihre Felsen aus rötlichem Granit bekannt ist.

Wie viel Schönheit empfängt das Herz durch die Augen.
Leonardo da Vinci

Wo	Mo	Di	Mi	Do	Fr	Sa	**So**
44						1	**2**
45	3	4	5	6	7	8	**9**
46	10	11	12	13	14	15	**16**
47	17	18	**19**	20	21	22	**23**
48	24	25	26	27	28	29	**30**

VOR 90 JAHREN

Toni Sailer – dreimal Olympia-Gold für den »Schwarzen Blitz«

Geboren am 17. November 1935: Der in Kitzbühel geborene und aufgewachsene Sohn eines bekannten Skifahrers stand schon in frühen Kindertagen auf den Brettern und gehörte als Jugendlicher zu den größten Nachwuchshoffnungen Österreichs. Nach seinem Sieg 1955 in der berühmten Lauberhorn-Abfahrt im schweizerischen Wengen zählte Toni Sailer ein Jahr später bei den Olympischen Spielen in Cortina d'Ampezzo zu den Medaillenkandidaten seines Landes – und der 20-Jährige enttäuschte die Erwartungen nicht: Mit jeweils deutlichem Vorsprung gewann er als erster Skifahrer in Abfahrt, Slalom und Riesenslalom und sicherte sich dadurch auch die WM-Titel in den drei Disziplinen und in der Kombinationswertung.

Nach drei weiteren Triumphen bei der Heim-WM 1958 in Bad Gastein beendete Sailer seine Sportlerlaufbahn und verstand es fortan, seine große Popularität erfolgreich zu vermarkten: Er startete eine mehr als vier Jahrzehnte währende Karriere als Schauspieler und versuchte sich auch auf der Theaterbühne sowie als Sänger. Im Film »Der schwarze Blitz« (1958) spielte er einen Skiläufer. Der Volksheld, der 1999 zu Österreichs Sportler des Jahrhunderts gekürt wurde, blieb auch dem Skisport u. a. als Leiter der Weltcup-Rennen in seiner Heimatstadt verbunden. Sailer starb 2009 mit 73 Jahren in Innsbruck an den Folgen einer Krebserkrankung.

VOR 70 JAHRE

Yolanda King – amerikanische Bürgerrechtsaktivistin

Geboren am 17. November 1955: Als Yolanda King Mitte der 1950er-Jahre zur Welt kam, herrschte in ihrer Heimatstadt Montgomery, Alabama, noch weitgehende Diskriminierung der schwarzen Bevölkerung vor, gegen die jedoch immer mehr Menschen aufzubegehren begannen. Die Tochter des Bürgerrechtlers Martin Luther King folgte alsbald dem Beispiel ihres Vaters und engagierte sich gegen die Unterdrückung afroamerikanischer Menschen in den Vereinigten Staaten. Nach der Ermordung ihres Vaters 1968 setzte sie dessen Arbeit gemeinsam mit ihrer Mutter Coretta Scott King und ihrem Bruder Dexter fort. Darüber hinaus machte sich King auch als Schauspielerin einen Namen. In einer ihrer wichtigsten Rollen verkörperte die studierte Theaterwissenschaftlerin 1978 in der amerikanischen Fernsehserie »King« die schwarze Bürgerrechtsaktivistin Rosa Parks, deren Weigerung 1955 in Montgomery, ihren Bussitzplatz an einen Weißen abzutreten, einer der Auslöser der schwarzen Bürgerrechtsbewegung war. King, die sich auch für die LGBT-Bewegung einsetzte, starb 2007 im Alter von 51 Jahren in Santa Monica, Kalifornien.

VOR 50 JAHREN

US-Film »Einer flog über das Kuckucksnest« feiert Premiere

Am 19. November 1975: Um sein Verhalten besser beurteilen zu können, wird der Häftling Randle Patrick McMurphy (Jack Nicholson) aus einem Gefängnis in eine geschlossene Heilanstalt verlegt, wo er bald gegen die Unterdrückung der Insassen rebelliert, vor allem gegen die grausame, diktatorisch auftretende Oberschwester Mildred Ratched (Louise Fletcher). Unter dem Einfluss McMurphys blühen seine Mitinsassen langsam auf und schöpfen Hoffnung auf eine humanere Behandlung. Als sich die Lage auf der Station dramatisch zuspitzt, wird McMurphy durch eine wesensverändernde Hirnoperation ruhiggestellt. Der 4 Mio. US-Dollar teure Film »Einer flog über das Kuckucksnest« über die Unmenschlichkeit in einer psychiatrischen Anstalt spielte nach der Premiere 1975 auf Anhieb gut 130 Mio. Dollar ein und hievte den gebürtigen Tschechoslowaken Miloš Forman in die Riege der erfolgreichen Regisseure Hollywoods. Seine filmische Adaption, die auf dem gleichnamigen, 1962 veröffentlichten Roman des Amerikaners Ken Kesey basiert, erhielt bei der Oscarverleihung 1976 alle fünf Hauptpreise – für Film, Regie, Drehbuch, Hauptdarsteller und -darstellerin.

Geburtstagskinder vom 17. bis 23. November 2025

Am 17. November wurden geboren:
Sophie Marceau (*1966), frz. Schauspielerin
Martin Scorsese (*1942), amerikan. Filmregisseur
Rock Hudson (1925–1985), amerikan. Schauspieler
Walter Hallstein (1901–1982), dt. CDU-Politiker (Hallstein-Doktrin)
Isabelle Eberhardt (1877–1904), russ. Reiseschriftstellerin
Vespasian (9–79), röm. Kaiser 69–79

Am 18. November wurden geboren:
Wolfgang Joop (*1944), dt. Modedesigner und Unternehmer
Margaret Atwood (*1939), kanad. Schriftstellerin
Alan Shepard (1923–1998), amerikan. Astronaut, 1961 als erster Amerikaner im Weltraum
Compay Segundo, eigtl. Maximo Francisco Repilado Munoz (1907–2003), kuban. Sänger und Gitarrist (»Buena Vista Social Club«)
Klaus Mann (1906–1949), dt. Schriftsteller
Carl Maria von Weber (1786–1826), dt. Komponist

Am 19. November wurden geboren:
Jodie Foster (*1962), amerikan. Schauspielerin und Regisseurin
Calvin Klein (*1942), amerikan. Modedesigner und Unternehmer
Indira Gandhi (1917–1984), ind. Politikerin, Premierministerin 1966–77 und 1980–84
Anna Seghers (1900–1983), dt. Schriftstellerin
Wilhelm Dilthey (1833–1911), dt. Philosoph

Am 20. November wurden geboren:
Joe Biden (*1942), amerikan. Politiker (Demokraten), Präsident der USA seit 2021
René Kollo (*1937), dt. Sänger (Tenor)
Nadine Gordimer (1923–2014), südafrikan. Schriftstellerin, Literaturnobelpreisträgerin 1991
Edwin Hubble (1889–1953), amerikan. Astronom
Selma Lagerlöf (1858–1940), schwed. Schriftstellerin, Literaturnobelpreisträgerin 1909
Paulus Potter (1625–1654), niederländ. Tier- und Landschaftsmaler

Am 21. November wurden geboren:
Björk, eigtl. Björk Gudmundsdóttir (*1965), isländ. Popsängerin, Komponistin und Schauspielerin
Marilyn French (1929–2009), amerikan. Schriftstellerin
René Magritte (1898–1967), belg. Maler
Viktoria von Preußen (1840–1901), dt. Kaiserin
Friedrich Schleiermacher (1768–1834), dt. ev. Theologe, Philosoph und Pädagoge
Voltaire, eigtl. François Marie Arouet (1694–1778), frz. Schriftsteller und Philosoph

Am 22. November wurden geboren:
Regina Halmich (*1976), dt. Boxerin
Boris Becker (*1967), dt. Tennisspieler
Wiktor Pelewin (*1962), russ. Schriftsteller
Benjamin Britten (1913–1976), brit. Komponist
Charles de Gaulle (1890–1970), frz. General und Politiker, Staatspräsident 1958–69
George Eliot, eigtl. Mary Ann Evans (1819–1880), brit. Schriftstellerin

Am 23. November wurden geboren:
Christine Mielitz (*1949), dt. Opernregisseurin
Herbert Achternbusch (1938–2022), dt. Schriftsteller und Filmregisseur
Paul Celan (1920–1970), dt.-sprachiger Dichter
Marieluise Fleißer (1901–1974), dt. Schriftstellerin
Otto I., der Große (912–973), röm.-dt. Kaiser 962–973

November 48. Woche

Schütze 22.11. bis 20.12.

24 Montag

25 Dienstag

26 Mittwoch

27 Donnerstag

28 Freitag

29 Samstag

30 1. Advent
Sonntag

Die Gros-Horloge, die große Uhr, zählt zu den bekanntesten Sehenswürdigkeiten Rouens. Die astronomische Uhr besitzt mit ihrem Uhrwerk aus dem Jahr 1389 eines der ältesten Uhrwerke Frankreichs.

Es ist durchaus möglich,
zu viel zu besitzen:
Mit einer Uhr weiß man,
wie spät es ist – mit
zweien ist man nie sicher.
Bob Hope

Wo	Mo	Di	Mi	Do	Fr	Sa	So
44						1	2
45	3	4	5	6	7	8	9
46	10	11	12	13	14	15	16
47	17	18	19	20	21	22	23
48	24	25	26	27	28	29	30

VOR 50 JAHREN

Stefan Mross – Volksmusikstar und Fernsehmoderator

Geboren am 26. November 1975: Der künstlerische Werdegang des Oberbayern aus Traunstein war schon in Jugendtagen vorgezeichnet, denn als Schützling des arrivierten TV-Moderators Karl Moik trat Stefan Mross schon in jungen Jahren in Fernsehsendungen auf. Sein Talent stellte der Musiker und Sänger überdies auf Tourneen und auch mehrfach beim Grand Prix der Volksmusik unter Beweis, den schon der 13-Jährige 1989 mit seiner »Heimwehmelodie« für Österreich gewann.

Mross, der das Salzburger Mozarteum besucht hatte, präsentierte mehrfach auch Duette mit seiner ersten Frau Stefanie Hertel und seiner dritten Ehepartnerin Anna-Carina Woitschack. Seit 2005 steht er auch als Moderator der Musik- und Unterhaltungsshow »Immer wieder sonntags« vor der Kamera. In die Schlagzeilen geriet Mross zudem durch den öffentlichen Vorwurf, dass seine Darbietungen auf der Trompete zumeist lediglich Bandeinspielungen seien. Der Streit mit einem Studiotrompeter, der einige CD-Einspielungen auf Mross-CDs für sich reklamierte, führte zu einer langjährigen juristischen Auseinandersetzung, die 2006 durch eine außergerichtliche Einigung beendet wurde.

VOR 85 JAHREN

Reinhard Furrer – wissenschaftliche Experimente im All

Geboren am 25. November 1940: Der in Wörgl, Tirol, geborene und in Kempten im Allgäu aufgewachsene Physiker hatte ein großes berufliches Ziel: als Astronaut ins Weltall zu fliegen. Drei Jahre nach seiner Habilitation 1979 wurde Reinhard Furrer von der Deutschen Forschungs- und Versuchsanstalt für Luft- und Raumfahrt ins Team der ersten deutschen Mission mit dem Spacelab-Labor aufgenommen und auf seine Aufgabe als Wissenschaftsastronaut vorbereitet. 1985 erfüllte sich Furrers Traum: An Bord einer Challenger-Raumfähre verbrachte der Deutsche eine Woche im All und führte Untersuchungen zur Schwerelosigkeit durch. Seine Eindrücke fasste Furrer in Livekommentaren zusammen, die 1987 als Grundlage für ein Hörspiel dienten. Im selben Jahr übernahm der leidenschaftliche Flugpilot die Leitung des Instituts für Weltraumtechnologie an der Freien Universität Berlin. Als er 1995 als Gast einer Flugshow in der deutschen Hauptstadt an einem Rundflug mit einer historischen Messerschmitt teilnahm, stürzte das Leichtflugzeug bei einer Flugfigur ab. Der 55-Jährige starb noch am Unfallort.

VOR 25 JAHREN

Erster Fall von BSE – der Rinderwahn erreicht Deutschland

Am 24. November 2000: Ende der 1980er-Jahre schreckten Bilder aus Großbritannien von torkelnden Rindern, die innerhalb weniger Tage unter Qualen verendeten, auch die deutsche Öffentlichkeit auf. Bei den Untersuchungen der Tiere stellte sich als Ursache eine tödliche Erkrankung heraus, die Bovine Spongiforme Enzephalopathie (BSE), bei der das Gehirn schwammartig durchlöchert wird. Sie wurde nach Ansicht vieler Wissenschaftler durch kranke Schafe ausgelöst, die zu Tierfutter verarbeitet worden waren. Als sich Erkenntnisse verdichteten, dass die gemeinhin als »Rinderwahn« bezeichnete Infektion auf den Menschen übertragbar sei, brach der Absatz von Rindfleisch ab 1996 international dramatisch ein. Bei der Humanvariante, der Creutzfeldt-Jakob-Krankheit, gelangen die Erreger über kontaminiertes Rindfleisch in den menschlichen Körper und dort nach und nach ins Gehirn. Die Folgen sind Gedächtnis- und Gleichgewichtsstörungen und schließlich vollständige Demenz.

Im November 2000 schlug ein Hamburger Labor Alarm, nachdem die dortigen Fachleute Gewebeteile von Schlachtrindern aus einem Dorf in Schleswig-Holstein positiv auf BSE getestet hatten. Dieser erste Fall von bestätigtem Rinderwahn in Deutschland löste eine Panik bei Verbrauchern und Landwirten aus, zumal sich die Infektionszahlen bei Rindern rasch häuften. In den beiden folgenden Jahren mussten über 400 000 Tiere getötet und als Sondermüll entsorgt werden; Tiermehl als Futter aus Schlachtabfällen wurde verboten. Die bislang letzten BSE-Fälle in Deutschland wurden 2014 registriert.

Geburtstagskinder vom 24. bis 30. November 2025

Am 24. November wurden geboren:
Arundhati Roy (*1961), ind. Schriftstellerin
Dale Carnegie (1888–1955), amerikan. Schriftsteller
Lilli Lehmann (1848–1929), dt. Sängerin
Ludwig Bechstein (1801–1860), dt. Sammler und Herausgeber von Sagen und Märchen
Baruch de Spinoza (1632–1677), niederländ. Philosoph

Am 25. November wurden geboren:
Maarten 't Hart (*1944), niederländ. Schriftsteller
Ludvík Svoboda (1895–1979), tschechoslowak. Politiker des Prager Frühlings 1968
Carl Benz (1844–1929), dt. Ingenieur und Automobilpionier
Andrew Carnegie (1835–1919), amerikan. Unternehmer
Lina Morgenstern (1830–1909), dt. Sozialpädagogin und Frauenrechtlerin, Herausgeberin der »Deutschen Hausfrauenzeitung«

Am 26. November wurden geboren:
Elizabeth Blackburn (*1948), austral.-amerikan. Molekularbiologin, Medizinnobelpreisträgerin 2009
Tina Turner (*1939), amerikan. Pop- und Rocksängerin
Charles M. Schulz (1922–2000), amerikan. Comic-Zeichner (»Peanuts«)
Eugène Ionesco (1909–1994), rumän.-frz. Schriftsteller
Heinrich Brüning (1885–1970), dt. Zentrumspolitiker, Reichskanzler 1930–32
Louise Aston (1814–1871), dt. Schriftstellerin, Revolutionärin und Frauenrechtlerin

Am 27. November wurden geboren:
Hilary Hahn (*1979), amerikan. Violinistin
Kathryn Bigelow (*1951), amerikan. Filmregisseurin
Jimi Hendrix (1942–1970), amerikan. Rockmusiker
Alexander Dubček (1921–1992), tschechoslowak. Politiker, Mitinitiator des Prager Frühlings 1968
Chaim Weizmann (1874–1952), israel. Politiker, erster Staatspräsident 1948–52
Anders Celsius (1701–1744), schwed. Astronom (Celsius-Temperaturskala)

Am 28. November wurden geboren:
Alfonso Cuarón (*1961), mexikan. Filmregisseur und Drehbuchautor
Tomi Ungerer (1931–2019), frz. Zeichner, Kinderbuchautor und Cartoonist
Stefan Zweig (1881–1942), österreich. Schriftsteller
Anton Rubinstein (1829–1894), russ. Pianist, Dirigent und Komponist
Friedrich Engels (1820–1895), dt. Philosoph und Politiker, mit Karl Marx Begründer des Marxismus

Am 29. November wurden geboren:
Petra Kelly (1947–1992), dt. Politikerin
Jacques Chirac (1932–2019), frz. Politiker (Gaullist), Staatspräsident 1995–2007
Julius Raab (1891–1964), österreich. ÖVP-Politiker, Bundeskanzler der großen Koalition 1953–61
Gottfried Semper (1803–1879), dt. Baumeister

Am 30. November wurden geboren:
Ridley Scott (*1937), brit. Filmregisseur
Winston Churchill (1874–1965), brit. Politiker, Premierminister 1940–45 und 1951–55, Literaturnobelpreisträger 1953
Mark Twain (1835–1910), amerikan. Schriftsteller
Theodor Mommsen (1817–1903), dt. Historiker und liberaler Politiker, Literaturnobelpreisträger 1902

Dezember 49. Woche

Schütze 22.11. bis 20.12.

1	Welt-Aids-Tag Montag
2	Dienstag
3	Internationaler Tag der Menschen mit Behinderungen Mittwoch
4	Donnerstag
5	○ Freitag
6	Nikolaus Samstag
7	2. Advent Sonntag

Auch im Winter lohnt sich ein Strandspaziergang in der Normandie und bietet wie hier bei Barfleur im Osten der Halbinsel Cotentin viele faszinierende Eindrücke. Das pittoreske Fischerdorf Barfleur zählt zu den schönsten Dörfern Frankreichs.

Schneller, wie die Welle steigt und fällt, treibt uns das Schicksal auf dem Meer des Lebens.

Theodor Körner

Wo	Mo	Di	Mi	Do	Fr	Sa	So
49	1	2	3	4	5	6	7
50	8	9	10	11	12	13	14
51	15	16	17	18	19	20	21
52	22	23	24	25	26	27	28
1	29	30	31				

VOR 15 JAHREN

FIFA vergibt die Endrunden der WM an Russland und Qatar

Am 2. Dezember 2010: Mit großer Verwunderung nahm die Weltöffentlichkeit Anfang Dezember 2010 die Doppelentscheidung der FIFA zur Kenntnis, welche Staaten die Endrunden der Fußballweltmeisterschaften 2018 und 2022 ausrichten sollten. Als Gastgeber für 2018 bestimmte das 24-köpfige Exekutivkomitee des vom Schweizer Joseph Blatter geführten Weltfußballverbands Russland, das sich beim Showdown in Zürich gegen die im Vorfeld weitaus höher bewerteten Bewerber England, die gemeinsam angetretenen Länder Spanien und Portugal sowie die Niederlande und Belgien durchsetzte. Auf völliges Unverständnis stieß die Wahl des Wüstenstaats Katar für 2022, zumal die WM aufgrund der hohen sommerlichen Temperaturen schließlich in den Winter verlegt werden musste und angesichts fehlender Infrastruktur und Stadien von Nachhaltigkeit keine Rede sein konnte. Das Emirat behauptete sich bei der geheimen Wahl gegen die USA, Südkorea, Japan und Australien.
In der Folgezeit häuften sich Berichte über Korruption und versuchten Stimmenkauf im Vorfeld der Abstimmung, und insbesondere die Medien lieferten Hinweise auf entsprechende Vorkommnisse. Gegen mehrere Exekutivmitglieder wurden daraufhin Korruptionsvorwürfe erhoben, und fast alle der damaligen Wahlmänner nahmen seither ihren Hut oder wurden suspendiert. Obwohl in einigen Fällen festgestellt wurde, dass die Stimmen mehrerer Funktionäre tatsächlich gekauft worden waren, blieb die Entscheidung über die Ausrichterländer bestehen.

VOR 80 JAHREN

Bette Midler – vielfältige amerikanische Entertainerin

Geboren am 1. Dezember 1945: Die in Honolulu auf Hawaii geborene Amerikanerin gab 1966 als Milchmann-Tochter Zeitel im Musical »Anatevka« ihr Broadway-Debüt. Aber auch als Sängerin mit einer Vorliebe für ältere Lieder, schrille Auftritte und deftigen Humor zog Bette Midler das Interesse auf sich. Seit den 1970er-Jahren veröffentlichte die mehrfach mit fast allen wichtigen US-Medienpreisen ausgezeichnete Entertainerin zahlreiche Studioalben, mit denen sie ihre musikalische Bandbreite von Pop über Blues bis Disco unter Beweis stellte. Ihre Tonträger gingen weltweit gut 35 Mio. Mal über die Ladentheken.
Als Schauspielerin stand Midler mehr als ein halbes Jahrhundert lang vor der Kamera, wobei sie vor allem in Komödien wie »Die unglaubliche Entführung der verrückten Mrs. Stone« (1986) und »Der Club der Teufelinnen« (1996) brillierte. Midler, die daneben in mehreren Fernsehshows und -serien zu sehen war und immer wieder auch auf Broadway-Bühnen stand, veröffentlichte 1980 überdies mit ihrem Buch »A View from a Broad« (1980) einen Bestseller.

VOR 100 JAHREN

Manfred Köhnlechner – vom Manager zum Heilkundler

Geboren am 1. Dezember 1925: Das berufliche Leben des gebürtigen Krefelders lässt sich in zwei sehr verschiedene Bereiche unterteilen. Zunächst machte sich der promovierte Jurist Manfred Köhnlechner einen Namen als umtriebiger, erfolgreicher Spitzenmanager, der ab 1957 den Medienkonzern Bertelsmann in Gütersloh als Generalbevollmächtigter leitete und den Erfolg des Konzerns seinerzeit maßgeblich mitgestaltete.
Nach einem Reitunfall, den ein Heilpraktiker erfolgreich behandelte, gab Köhnlechner 1970 seine Arbeit auf und machte eine Ausbildung zum Heilpraktiker, wobei er sich u. a. auf Naturmedizin und Akupunktur spezialisierte. Nachdem er 1974 in einer TV-Talkshow die Schauspielerin Trude Herr mit Akupunkturnadeln behandelt hatte, konnte er sich in seiner Praxis in Grünwald südlich von München vor Ratsuchenden kaum noch retten. 1985 gründete er eine Stiftung, mit der er biologisch-naturheilkundliche Verfahren förderte. In zahlreichen Publikationen, die aber auch Kritik von Kollegen hervorriefen, beschrieb er seine Diät- und Gesundheitstipps und Behandlungsmethoden, mit denen er eine Brücke zwischen Naturheilkunde und Schulmedizin anstrebte. Mit 76 Jahren starb Köhnlechner 2002 in Grünwald.

Geburtstagskinder vom 1. bis 7. Dezember 2025

Am 1. Dezember wurden geboren:
Woody Allen (*1935), amerikan. Regisseur und Schauspieler
Alicia Markowa (1910–2004), brit. Balletttänzerin und -direktorin
Ernst Toller (1893–1939), dt. Schriftsteller
Rex Stout (1886–1975), amerikan. Kriminalschriftsteller
Karl Schmidt-Rottluff (1884–1976), dt. Maler und Grafiker

Am 2. Dezember wurden geboren:
Jan Ullrich (*1973), dt. Straßenradsportler
Gianni Versace (1946–1997), italien. Modeschöpfer
Botho Strauß (*1944), dt. Schriftsteller
Maria Callas (1923–1977), griech. Sängerin (Sopran)
Marion Gräfin Dönhoff (1909–2002), dt. Publizistin (»Die Zeit«)
Otto Dix (1891–1969), dt. Maler und Grafiker

Am 3. Dezember wurden geboren:
Katarina Witt (*1965), dt. Eiskunstläuferin
Bruno Jonas (*1952), dt. Kabarettist
Alice Schwarzer (*1942), dt. Publizistin (»Emma«)
Franz Josef Degenhardt (1931–2011), dt. Schriftsteller und Liedermacher
Jean-Luc Godard (1930–2022), frz. Filmregisseur
Anna Freud (1895–1982), österreich.-brit. Psychoanalytikerin
Joseph Conrad (1857–1924), poln.-brit. Schriftsteller

Am 4. Dezember wurden geboren:
Cassandra Wilson (*1955), amerikan. Jazzsängerin
Jeff Bridges (*1949), amerikan. Schauspieler
Rainer Maria Rilke (1875–1926), österreich. Schriftsteller
Wassily Kandinsky (1866–1944), russ. Maler
Thomas Carlyle (1795–1881), brit. Essayist und Historiker
Jeanne Françoise Julie Récamier (1777–1849), frz. Schriftstellerin mit literarisch-politischem Salon in Paris

Am 5. Dezember wurden geboren:
Patricia Kaas (*1966), frz. Sängerin
José Carreras (*1946), span. Sänger (Tenor)
Johannes Heesters (1903–2011), niederländ.-österreich. Sänger und Schauspieler
Walt Disney (1901–1966), amerikan. Trickfilmzeichner und Filmproduzent
Werner Heisenberg (1901–1976), dt. Physiker, Physiknobelpreisträger 1932
Fritz Lang (1890–1976), österreich.-amerikan. Filmregisseur (»Metropolis«)

Am 6. Dezember wurden geboren:
Peter Handke (*1942), österreich. Schriftsteller, Literaturnobelpreisträger 2019
Nikolaus Harnoncourt (1929–2016), österreich. Violoncellist, Dirigent und Musikforscher
Alfred Eisenstaedt (1898–1995), dt.-amerikan. Fotograf
Lina Carstens (1892–1978), dt. Schauspielerin
Rudolf Schlichter (1890–1955), dt. Maler und Grafiker

Am 7. Dezember wurden geboren:
Tom Waits (*1949), amerikan. Rockmusiker und Schauspieler
Dani Karavan (1930–2021), israel. Bildhauer
Mario Soares (1924–2017), portugies. sozialistischer Politiker, Präsident 1986–96
Johann Nepomuk Nestroy (1801–1862), österreich. Schriftsteller und Schauspieler
Marie Tussaud (1761–1850), frz. Wachsbildnerin

Dezember 50. Woche

Schütze 22.11. bis 20.12.

8 Mariä Empfängnis
Montag

9 Dienstag

10 Tag der Menschenrechte
Mittwoch

11 ☾
Donnerstag

12 Freitag

13 Samstag

14 3. Advent
Sonntag

Trutzig präsentiert sich das Château de Kérouzéré bei Sibiril. Die in der ersten Hälfte des 15. Jh. errichtete, seit 1883 unter Denkmalschutz stehende Burg wurde während der Hugenottenkriege im 16. Jh. in Mitleidenschaft gezogen.

Die Kunst ist, einmal mehr aufzustehen, als man umgeworfen wird.
Winston Churchill

Wo	Mo	Di	Mi	Do	Fr	Sa	So
49	1	2	3	4	5	6	7
50	8	9	10	11	12	13	14
51	15	16	17	18	19	20	21
52	22	23	24	25	26	27	28
1	29	30	31				

VOR 90 JAHREN

Ferdinand Alexander Porsche – Konstrukteur des 911

Geboren am 11. Dezember 1935: Wenn Porschefans über ihr Lieblingsauto sprechen, dann steht der Porsche 911 mit seiner individuellen Form und dem Verzicht auf zierendes Beiwerk zumeist ganz oben auf der Liste. Ein maßgeblicher Urheber des noch heute als Kultauto gefeierten Sportwagens war zu Beginn der 1960er-Jahre Ferdinand Alexander Porsche. Der in Stuttgart geborene Enkel des Unternehmensgründers Ferdinand Porsche setzte bei seinen Konstruktionen auf eine nüchterne Zurückgenommenheit, was ganz seinen Studieninhalten an der Ulmer Hochschule für Design und dem Prinzip entsprach, dass die Form der Funktion folgt. Nachdem alle Familienmitglieder die Leitungsebene bei Porsche in Stuttgart verlassen hatten, machte sich Porsche 1972 mit dem Porsche Design Studio im österreichischen Zell am See selbstständig. Sein Porsche-Design prägte bald schon u. a. exklusive Schreibgeräte, Uhren, Brillen, Küchen, Pfeifen, Bekleidung und auch Fotoapparate. 1990 kehrte er als Aufsichtsratsvorsitzender zu Porsche zurück. Nach seinem Ausscheiden wurde er 2005 zum Ehrenvorsitzenden ernannt. Mit 76 Jahren starb Porsche 2012 in Salzburg.

VOR 30 JAHREN

Grube Messel wird erste deutsche Weltnaturerbestätte

Am 8. Dezember 1995: Schon ab Mitte des 19. Jahrhunderts war in der Grube Messel bei Darmstadt Erz, später Ölschiefer abgebaut worden. Nach ihrer Schließung 1971 sollte sie nach dem Willen der Behörden als Mülldeponie genutzt werden, was zahlreiche Wissenschaftler und Umweltschützer auf den Plan rief. Sie wiesen insbesondere darauf hin, dass in der Grube wichtige Fossilien aus dem Eozän gefunden worden waren. Als sich immer mehr Interessierte an der Suche beteiligten und herausragende Exponate wie der knapp 60 cm große frühe Primat »Ida« ans Tageslicht befördert wurden, spitzte sich die Konfrontation zu, sodass der Deponieplan schließlich Ende der 1980er-Jahre aufgegeben wurde.
Die gut 50 Mio. Jahre alte Lagergrube mit fossilen Wirbeltieren wie Kranichvögeln, Reptilien, Fledermäusen, Urpferden und vielen anderen Spezies wurde im Dezember 1995 als erste deutsche Stätte in die Liste des UNESCO-Weltnaturerbes aufgenommen. Die Internationale Vereinigung der geologischen Wissenschaften ordnete die Grube Messel 2022 darüber hinaus unter den 100 geologisch bedeutendsten Orten der Erde ein.

VOR 75 JAHREN

Christina Onassis – tragisches Leben einer Unternehmerin

Geboren am 11. Dezember 1950: Als Tochter des Multimilliardärs Aristoteles Onassis, der weltweit gut 30 Reedereien und über 900 Schiffe besaß, schien Christina Onassis ein Jetsetleben vorbestimmt. Sie kam in New York zur Welt und wuchs dort und später in London auf, doch eine unbeschwerte Existenz bescherte ihr der Familienreichtum nicht: Ihr Bruder Alexander starb 1973 bei einem Flugzeugabsturz, ein Jahr später schied ihre Mutter Athina freiwillig aus dem Leben. Als 1975 auch ihr Vater durch eine Lungenentzündung den Tod fand, sah sich die in Geschäftsfragen noch unerfahrene Onassis mit der Leitung des Konzerns konfrontiert. Die neue Chefin stürzte sich in die Arbeit, wurde jedoch zunehmend von Depressionen eingeholt, sodass sie die Leitung des Unternehmens schon zwei Jahre später aufgeben musste. In der Folgezeit widmete sie sich dem Ausbau der von ihrem Vater gegründeten Alexander-Onassis-Stiftung.
Auch ihr eigenes Privatleben brachte Onassis nicht das ersehnte Glück: Bis 1987 scheiterten gleich vier Ehen. Aus der Letzten stammte ihre 1985 geborene Tochter Athina, die sich später als Springreiterin einen Namen machte. Im November 1988 endete auch das Leben Christina Onassis' jäh: Vermutlich infolge von Medikamentenmissbrauch erlitt die erst 37-Jährige in Buenos Aires einen Herzinfarkt.

Geburtstagskinder vom 8. bis 14. Dezember 2025

Am 8. Dezember wurden geboren:
Jim Morrison (1943–1971), amerikan. Rocksänger
Camille Claudel (1864–1943), frz. Bildhauerin
Adolph von Menzel (1815–1905), dt. Maler und Grafiker
Adolf Kolping, gen. der Gesellenvater (1813–1865), dt. kath. Theologe (Kolpingwerk)
Maria Stuart (1542–1587), Königin von Schottland 1542–67
Horaz (65–8 v. Chr.), röm. Dichter

Am 9. Dezember wurden geboren:
Hans Peter »Hape« Kerkeling (*1964), dt. Entertainer und Komiker
Judi Dench (*1934), brit. Schauspielerin
Kirk Douglas (1916–2020), amerikan. Schauspieler und Produzent
Elisabeth Schwarzkopf (1915–2006), dt. Sängerin (Sopran)
Grace Hopper (1906–1992), amerikan. Mathematikerin und Computerpionierin
Ödön von Horváth (1901–1938), österreich. Schriftsteller

Am 10. Dezember wurden geboren:
Cornelia Funke (*1958), dt. Kinderbuchautorin
Christine Brückner (1921–1996), dt. Schriftstellerin
Nelly Sachs (1891–1970), dt.-schwed. Schriftstellerin, Literaturnobelpreisträgerin 1966
Adolf Loos (1870–1933), österreich. Architekt
Wilhelm von Bode (1845–1929), dt. Kunsthistoriker, Generaldirektor der Berliner Museen 1905–20
Ada Lovelace (1815–1852), brit. Mathematikerin

Am 11. Dezember wurden geboren:
Emmanuelle Charpentier (*1968), frz. Mikrobiologin, Biochemikerin und Genetikerin, Chemienobelpreisträgerin 2020
Alexander Solschenizyn (1918–2008), russ. Schriftsteller, Literaturnobelpreisträger 1970
Max Born (1882–1970), dt. Physiker, Physiknobelpreisträger 1954
Robert Koch (1843–1910), dt. Bakteriologe, Medizinnobelpreisträger 1905
Alfred de Musset (1810–1857), frz. Schriftsteller
Hector Berlioz (1803–1869), frz. Komponist

Am 12. Dezember wurden geboren:
Johann Kresnik (1939–2019), österreich. Tänzer und Choreograf
John James Osborne (1929–1994), brit. Dramatiker
Helen Frankenthaler (1928–2011), amerikan. Malerin
Frank Sinatra (1915–1998), italien.-amerikan. Sänger und Schauspieler
Liesl Karlstadt (1892–1960), dt. Schauspielerin
Edvard Munch (1863–1944), norweg. Maler und Grafiker
Gustave Flaubert (1821–1880), frz. Schriftsteller

Am 13. Dezember wurden geboren:
Edith Clever (*1940), dt. Schauspielerin und Regisseurin
Robert Gernhardt (1937–2006), dt. Schriftsteller und Zeichner
Curd Jürgens (1915–1982), dt. Schauspieler
Werner von Siemens (1816–1892), dt. Ingenieur, Erfinder und Unternehmer
Heinrich Heine (1797–1856), dt. Dichter und Publizist

Am 14. Dezember wurden geboren:
Marianne Fritz (1948–2007), österreich. Schriftstellerin
Dilma Rousseff (*1947), brasilian. Politikerin, erste Staatspräsidentin Brasiliens 2011–16
Karl Carstens (1914–1992), dt. CDU-Politiker, Bundespräsident 1979–84
Nostradamus (1503–1566), frz. Mathematiker und Astrologe

Dezember 51. Woche

Schütze 22.11. bis 20.12.   Steinbock 21.12. bis 19.1.

15 Montag

16 Dienstag

17 Mittwoch

18 Donnerstag

19 Freitag

20 • Samstag

21 4. Advent · Winteranfang
Sonntag

Bei Gatteville-le-Phare auf der Halbinsel Cotentin branden die Wellen mit Macht an die Küste. Die weit in den Ärmelkanal hineinragende Halbinsel gilt als das Finis terrae der Normandie – das Ende der Welt.

Die Poesie der Erde endet nie …
John Keats

Wo	Mo	Di	Mi	Do	Fr	Sa	So
49	1	2	3	4	5	6	7
50	8	9	10	11	12	13	14
51	15	16	17	18	19	20	21
52	22	23	24	25	26	27	28
1	29	30	31				

VOR 70 JAHREN

Renate Künast – erste deutsche Bundeslandwirtschaftsministerin

Geboren am 15. Dezember 1955: Die aus Recklinghausen stammende Renate Künast studierte zunächst Sozialarbeit in Düsseldorf, später Jura in Berlin, wo sie sich als engagierte Atomkraftgegnerin ab Ende der 1970er-Jahre über die Alternative Liste den Grünen anschloss. Als Rechtsanwältin war sie 1985–99 mit kurzer Unterbrechung Mitglied im Berliner Abgeordnetenhaus, ehe sie 2001 unter Kanzler Gerhard Schröder (SPD) als erste Frau das Bundesministerium für Verbraucherschutz, Ernährung und Landwirtschaft leitete. Ihr größtes Projekt bis 2005 war die bei Landwirten und Funktionären heftig diskutierte Agrarwende mit besonderem Augenmerk auf ökologischer Landwirtschaft sowie stärkerem Schutz von Verbrauchern und Tieren.

Seit 2002 Mitglied des Bundestags, fungierte Künast 2005–13 als Bundesfraktionsvorsitzende ihrer Partei, für die sie 2010 vergeblich als Kandidatin für das Amt der Regierenden Bürgermeisterin in Berlin und 2013 als Spitzenkandidatin bei den Bundestagswahlen antrat. Nach den klaren Niederlagen zog sich die dem linken Flügel ihrer Partei zugerechnete Politikerin, die sich insbesondere im Internet immer wieder massiven Beleidigungen und Diffamierungen ausgesetzt sah, aus der Spitzenriege der Grünen zurück, behielt jedoch ihr Parlamentsmandat. 2014 übernahm Künast den Vorsitz im Rechtsausschuss des Bundestags, den sie bis 2018 innehatte. Drei Jahre später wurde die 66-Jährige zum sechsten Mal in den Bundestag gewählt.

VOR 15 JAHREN

Unruhen in Tunesien lösen den Arabischen Frühling aus

Am 17. Dezember 2010: Die Unzufriedenheit der Menschen in Tunesien mit den Lebensbedingungen und der autokratischen Herrschaft des langjährigen Staatsoberhaupts Zine el-Abidine Ben Ali schwelte schon lange, als sich im Dezember 2010 die Nachricht von der Selbstverbrennung des Gemüsehändlers Mohamed Bouazizi verbreitete. Die drastische Protestaktion löste landesweite Unruhen aus, die sich zu einem Aufstand gegen das Regime steigerten und schließlich zum Sturz Ben Alis führten.

Von Tunesien aus griff das Aufbegehren zu Beginn des Jahres 2011 rasch auf andere Staaten Nordafrikas und des Nahen Ostens über, wo breite gesellschaftliche Bewegungen die Proteste anführten. Der »Arabische Frühling« nährte anfangs die Hoffnung auf eine umfassende Demokratisierung westlicher Lesart, was sich allerdings nicht als dauerhaft erwies. Bis auf Tunesien, wo immerhin Freiheitsrechte in der Verfassung verankert wurden, restaurierten sich die autoritären Machtstrukturen in den meisten arabischen Ländern rasch wieder. In einigen Staaten destabilisierten Bürgerkriege und dschihadistischer Einfluss die ohnehin angespannte Lage teilweise zusätzlich bis hinein in die heutige Zeit.

VOR 250 JAHREN

Jane Austen – schmales Œuvre, breiter Erfolg

Geboren am 16. Dezember 1775: Die Schriftstellerin aus dem südenglischen Steventon schrieb neben kleineren Jugendwerken nur sechs vollständige Romane, die jedoch durchweg zu den wichtigsten literarischen Arbeiten ihrer Zeit gerechnet werden und später verfilmt wurden. Der erste ihrer anonym publizierten Romane war 1811 »Verstand und Gefühl«, in dem sich zwei intelligente Schwestern – ebenso wie auch Jane Austens spätere Protagonistinnen – durch reichlich Liebesturbulenzen kämpfen müssen.

Ihr zwei Jahre später erschienenes populäres Werk »Stolz und Vorurteil« zeichnet vor dem Hintergrund einer Liebesgeschichte ein detailliertes Bild der damaligen Gesellschaft. Nach »Mansfield Park« (1814) kam 1816 »Emma« heraus, ein international gefeierter Roman über eine Frau, die ihren Platz im Leben sucht. 1817 folgte »Die Abtei von Northanger«, und ein Jahr nach dem Tod der 41-Jährigen 1817 in Winchester erschien posthum Austens letzter Roman »Überredung« (Alternativtitel »Anne Elliot«).

Geburtstagskinder vom 15. bis 21. Dezember 2025

Am 15. Dezember wurden geboren:
Annalena Baerbock (*1980), dt. Politikerin (Bündnis 90/Die Grünen), Außenministerin seit 2021
Friedensreich Hundertwasser (1928–2000), österreich. Maler und Grafiker
Jean Paul Getty (1892–1976), amerikan. Ölindustrieller und Kunstmäzen
Antoine Henri Becquerel (1852–1908), frz. Physiker, Physiknobelpreisträger 1903
Gustave Alexandre Eiffel (1832–1923), frz. Ingenieur
François de La Rochefoucauld (1613–1680), frz. Schriftsteller
Nero (37–68), röm. Kaiser 54–68

Am 16. Dezember wurden geboren:
Heike Drechsler (*1964), dt. Leichtathletin (Weitsprung)
Liv Ullmann (*1938), norweg. Schauspielerin
Margaret Mead (1901–1978), amerikan. Anthropologin

Am 17. Dezember wurden geboren:
Milla Jovovich (*1975), russ.-amerikan. Schauspielerin
Franziskus, eigtl. Jorge Mario Bergoglio (*1936), Papst ab 2013
Armin Mueller-Stahl (*1930), dt. Schauspieler
Erwin Piscator (1893–1966), dt. Regisseur und Theaterleiter
Ludwig van Beethoven (17.12.1770 getauft–1827), dt. Komponist

Am 18. Dezember wurden geboren:
Christina Aguilera (*1980), amerikan. Popsängerin
Brad Pitt (*1963), amerikan. Schauspieler
Steven Spielberg (*1946), amerikan. Filmregisseur
Józef Glemp (1929–2013), poln. Kardinal, Primas von Polen 1981–2009
Willy Brandt (1913–1992), dt. SPD-Politiker, Bundeskanzler 1969–74, Friedensnobelpreisträger 1971

Paul Klee (1879–1940), schweizer.-dt. Maler und Grafiker
Christine (1626–1689), Königin von Schweden 1632–54

Am 19. Dezember wurden geboren:
Jake Gyllenhaal (*1980), amerikan. Schauspieler
Tankred Dorst (1925–2017), dt. Schriftsteller
Elisabeth Noelle-Neumann (1916–2010), dt. Publizistin und Meinungsforscherin
Édith Piaf (1915–1963), frz. Chansonsängerin
Jean Genet (1910–1986), frz. Schriftsteller
Gisèle Freund (1908–2000), dt.-frz. Fotografin und Soziologin
Leonid Breschnew (1906–1982), sowjet. Politiker, Staatsoberhaupt 1960–64 und 1977–82, KPdSU-Generalsekretär 1964–82

Am 20. Dezember wurden geboren:
Mitsuko Uchida (*1948), japan.-brit. Pianistin
Otto Graf Lambsdorff (1926–2009), dt. FDP-Politiker
Friederike Mayröcker (1924–2021), österreich. Schriftstellerin
Charlotte Bühler (1893–1974), dt. Psychologin
Pieter de Hooch (1629–1684), niederländ. Maler

Am 21. Dezember wurden geboren:
Emmanuel Macron (*1977), frz. Politiker, Staatspräsident seit 2017
Reinhard Mey (*1942), dt. Liedermacher und Chansonsänger
Frank Zappa (1940–1993), amerikan. Rocksänger
Jane Fonda (*1937), amerikan. Schauspielerin
Heinrich Böll (1917–1985), dt. Schriftsteller, Literaturnobelpreisträger 1972

Dezember 52. Woche

Steinbock 21.12. bis 19.1.

22 Montag

23 Dienstag

24 Heiligabend
Mittwoch

25 Weihnachten
Donnerstag

26 Weihnachten
Freitag

27 Samstag

28 Sonntag

Die aus dem 16. Jh. stammende Église Notre-Dame in Saint-Thégonnec wurde 1998 bei einem Brand stark in Mitleidenschaft gezogen. Nach mehrjährigen Restaurationsarbeiten erstrahlt sie seit 2005 wieder in altem Glanz.

Gebete ändern die Welt nicht. Aber Gebete ändern die Menschen. Und die Menschen ändern die Welt.
Albert Schweitzer

Wo	Mo	Di	Mi	Do	Fr	Sa	So
49	1	2	3	4	5	6	7
50	8	9	10	11	12	13	14
51	15	16	17	18	19	20	21
52	22	23	24	25	26	27	28
1	29	30	31				

VOR 120 JAHREN

Howard Hughes – Regisseur, Produzent und Flugpionier

Geboren am 24. Dezember 1905: Das Leben des Texaners wurde von zwei Leidenschaften geprägt: dem Filmbusiness und der Fliegerei. Howard Hughes konstruierte eigene Flugzeuge, mit denen er Geschwindigkeits- und Langstreckenrekorde beispielsweise bei einer Erdumrundung aufstellte. 1936 gründete er die Hughes Aircraft Company, mit der er Rüstungselektronik für das US-Verteidigungsministerium produzierte, und 1939 wurde er Mehrheitsaktionär der Fluggesellschaft Trans World Airlines (TWA). Auf filmischem Terrain trat Hughes als Regisseur und Produzent zunächst 1930 mit der seinerzeit teuersten Hollywood-Produktion »Höllenflieger« um eine berühmte britische Fliegertruppe des Ersten Weltkriegs hervor. Zwei Jahre später folgte mit »Scarface« ein Gangsterfilm über das Leben Al Capones, und 1943 feierte er mit dem Western »Geächtet« einen seiner größten Erfolge. Hughes, der sich in den 1950er-Jahren fast vollständig aus der Öffentlichkeit zurückzog und in der Folgezeit zu reichlich Spekulationen über sein Leben Anlass gab, starb 1976 im Alter von 70 Jahren bei einem Flugzeugabsturz in Texas.

VOR 100 JAHREN

Premiere des Lustspiels »Der fröhliche Weinberg« in Berlin

Am 22. Dezember 1925: Die rheinhessische Winzertochter Klärchen Gunderloch will sich dem Wunsch ihres alternden Vaters beugen und ihm einen Enkel als Erben des Weinguts schenken. Dabei beschließt sie jedoch zum anfänglichen Verdruss des Vaters, nur eine Liebeshochzeit einzugehen und nicht den vorgegebenen, wenig sympathischen Corpsstudenten Knuzius zu akzeptieren. Ihren Auserwählten findet sie im armen Schiffer Jochen Most, der nach einigen Verwicklungen und mit schwiegerväterlichem Segen schließlich sein Klärchen ehelicht.
Das Stück persiflierte die kleinbürgerliche Welt mit ihren Traditionen und Ehrbegriffen, was zwar zu Protesten führte, dem großen Publikumserfolg des Lustspiels aber keinen Abbruch tat. Die Premiere im Dezember 1925 im Berliner Theater am Schiffbauerdamm bescherte auch dem Autor Carl Zuckmayer seinen Durchbruch. Ein wesentlicher Grund für die Popularität waren die einfache, schichttypische, oft derbe Sprache und die eigens von Zuckmayer verfassten eingängigen Lieder. Bleibt noch zu erwähnen, dass alle übrigen Berliner Bühnen eine Uraufführung zuvor abgelehnt hatten.

VOR 85 JAHREN

Eberhard Schöler – der erste deutsche Star des Tischtennis

Geboren am 22. Dezember 1940: Namen wie Jörg Roßkopf oder Timo Boll dürften Tischtennisfans ein Begriff sein, doch keiner der beiden erreichte je ein WM-Finale im Einzel. Der aus dem westpreußischen Flatow stammende Eberhard Schöler schaffte dieses Kunststück 1969: Bei der WM in München setzte sich der Deutsche gegen den japanischen Weltklassespieler Tokio Tasaka durch und erreichte so das Endspiel, in dem der Japaner Shigeo Itō wartete. Itō fand zunächst kein Rezept gegen den Abwehrspezialisten und lag schnell mit 0:2 Sätzen in Rückstand. Doch dann stellte sich der Angreifer immer besser auf den mit stoischer Ruhe agierenden Schöler ein, der sich schließlich mit 2:3 geschlagen geben musste. Eine weitere Silbermedaille sicherte sich der wegen seiner Unterschnittvarianten und seiner eingestreuten knallharten Schmetterbälle gefürchtete europäische Ranglistenführer 1969 mit der bundesdeutschen Mannschaft, die im Finale gegen Japan mit 3:5 das Nachsehen hatte. Schöler, der bei der WM 1965 und 1967 jeweils Bronze im Einzel geholt hatte, trat noch 1986 bei der Senioren-WM in Rimini an und gewann erneut Silber. Der Sportler, der mehrfach mit Fairplay-Auszeichnungen bedacht wurde und 2009 das Bundesverdienstkreuz erhielt, gewann im Einzel viermal die internationale und neunmal die nationale deutsche Meisterschaft. Ab Mitte der 1970er-Jahre war er als Funktionär u. a. beim Deutschen Tischtennis-Bund und 1994–2012 als Vizepräsident der Europäischen Tischtennis-Union tätig.

Geburtstagskinder vom 22. bis 28. Dezember 2025

Am 22. Dezember wurden geboren:
Martina Voss-Tecklenburg (*1967), dt. Fußballspielerin und -trainerin
Ralph Fiennes (*1962), brit. Schauspieler
Felicitas Hoppe (*1960), dt. Schriftstellerin
Max Bill (1908–1994), schweizer. Maler, Bildhauer, Architekt, Grafiker und Designer
Gustaf Gründgens (1899–1963), dt. Schauspieler und Regisseur, Begründer des literarischen Futurismus
Käthe Paulus (1868–1935), erste dt. Fallschirmspringerin
Giacomo Puccini (1858–1924), italien. Komponist

Am 23. Dezember wurden geboren:
Akihito (*1933), Kaiser von Japan 1989–2019
Antoni Tàpies (1923–2012), span. Maler
Helmut Schmidt (1918–2015), dt. SPD-Politiker, Bundeskanzler 1974–82
François Champollion (1790–1832), frz. Ägyptologe, Entzifferer der Hieroglyphen
Martin Opitz (1597–1639), dt. Dichter

Am 24. Dezember wurden geboren:
Tarja Halonen (*1943), finn. sozialdemokratische Politikerin, erste Staatspräsidentin Finnlands 2000–12
Herbert Reinecker (1914–2007), dt. Fernsehautor (»Derrick«)
Joseph Höffner (1906–1987), dt. kath. Theologe und Kardinal, Erzbischof von Köln ab 1969
Samuel Fischer (1859–1934), dt. Verleger
Elisabeth, gen. Sisi (1837–1898), Kaiserin von Österreich als Gattin Franz Josephs I., Königin von Ungarn

Am 25. Dezember wurden geboren:
Yasmin Fahimi (*1967), dt. SPD-Politikerin, DGB-Vorsitzende seit 2022
Hanna Schygulla (*1943), dt. Schauspielerin
Mohammed Anwar as-Sadat (1918–1981), ägypt. Politiker, Staatspräsident 1970–81, Friedensnobelpreisträger 1978
Humphrey Bogart (1899–1957), amerikan. Schauspieler
Charlotte von Stein (1742–1827), dt. Schriftstellerin, Freundin Johann Wolfgang von Goethes

Am 26. Dezember wurden geboren:
Uli Stein (1946–2020), dt. Zeichner und Cartoonist
Richard Widmark (1914–2008), amerikan. Schauspieler
Henry Miller (1891–1980), amerikan. Schriftsteller
Ernst Moritz Arndt (1769–1860), dt. Schriftsteller, Historiker und Politiker
Friedrich II. (1194–1250), röm.-dt. Kaiser (Staufer)

Am 27. Dezember wurden geboren:
Guido Westerwelle (1961–2016), dt. FDP-Politiker, Außenminister 2009–13
Gérard Depardieu (*1948), frz. Schauspieler
Marlene Dietrich (1901–1992), dt.-amerikan. Schauspielerin und Sängerin
Carl Zuckmayer (1896–1977), dt. Schriftsteller
Johannes Kepler (1571–1630), dt. Astronom

Am 28. Dezember wurden geboren:
Liu Xiaobo (1955–2017), chines. Schriftsteller und Bürgerrechtler, Friedensnobelpreisträger 2010
Richard Clayderman (*1953), frz. Pop-Pianist
Hildegard Knef (1925–2002), dt. Schauspielerin, Chansonsängerin und Schriftstellerin
Arthur Stanley Eddington (1882–1944), brit. Astronom und Physiker

Dezember/Januar 1. Woche

Steinbock 21.12. bis 19.1.

29	Montag
30	Dienstag
31	Silvester / Mittwoch
1	**Neujahr** / Donnerstag
2	Freitag
3	○ Samstag
4	Sonntag

Sonnenuntergang an der Plage du Casino in Houlgate. Das Seebad an der Côte Fleurie (Departement Calvados) ist u. a. für seine rund 300 Villen aus der Zeit der Belle Époque bekannt.

Wie anziehend, wie fesselnd sind doch Meer und Strand! Wie verliert man sich in ihrer Einfachheit, ja, in ihrer Leere!
Walt Whitman

Wo	Mo	Di	Mi	Do	Fr	Sa	So
1				1	2	3	**4**
2	5	**6**	7	8	9	10	**11**
3	12	13	14	15	16	17	**18**
4	19	20	21	22	23	24	**25**
5	26	27	28	29	30	31	

VOR 225 JAHREN

Charles Goodyear – Pionier der Gummiherstellung in den USA

Geboren am 29. Dezember 1800: Der berufliche Werdegang von Charles Goodyear war zunächst eng mit seinem Vater verbunden. Der aus New Haven, Connecticut, stammende Sohn eines Unternehmers stieg in den Familienbetrieb ein und verkaufte ab Mitte der 1820er-Jahre die dort produzierten Eisenwaren in seinem eigenen Laden in Philadelphia. Seine internationale Bedeutung erwarb sich der Amerikaner aber als Erfinder. Mit selbst erworbenen chemischen Sachkenntnissen machte er sich daran, Naturkautschuk in industriell nutzbares Gummi umzuwandeln, das auch Temperaturschwankungen standhielt. Bei seinen Experimenten entwickelte Goodyear 1839 das bahnbrechende, im Prinzip noch heute gängige Verfahren der Vulkanisation: Mithilfe von Schwefel erfand er dabei (wasser)festes, elastisch formbares Gummi, das die industrielle Produktion in vielen Bereichen grundlegend veränderte. Laut einer verbreiteten Geschichte soll sich das erwünschte Resultat durch einen Zufall eingestellt haben, als nämlich die Kautschuk-Schwefel-Substanz auf einen heißen Ofen fiel. Später gründete Goodyear eine Firma für Gummiartikel wie Schuhe und später auch Kondome, wobei er die Eigenschaften seines Gummis fortan immer weiter verbesserte. Vom jahrelangen Umgang mit Chemikalien gezeichnet, starb er 1860 trotz aller Erfolge mittellos mit 59 Jahren in New York.

VOR 425 JAHREN

Gründung der Britischen Ostindien-Kompanie

Am 31. Dezember 1600: Bei der Erkundung der Erde gingen europäische Staaten mit den Rechten Einheimischer in anderen Regionen nicht gerade zimperlich um. So ließen sich reiche englische Kaufleute im Jahr 1600 von ihrer Königin Elisabeth I. kurzerhand einen Freibrief ausstellen, der sie zum Aufbau eines Handelsmonopols auf dem indischen Subkontinent berechtigte. Das Gebiet, das vor allem wegen seiner kostbaren Gewürze die Begehrlichkeiten der Europäer geweckt hatte, wurde auch von Spanien und Portugal beansprucht. Noch Ende desselben Jahres riefen die Initiatoren ihre Ostindien-Kompanie ins Leben, die daraufhin etliche Niederlassungen gründete und so alsbald einen florierenden Handel mit dem Mutterland aufbaute. Bis ins späte 19. Jahrhundert sicherte die mächtige, sich weiter ausdehnende Organisation mit eigener Armee einen wesentlichen Teil des britischen Wohlstands, der bald auch auf Gütern wie Seidenstoffen und dem weitgehenden Monopol auf Tee beruhte. Erst 1858 übernahm die britische Krone die Kontrolle über die im Abstieg begriffene und von Skandalen und Machtmissbrauch geprägte Kompanie, die sich 1874 schließlich auflöste.

VOR 100 JAHREN

Susanne Erichsen – erste bundesdeutsche »Miss Germany«

Geboren am 30. Dezember 1925: Die Folgen des Zweiten Weltkriegs waren vielerorts noch heftig zu spüren, als Ende 1950 im Kurhaus von Baden-Baden zur ersten Misswahl in der noch jungen Bundesrepublik aufgefordert wurde. Die in Badeanzüge gekleideten Frauen wurden von einer Männerjury und vom Publikum bewertet. Aus der Gala ging die 24-jährige Susanne Erichsen als Siegerin hervor. Die Berlinerin startete bald darauf eine internationale Karriere als Mannequin und Fotomodell, wobei sie in den USA als »German Frauleinwunder« gefeiert wurde, was in der Bundesrepublik für einigen Stolz sorgte. Dabei hatte ihr Triumph zeitweise am seidenen Faden gehangen: Erichsen, die zwei Jahre in sowjetischer Kriegsgefangenschaft harte Arbeit hatte verrichten müssen, hatte kurz nach Kriegsende nämlich geheiratet, was den gestrengen Herren der Jury missfiel. Erst nach der Versicherung, dass ihre Ehe nur kurzzeitig gedauert habe, durfte sie sich als Schönheitskönigin feiern lassen. Erichsen, die zeitweise in New York gelebt hatte, starb 2002 im Alter von 76 Jahren in Berlin, wo sie seit 1967 ihre eigene Mannequin- und Modelschule geleitet hatte.

Geburtstagskinder vom 29. Dezember 2025 bis 4. Januar 2026

Am 29. Dezember wurden geboren:
Marianne Faithfull (*1946), brit. Sängerin
Brigitte Kronauer (1940–2019), dt. Schriftstellerin
Helmut Gollwitzer (1908–1993), dt. ev. Theologe
Pablo Casals (1876–1973), span. Cellist, Dirigent und Komponist
Anton Dohrn (1840–1909), dt. Zoologe

Am 30. Dezember wurden geboren:
Eldrick »Tiger« Woods (*1975), amerikan. Golfspieler
Patti Smith, eigtl. Patricia Lee (*1946), amerikan. Schriftstellerin und Rockmusikerin
Carl Hanser (1901–1985), dt. Verleger
Rudyard Kipling (1865–1936), brit. Schriftsteller, Literaturnobelpreisträger 1907
Theodor Fontane (1819–1898), dt. Schriftsteller
Titus (39–81), röm. Kaiser 79–81

Am 31. Dezember wurden geboren:
Ben Kingsley (*1943), ind.-brit. Schauspieler
Anthony Hopkins (*1937), brit. Schauspieler
Mildred Scheel (1932–1985), dt. Ärztin, Initiatorin der Deutschen Krebshilfe
Max Pechstein (1881–1955), dt. Maler und Grafiker
George C. Marshall (1880–1959), amerikan. General und Politiker (Marshallplanhilfe), Friedensnobelpreisträger 1953
Henri Matisse (1869–1954), frz. Maler und Grafiker

Am 1. Januar wurden geboren:
Christine Lagarde (*1956), frz. Politikerin
Maurice Béjart (1927–2007), frz. Choreograf und Ballettdirektor
J(erome) D(avid) Salinger (1919–2010), amerikan. Schriftsteller
Gustav Schickedanz (1895–1977), dt. Unternehmer (Quelle)
Pierre de Coubertin (1863–1937), frz. Pädagoge und Historiker, Initiator der modernen Olympischen Spiele

Am 2. Januar wurden geboren:
Konstanze Vernon (1939–2013), dt. Tänzerin
Isaac Asimov (1920–1992), russ.-amerikan. Schriftsteller und Biochemiker
Renato Guttuso (1912–1987), italien. Maler
Michael Tippett (1905–1998), brit. Komponist
Ernst Barlach (1870–1938), dt. Bildhauer, Grafiker und Schriftsteller
Rudolf Clausius (1822–1888), dt. Physiker

Am 3. Januar wurden geboren:
Michael Schumacher (*1969), dt. Automobilrennfahrer
Mel Gibson (*1956), amerikan.-austral. Schauspieler und Regisseur
John Ronald Reuel Tolkien (1892–1973), brit. Schriftsteller
August Macke (1887–1914), dt. Maler
Konrad Duden (1829–1911), dt. Philologe
Marcus Tullius Cicero (106–43 v. Chr.), röm. Staatsmann und Philosoph

Am 4. Januar wurden geboren:
Judy Winter (*1944), dt. Schauspielerin
John McLaughlin (*1942), brit. Jazzgitarrist
Wilhelm Lehmbruck (1881–1919), dt. Bildhauer und Grafiker
Jacob Grimm (1785–1863), dt. Literatur- und Sprachwissenschaftler, Märchensammler
Isaac Newton (1643–1727), engl. Mathematiker, Physiker und Astronom